U0933460

汉译世界学术名著丛书

革命法制和审判

〔法〕罗伯斯比尔 著

赵涵舆 译

王之相 王增润 立知 校

2017年·北京

Максимилиан Робеспьер
РЕВОЛЮЦИОННАЯ ЗАКОННОСТЬ И ПРАВОСУДИЕ
Статьи и речи
Перевод с французского языка
Н. Лапшиной
Государственное издательство
Юридической литературы
Москва. 1959
根据国家法律著作出版社莫斯科 1959 年版译出

汉译世界学术名著丛书
（120 年纪念版·珍藏本）
出 版 说 明

2017 年 2 月 11 日，商务印书馆迎来 120 岁的生日。120 年前，商务印书馆前贤怀揣文化救国的理想，抱持“昌明教育，开启民智”的使命，立足本土，放眼寰宇，以出版为津梁，沟通中西，为中国、为世界提供最富智慧的思想文化成果。无论世事白云苍狗，潮流左右激荡，甚至战火硝烟弥漫，始终践行学术报国之志，无改初心。

迻译世界各国学术名著，即其一端。早在 20 世纪初年便出版《原富》《天演论》等影响至今的代表性著作，1950 年代后更致力于外国哲学和社会科学经典的译介，及至 1980 年代，辑为“汉译世界学术名著丛书”，汇涓为流，蔚为大观。丛书自 1981 年开始出版，历时三十余年，迄今已推出七百种，是我国现代出版史上规模最大、最为重要的学术翻译工程。

丛书所选之书，立场观点不囿于一派，学科领域不限于一门，皆为文明开启以来，各时代、各国家、各民族的思想与文化精粹，代表着人类已经到达过的精神境界。丛书系统译介世界学术经典，引领时代思想，为本土原创学术的发展提供丰富的文化滋养，为推动中国现代学术和现代化进程做出了突出的贡献。

为纪念商务印书馆成立120周年，我们整体推出“汉译世界学术名著丛书”120年纪念版的珍藏本，寄望既利于文化积累，又便于研读查考，同时向长期支持丛书出版的译者、编者和读者致以敬意。

两甲子后的今天，商务印书馆又站在了一个新的历史时间节点上。我们不仅要铭记先辈的身影和足迹，更须让我们的步伐充满新的时代精神。这是商务人代代相传的事业，更是与国家和民族的命运始终紧密相连的事业。我们责无旁贷，必须做好我们这代人的传承与创造，让我们的努力和成果不仅凝聚成民族文化的记忆，还能成为后来人可以接续的事业。唯此，才能不负前贤，无愧来者。

商务印书馆编辑部

2017年10月

中译本序言

马克西米利昂·罗伯斯比尔是十八世纪末法国大革命时期“伟大的资产阶级革命者”[①]，是雅各宾派的领袖之一和雅各宾政府的领导人。

罗伯斯比尔于1758年5月6日生于法国北部阿尔土瓦省阿腊斯城的一个律师家庭里。在中学读书期间，他深受启蒙思想的影响，尤其是卢梭的思想的影响。大学毕业后，他参加检察工作，做过律师，担任过阿腊斯科学艺术研究院的院士和院长。1789年他被选为阿尔土瓦省第三等级出席三级会议的代表。在国王召开的三级会议上，第三等级的代表和贵族、僧侣的代表破裂以后，于6月17日宣布另行成立国民议会(7月9日，这个议会为了制定宪法而改名为制宪议会)。罗伯斯比尔先后担任国民议会议员和制宪议会议员。当时法国国内已经发生革命，但是制宪议会仍为一些大资产阶级代表和君主派代表所把持。他们顽固地维护着封建专制法制，竭力反对司法改革。因此，罗伯斯比尔在制宪议会上曾经多次发表重要演讲，要求废除国王的特权，制定“理智和正义的

① 列宁:《第二国际的破产》。《列宁全集》，第21卷，人民出版社1959年版，第197页。

永恒法律”，建立维护人民（即第三等级）利益的陪审法庭。这些演讲虽然没有得到制宪议会多数代表的支持，但是他并不因此气馁。到了立法议会期间，根据制宪议会所通过的关于制宪议会议员不得当选为立法议会议员的决定，罗伯斯比尔把自己的活动转到雅各宾俱乐部和出版《宪法保卫者》周刊上，以它们作为对吉伦特分子进行斗争的讲坛和阵地。1792 年 8 月 10 日，巴黎革命群众发动了起义，推翻了大资产阶级的统治，废除了 1791 年宪法。这次革命对罗伯斯比尔影响很深，使他放弃了对君主立宪的幻想，成为一个坚定的共和主义者。

1793 年 5 月 31 日至 6 月 2 日革命以后，雅各宾派掌握了政权，罗伯斯比尔也就成了雅各宾政府的领导人。为了巩固雅各宾专政，继续取得城乡劳动群众的支持，他一方面于 6、7 月间先后颁布了三个土地法令，部分地解决了农民的土地问题；另一方面则在城市贫民的坚决要求下，颁布了“普遍最高限价”的法令，惩罚了投机商，对生活必需品实行了限价。在城乡群众的革命积极性进一步高涨的情况下，他对公安委员会进行了改组，严惩了国内反革命分子的猖狂活动，击退了外国侵略者的进攻。这样，到 1793 年底，雅各宾政权获得了暂时的稳固。但是，罗伯斯比尔却把这种稳固看作是革命的终结，因而对广大革命群众提出的合理要求也就不再予以考虑，同时，对雅各宾内部反映群众利益的左派又错误地进行了清洗，结果使自己失去了群众的支持，陷于孤立。1794 年 7 月 27 日，伺机反扑的大资产阶级实行了反革命政变，在第二天就把罗伯斯比尔及其战友处以死刑。

本书是罗伯斯比尔从 1783 年至 1794 年 7 月所发表的一部分

重要论文和演说的集子。全书共有二十三篇，按发表的时间先后排列，在一定程度上反映了罗伯斯比尔的革命思想的形成和发展过程。

在本书中，罗伯斯比尔从资产阶级革命民主主义出发，首先对专制制度和专制法律进行了尖锐的批判。他认为，专制制度是以贵族为基础而同时又服务于贵族的一种制度。这种制度所追求的只是贵族的“优遇”和“奖赏”，而不是人民的权利和自由。因此，在这种制度下，所谓“国家”、“祖国”，只是对于窃取主权的君主和贵族来说，才有真实的意义，而对于人民来说，则是风马牛不相及的。至于专制法律，他认为不过是君主意志的表现，而“惩罚和奖赏与其说是犯罪或善行的结果，不如说是君主愤怒或宠爱的表示”。[①]他指出这样的法律实际只是贵族、僧侣和高官显宦用来维护自身利益，压迫和奴役人民的工具。

在法国资产阶级革命爆发以前和革命胜利初期，罗伯斯比尔能够大胆地对专制制度和专制法律展开批判斗争，揭露它们的反革命、反人民的反动本质，无疑是具有重大的进步意义的。因为从十五世纪路易十一统治起到大革命爆发为止，法国一直是个极端的君主专制国家。数百年来，专制制度和专制法律始终是国王用来统治和压迫人民的工具。因此，罗伯斯比尔反对封建主义法制也就是从根本上打击了封建统治的基础，同时也拆穿了大资产阶级利用封建法制来为自己利益服务的阴谋。

其次，罗伯斯比尔对于资产阶级革命法制问题作了系统的论

① 见本书正文部分第3页。

述。他着重指出,“法律是人民意志的自由而庄严的表现”[①],是“自由表达……符合于民族权利和利益的共同意志”。[②] 因此,任何法律必须反映人民的意志,体现人民的愿望。只有真实反映了人民的意志和愿望的法律,才能称之为真正的法律,才能名副其实地像一个“合伙企业”,使每个公民在这种“合伙企业”中都有自己的一份,切身感到它和自己的利害关系,从而来共同加强和改善这种“企业”——法律。据此出发,他认为所有法律的制定也只能具有一个目的,即维护公民的权利和利益,确保社会的安宁和秩序。凡是符合这个目的的法律,人们就应该尊重它们,服从它们。反之,那些只反映君主和贵族的意志,用来“侵害不可剥夺的人权”的专制法律,人们不但不应该服从它们,而且有权举行起义来反对它们。当然,罗伯斯比尔这里所说的“人民”,主要指第三等级中的中、小资产阶级。

为了建立革命法制,罗伯斯比尔认为除了进行法院改革,建立陪审法庭以外,所有政权机关都必须遵循下列四个原则:(1)人民主权原则。他说:“人民是主权者,政府是人民的创造物和所有物,社会服务人员是人民的公仆。”[③]这就是说,政府和政府的一切公职人员都必须对人民负责,执行他们的意志;而人民则根据自己的决定,有权罢免政府和他们所委任的一切公职人员;(2)立法团体和政权机关的会议对群众公开的原则。这就是说,政权机关必须尽可能地吸收广大人民参加政权工作,使他们出席公共集会,倾听

① 见本书正文部分第147页。
② 见本书正文部分第61页。
③ 见本书正文部分第147页。

他们的呼声和意见，使其工作经常处于他们的监督之下；(3)三权分立原则。他所以提出这一点，是为了强调立法团体在立法的时候，必须自由行动，不受行政和司法方面的约束和影响；(4)法官、陪审员和证人的意见一致原则。在审判工作中，如果三者的意见不一致，法庭就不能对案件作出最后判决。据他看来，只有这样，才能铲除一切公职人员和法官的“特殊作风”，使广大人民尤其是贫者、弱者和被压迫者的权利和利益得到确实保障，免受“非正义和狡猾手段的侵害”。①

然而，在雅各宾专政建立以前，罗伯斯比尔的关于资产阶级革命法制的这些进步论点，却没有被历届议会和政府所采纳，因而也就没有能够起到它们应有的作用。只是从雅各宾专政建立以后，国民公会在他的领导下，才依据这些论点制定了资产阶级最民主的 1793 年宪法，规定了公民的自由、平等、选举、财产、信仰、教育等权利。可是由于当时受到对敌斗争十分尖锐的情况的限制，这部宪法也始终未能实施。

最后，关于死刑和革命恐怖问题。在革命胜利初期的 1789 年至 1791 年间，罗伯斯比尔曾引证希腊历史的一些实例，主张从法国刑法典中删去关于杀人的条款，废除死刑。他认为社会的各种权利原来就属于每一个人的，而死刑在“一切人的力量都来对付一个人”的社会环境下，是极端不公正的，它既不能防止犯罪，反而会使犯罪的事件增加。在当时来说，他从资产阶级反封建的人道主义观点提出的这个主张，还是具有进步意义的，客观上于广大劳动

① 见本书正文部分第 26 页。

群众也是有利的，因为在大资产阶级掌权的情况下，被处以死刑的人绝大多数还是劳动人民。

后来，随着革命的深入和发展，罗伯斯比尔的这个主张有相应的改变和发展。在1792年底审判路易十六的时候，国王的反革命罪行从反面教育了他，使他完全放弃了关于废除死刑的主张，坚决要求议会立即审判国王，处以死刑。到雅各宾专政时期，鉴于国内外反革命势力猖狂活动和进攻，他毅然地采取了革命恐怖措施，来镇压反革命分子，保护革命和人民的利益。他说："必须镇压共和国的内外敌人，不然就会与共和国同归于尽。在目前情况下，你们政策的第一条，应当是依靠理智来管理人民，借助恐怖来统治人民的敌人。"[①]他并认为，在这种情况下，恐怖就是"迅速的、严厉的、坚决的正义"。[②]

应该肯定，罗伯斯比尔能够根据革命形势的发展相应地改变他的思想，从主张废除死刑的思想发展到坚决采取革命恐怖的思想，是有极其重大的意义的。它不仅符合革命群众的要求和利益，而且符合革命向前深入发展的实际需要。在雅各宾政权岌岌可危的时候，正是由于罗伯斯比尔采取了革命恐怖措施，坚决镇压了反革命分子，才使革命政权得到了巩固。因此，恐怖政策在当时是既正确而又十分必要的。关于这一点，恩格斯曾经指出说："在那时，为了使罗伯斯比尔能在当时的国内条件下保持住政权，使恐怖达

① 见本书正文部分第188页。
② 见本书正文部分第189页。

到疯狂的程度是必要的。”[①]列宁在评定雅各宾党人的革命恐怖的意义时，也曾指出：“法国伟大的资产阶级革命家在125年以前就对一切压迫者、地主和资本家采取了**恐怖手段**，而使革命成了伟大的革命！”[②]

但是，我们也应该看到，尽管罗伯斯比尔作为革命民主派的代表，在经济和政治方面比先前的吉伦特派提出了更为激进的措施，把反封建的革命推进到更加彻底的阶段，对革命作出了重大的贡献，可是他毕竟是代表资产阶级的利益的，他不能而且也不可能使这个革命越出资产阶级所需要的范围。正因为如此，所以在他所提出的政策措施中仍然带有明显的资产阶级的阶级局限性。在经济方面，虽然他在许多演说中屡次谈到对社会财富不均的“悬殊现象”的不满，要求消灭这种现象，铲除“大富”和“大贫”的差别，但是在1793年宪法中，保护和巩固资产阶级的财产所有权仍然是他最为关心的一点。宪法虽也规定了社会有责任关心其一切成员的生活、富者应帮助贫者、对富者将实行财产累进税等等条文，在阶级社会中，这些只不过是一些不能实现的空话。

在法国资产阶级革命期间，解决农民最迫切需要的土地问题，是革命的中心问题。在这个问题上，雅各宾政权虽然废除了封建土地所有制，但是并没有把那些先前属于封建主的或者被他们占领的村社土地无偿地分配给农民，而是通过拍卖方式出售，结果仍

① 恩格斯：《恩格斯致维·阿德勒(1889年12月4日)》。《马克思恩格斯全集》第37卷，第311—312页。

② 列宁：《大难临头，出路何在？》。《列宁全集》，第25卷，人民出版社1958年版，第346—347页。

然是便利了富有的资产者获得这些土地。对于忿激派提出的最高限价的要求，罗伯斯比尔起初也是不同意的，甚至对其领袖扎克·卢进行迫害，后来只是在人民群众的压力下，才被迫同意实行最高限价，但是也没有贯彻始终。

在政治方面，罗伯斯比尔虽然对专制制度下人民群众的无权现象作过尖锐的批判，提出要维护贫者的政治权利，但是即使在他执政期间，实际情况也并非如此。当他需要劳动群众支持的时候，他可以满足他们的一部分政治要求；而在群众的要求一旦真正触犯资产阶级的利益的时候，他便反过来对劳动群众应有的权利施行种种限制。在1793年宪法中，尽管也规定了公民的自由和平等，可是它们是以财产不平等为前提的，因此这些规定也只不过是一句空话。至于对工人和其他下层群众的权利，那他更是无动于衷的。关于这一点，马克思在谈到勒萨佩里的反工人法律时就曾指出过："在以1789年的议会精神而言是'符合宪法'的一切东西都被看做应当送上断头台的罪行的时候，这个议会的一切反对工人的法律却依然有效，这是很能说明罗伯斯比尔的特点的。"①

总之，罗伯斯比尔对革命法制的观点虽然在某些方面也代表了群众的利益，但毕竟是有一定的限度的，也就是限于资产阶级的利益所允许的范围之内，至于群众的根本利益，是他不曾而且也不能代表的。然而，我们不能就因此贬低他的这些观点在当时反对封建专制制度、鼓励人民的革命斗志中所起的进步作用。这本书

① 马克思：《马克思致恩格斯(1865年1月30日)》。见《马克思恩格斯全集》第31卷，第51页。

对我们了解罗伯斯比尔的政治观点和研究法国资产阶级革命的历史，都有一定的参考价值。

陈　森

1965 年 4 月

目　次

论文和演说

论文和演说

论羞辱性刑罚

诸位先生，不倦地从事研究各种对社会利益至关重要的问题的各个学术团体，都借助于最诱人的奖赏激发才智来与各种破坏社会福利的谬见作斗争，这是何等宏伟的情景。那种使遭到法律遣责的不幸者的亲属注定要蒙受耻辱的根深蒂固的偏见，显然至今没有引起这些学术团体的注意。诸位先生，你们首先把那些想得到学院荣誉的人们的劳作引向这一值得注意的目的，是令人钦佩的。这样重要的题目已经唤起大众的注意，已经引起著作家之间的崇高竞赛；谁要是具有足够的天赋才能，能把这个题目处理得符合它的意义，并且得到提出这个题目的光荣学会的重视，该是多么荣幸！我并不觉得自己有这种才能，但是这并不妨碍我不揣冒昧向诸位提出我的菲薄贡献：促使我向诸位提出这点贡献的，是力求有益于人的愿望和对人类的热爱；这点贡献不可能是完全不值得诸位一顾的。我所要研究的三个问题当中的第一个问题，乍一看来，可能觉得有不可克服的困难。怎样来揭露在远古时代就已产生的这种观点的起源呢？怎样来弄清这种偏见可能与许多不知

道的情况和许多难以理解的原因所保持的看不见的联系呢？再说，所要研究的问题是否可能只是偶然的现象呢？这种研究是否在某种程度上想从荒诞无稽的怪癖中寻找规律呢？我脑子里最初出现的念头就是这样。但是我考虑到，你们既然提出这个问题，那就是认为它是可以解决的；是你们的威信说服了我，使我敢予执笔撰写这篇著作。

首先我觉得，从我观察到的一个很简单的现象中，可以看出这里所谈的偏见的一些重要线索。尽管善良行为和不良行为都是主观的东西，但我发觉，人们到处都喜欢把某人的功绩或错误扩大到同他有密切联系的人们身上。显然，德行使我们产生的爱慕和赞美，在某种程度上也扩大到跟这种德行相联系的一切东西上，而恶行所引起的愤恨和轻蔑有时也落在同这种恶行有关的人们身上。常有人说某人是自己家庭的光荣，而另外某人则是自己家庭的耻辱。这种概念甚至被应用到更一般的从而也是更疏远的关系方面；人们有时把某一个人的行为看作是某一个民族的光荣，甚至看作是全人类的光荣，我又能说什么呢？难道图拉真、安东尼不是被称为人类的光荣吗？难道尼禄、卡里古拉不是被斥为人类的耻辱吗？

这种说法是一切语言、一切时代和一切国家所固有的；它们表明一切民族有一个共同的感觉，我认为，正是在这种自然的趋向中孕育着我所探讨的这一观点的萌芽。

这种观点在不同民族那里由于不同情况而有不同的发展，有的取得较大的势力，有的取得较小的势力：在这一地方它停留在自然界和理智给它限定的范围以内；在另一地方它则压倒正义和人道的原则，而产生了那种使全家由于一个人犯罪而蒙受耻辱、甚至使无辜者丧失荣誉的可怕偏见。

要想详细说明可能影响这种观点发展的一切个别原因，那是极其艰巨的，这种意图甚至是难于实现的；我在这篇文章中只探讨一般的原因。

我觉得，其中最重大的原因，是政体的本质。在专制国家里，法律不过是君主的意志，而惩罚和奖赏与其说是犯罪或善行的结果，不如说是君主愤怒或宠爱的表示：当他施行惩罚的时候，他的公正性本身总是与暴力和压迫没有区别。

这不是法律，不是铁面无私的，然而是明智的、准确的、公正的法律。这种法律对被告的审判具有那种证明它尊重人的荣誉和生命的外部特征，它只有在证据确凿而迫不得已的时候，才判处一个公民的死刑。也正是由于这个原因，它才使被它所谴责的人蒙上洗刷不掉的污点。这是不可抗拒的权力，它没有意识地和无规律地给人以打击。这是猛烈发作的暴风雨，它破坏和毁灭它所遇到的一切；在这种政体下，死刑的耻辱微不足道，不会影响到被处死者的家庭。

况且，这种偏见是以具有精细入微的荣誉概念为前提的。但是在专制国家里荣誉是什么呢？大家知道，这些国家对荣誉是那样陌生，以致在其中有些国家里，例如在波斯，语言中甚至没有表达这一概念的字眼；受到奴役屈辱的人们怎么能够在这方面过分讲究呢？

这种看法可以得到经验的充分证实。因为不仅在波斯，而且在中国、土耳其、日本以及受专制政治支配的其他各国人民那里，都找不到我所探讨其起源的观点的迹象。

这一观点就是在真正的共和国里也表现得如此暴虐。在真正的共和国里，公民的地位极其重要，不能任凭别人摆布：在每一个个人都参加国家管理、都是主权的一员时，他不可能由于别人的罪过而被剥夺这一崇高的特权，而且只要他还保有这个特权，国家的利益和尊严就不容许这样轻易地借助偏见来凌辱他：共和国的自由会对这观点的专制性感到愤怒；这种自由不但不允许荣誉拿公民的权利做它的癖好的牺牲品，而且责成它使公民的权利服从于法律的效力和风俗的影响，得到它们的保护。

况且，在荣誉和尊严的大门总是对有才能的人敞开着的各国人民那里，由于可能通过我们所能做出的光辉事迹而使人忘却那些与我们无干的犯罪行为，是不可能产生这里所谈的羞辱现象的：单是把犯罪者的亲属看作出色人物的习惯，就足够消除这种偏见了。

还有一个论据能证实我的关于政体种类的基本论点。正如《论法的精神》的作者所证明了的，共和国的主要工具是品德，即不过归结为爱法律和爱祖国的政治的品德；共和国的宪法本身要求一切私人利益、一切个人关系都要不断地让位于公共福利。正如我已经说过的，每一公民都构成主权的一部分；因此，他有义务关怀那把权利授予他的祖国的安全。当为挽救共和国必须惩罚罪犯的时候，他不应当宽恕这个罪犯，即使是他最亲爱的人也不例外；但是如果对他忠诚履行这种义务的奖赏是使他受到羞辱的话，那他怎么能够尽到这一艰巨的天职呢？相反地，他不是会被迫破坏法律来力求从法律手中救出牺牲者吗？假如让布鲁图来接受这种可怕的考验，难道你们以为他会有足够的勇气，用两个犯罪儿子的鲜血来巩固罗马的自由吗？不会的。一个高尚的人能为国家牺牲财产、生命甚至本性，但是牺牲荣誉则万万不能。

这里我还有一个优越条件，即我的理论丝毫不会受到事实的驳斥。只要看一下古代共和国的历史，就可以确信我所说的偏见在那里是被铲除得一干二净的。

例如，在罗马，十人团委员阿皮乌斯·克罗狄乌斯被证明犯有压制人民自由的罪行，并且染有维尔吉尼亚的无辜的鲜血，他因为罪恶多端正准备接受惩罚的时候，忽然死在狱中。这是否使克罗狄乌斯的家庭蒙受耻辱呢？没有。我看到，在他死后，他的叔父卡伊·克罗狄乌斯还是在地位高贵的公民当中赫赫有名，毫无愧色地维护元老院的特权，以他的祖先在公共事业中一贯表现的世代相传的自豪气概，奋起反对护民官的侵害行为。我觉得特别能说明一个民族在所谈的这个问题方面的精神的，是共和国的历史家们认为是克罗狄乌斯所说的话。他们说这个罗马人不害怕向人民提到以他的侄子为首的十人团。

不但如此，我还看到，尽管这个阿皮乌斯是共和国的压迫者和牺牲者，但是他的儿子在他死后却以共和国军团司令官的身份执政。

十人团其他委员所受的惩罚，也没有妨碍他们的家庭得到尊敬。杜伊利被判罪以后，人民不久就选出了杜伊利家族的、与他同名的一位公民充任护民官。法比伊·魏布兰、M. 谢尔维利和 M. 柯尔聂利因受到判决而丧失了荣誉之后，仅仅过了几年，他们的后辈或者亲人就在军团和民政官署里得到提升。

马·曼里乌斯被控犯有阴谋反对共和国的罪行，而被判处从塔尔贝斯山悬崖上投到崖下的刑罚；在他被处死十四五年之后，罗马人民就把公民可能追求的最大的权力连同独裁官的称号赋予他的一个后裔普伯利·曼里乌斯。

如果我要详尽无遗地举出历史提供给我的这类事例，是说不胜说的；我在这里仅仅再举出邻国人民的例子就完了。他们的风俗是我的理论的新证明。大家知道，英国虽然名义为君主国，但这不妨碍它按照宪法是真正的共和国，这个国家已经摆脱了我们正在探讨的这种观点的束缚。

那么这种观点究竟在什么地方盛行呢？它在君主国里盛行。在那里，这种观点得到政体本质所给予的便利，受到风俗习惯的支持，受到共同精神的熏陶，它的统治地位显然有不可动摇的基础。

正如我已经引证过的那位伟人所证明的，荣誉是君主政体的灵魂。这不是指哲学的荣誉，这种荣誉只不过是一个知恩的和纯洁的心灵由于自己的尊严而体验到的高尚情感，它以理智为基础并与天职糅合在一起。它甚至在远离人们的视线，只有上天做证人、良心做法官的时候，也能存在。这是指政治的荣誉，它的本质在于追求优遇和奖赏，它使得人们不满足于成为值得尊敬的人，而主要想使自己受到器重，力求使自己的行为赋有更多的威严而不是正义，更多的光彩和尊严而不是理智；它所包含的虚荣至少同品德一样多。但是它在政治方面能完全代替品德，因为它能借助于最简单的方法迫使公民在觉得只是追求个人私欲的目的时走向公共的福利；最后，这种荣誉往往按其规律来说极其奇怪，而按其效果来说却极其伟大，它产生出那么多的高尚情感和荒谬偏见，那么多的英雄行为和狂妄行动;它通常以尊重法律自夸,而有时也认为违反法律是它的天职;它无条件地命令人们服从君主的癖好,然而也允许认为自己因不公正的偏爱而受到屈辱的人拒绝为君主效力;它命令人们既要用宽宏大量的态度来对待祖国的敌人,又要用公民的鲜血来洗雪耻辱。

让我们只在刚才描述的这种情感中探求所说的偏见的根源吧。

这种荣誉孕育着任性妄为,总是倾向于过分的讲究,它看待事物与其说是按照事物的真正价值,不如说是按照外表的光彩,而看待人物与其说是按照他们的个人品质,不如说是按照外部的特征,按照与他们不相称的职位称号。只要对这种荣誉的本质仔细研究一下,就不难理解,为什么可以轻蔑地来对待某一个被社会唾弃的恶棍的亲人了。

由于还有其他一些与我所说的政体的本质有关的情况也有利于这种偏见的形成,所以这种偏见就更容易养成了。

君主国家必然要求有高官显爵、等级差别,特别是贵族等级。这个等级,按照培根所首先发挥的那个“没有贵族就没有君主,没有君主就没有贵族”的原则,它被看做是君主政体的基础。在这种政体下,社会舆论极为重视门第的高贵是对的。但是这种根据某一公民的门第古老、家庭显贵、婚姻关系高贵而对他表示尊敬的习惯本身,跟我所说的偏见已十分相像。这个迫使人们只因为某人出生于高贵的父亲而予以尊敬,只因为某人的父母是无名之辈而予以轻视的观点,自然会导致这样的结果,即如果某人的生命是一个丧失荣誉的人所赐予的,或者他的后人是个恶棍,他就要受到轻视。

而在现今的君主国家里，尤其是在法国，不知有多少其他的特别情况可能扩大这种一般原因的影响啊！

古时的法国法律对贵族犯罪的惩罚，只是剥夺他们的特权；体罚只适用于不属于贵族的各等级和农奴。后来，僧侣由于自己的特权也被免除了这种惩罚；这样一来，使被判处死刑者的家属受到羞辱的偏见，还会遇到什么阻碍呢？它所损害的，只是世世代代受到最残酷和最无耻的奴役的那一部分人民。

如果这种偏见触犯了在国家里占有统治地位的两个等级，如果它只威胁了那些当时应受尊重的公民的荣誉，那么它一定很快就会被铲除了。

下述情况使我们更加有权这样设想：这种偏见从来没有能够把它的势力扩展到王国的望族身上去；现时贵族虽然受体刑，但显贵罪犯的家庭还是不会受到羞辱。绞架使平民的亲属永远蒙受耻辱，而砍掉显贵人物头颅的大刀，却不给他的后裔带来任何污点。

但是由于另一个原因，这种残酷的偏见在野蛮时代毫无困难地盛行起来。那时它毫无阻碍地打击被奴役的人民，这种人民在压迫他们的强大僧侣和骄横的贵族的眼中是极其卑贱的。

我还要稍微谈一下这个问题，想指出这种偏见可能由于在欧洲许多民族那里长期盛行的一种奇怪风俗而变本加厉。我所说的是司法决斗。当用这种荒谬制度来解决一切民事和刑事案件的时候，被告的亲属在决定被告命运的诉讼中有时必须自己变成当事人：在被告体弱、有病，特别是他的性别不容许他手持利剑去证明自己无罪的时候，他的亲人就加入争议，替他决斗；因此诉讼就在一定程度上成为他们个人的事情；被告所受的惩罚也是他的亲人失败的结果，因此毫不奇怪，他们就要分担他的耻辱，特别在尚武的民族那里是如此。

在揭示了我们所探讨的偏见的起源以后，我应当来讨论第二个问题了，这个问题可能还要更加有趣，它就是：这种偏见是否利多而弊少？

我承认，我一直不能理解，对于一个可以由健全的理智和人道感加以明确判断的问题，怎么可能存在两种意见。因此，当我得悉王国最著名的学会之一提出这个问题的时候，我并不以为这个学会只是想要人们解决一个争论的问题。我认为它的意图是要同有害的谬见作斗争，消灭野蛮的风俗，医好社会的溃疡。

这种观点使无辜者必须忍受对罪行的惩罚中的最沉重的东西，照我看来，它不公道这一点是毋需证明的了；但是既然是这样，那么问题就已解决；既然这种观点是不公道的，那么它也就是没有益处的。

在一切道德规则之中，最深刻的、最崇高的同时也可能是最正确的一条，是这样的：只有正直的东西才是有益处的。

最高存在物的法律不需要在自然后果以外有别的制裁方法，因为最高存在物本身已经把自然后果同破坏法律的傲慢行为或尊重法律的忠实行为连结起来了。品德带来幸福，正如太阳带来光明一样，而不幸是由罪行所产生，正如蛆虫是由腐烂产生一样。

只有正直的东西才是有益处的；这条在道德上正确的规则，在政治上也同样是正确的。分散的人们和团结成整个民族的人们，都同样服从于如下的法则：政治社会的繁荣必然建立在秩序、正义和理智的坚固基础之上；凡是损害天赋权利的任何非正义的法律、任何残酷的制度，都是直接与其保护公民的人权、幸福和安宁的目的相抵触的。

如果政治家们往往不承认这个原则，那么这是由于他们根本轻视道德，由于世界总是受暴力、傲慢、愚昧和野心的控制的缘故。

而且，如果我需要用一个特别显著的例子来证明我刚才所叙述的那条规则的真实性，那么我就要选择这里所探讨的偏见给我提供的例子。

但是这时我听到有人赞同这种偏见的呼声；大概，我立刻会碰到一种拥有相当大量拥护者的流行的诡辩说法。

据说，这种偏见对于人类是有拯救作用的；它能预防大量的犯罪行为，能迫使亲属们互相监视彼此的行为，能迫使家庭为它的成员担负责任。

啊！一个公民为另一公民的犯罪行为担负责任！因为别人的罪过而受到凌辱！我正是要同这种可怕的社会秩序作斗争。要堵塞犯罪的道路，就应该借助明智的法律，遵守比法律更加强大的道义精神，而不是借助残酷的风习。残酷的风习总是比它们可能防止的犯罪行为本身更加有害于社会的幸福。

在中国，发明了建立那种人们向我们夸口说有优点的保障的惊人方法：在那里，如果子女犯了应判处死刑的罪行，法律把他们的父亲也判处死刑。为什么我们不也采用这种法律呢？这个念头使我们不寒而栗，可是我们还是把它实现了！不要自以为我们还没有达到夺去罪犯亲属的生命的程度，我们所做的，即使按照我们自己的原则，也只有过之而无不及，因为我们是耻于把生命和荣誉等量齐观的。但是这种偏见是否真能把许诺给我们的对损害的微薄补偿给予我们呢？它怎样减少犯罪行为的数量呢？是否从能够犯罪的那些人方面来减少呢？我不能想象，一个人卑鄙下流到能践踏最神圣的法律，然而却这样富于感情，这样宽宏大量和关怀他人，以致害怕使自己的家庭蒙受他本人都无所畏惧的羞辱。这种偏见是否会对亲属产生较深的印象呢？也许，它会使父亲们更留心教育自己的子女吧？

如果他们的智慧能够看到这种偏见给他描绘的可怕情景，如果极易于变成溺爱的父爱能够真正认识到，他所抚爱的孩子，可能是将来要受到法律严厉制裁的恶魔，那么这种奇怪的动力至少会是多余的；因为没有一个父亲，他的关怀只限于不让自己的子女将来死在断头台上。

可能有人会反驳我，说这种动因至少可以促使亲属们请求官署来管教可能使他们将来受到羞辱的堕落子女。

但是，且不谈属于低层阶级的公民没有必需的资财来获得这种烈性药物，请问什么时候父亲们才会决定使用这种药物呢？那就是当恶行已经成为不治之症的时候，当迫使他们使用这种药物的人已经坏到顶点的时候，当许多的谬误行为（他们往往是最后，而且是这些行为已该受到惩治的时候才会得知）迫使他们不得不采取严厉办法的时候，而这种办法总是要在他们心爱的子女身上留下污点。

而且，父亲们刚一剥夺掉子女所滥用的自由，就往往以为子女立刻会改邪归正（这只有他们才能如此希望），于是又力求取消他们自己所苦苦求到的严厉命令。而在被关押以前已经变坏的犯罪子女,可能由于受到惩罚而变得更加狠心,因而在回到社会怀抱的时候,会毫不在乎地犯一切罪行来破坏这个社会的安宁。

可见,这就是我所说的偏见给我们提供的优点:算得上非正义的和残酷的东西!

此外,要想至少有个理由使父亲对于子女的行为负责到这种程度,就得赋予他一切必要的手段来管束子女。

中国人在这一点上比我们彻底:他们的法律赋予父亲对于自己家庭有无限的权力。据说,他们的法律对父亲不行使这种权力而予以惩罚。但是我们呢,子女的人身和财产差不多完全不受父权的支配,子女在年龄很小的时候便独立自主——我们怎么能要父亲对他们无力防止的那种过错担负责任呢?

在对他们采用这种丑恶的严厉办法以前,我们至少要把属于他们的一切权利交还给他们;我们要把古代人民正确认为是保障道德的家庭审判制度恢复起来。这种明智的制度很快就会向我们证明,为了减少犯罪的人数完全不必要去压迫无辜者和侮辱人道。

但是,即使我们能够用某种漂亮的借口来掩盖我们对待父亲们的不公正态度,可是,我们怎样能够证明对待罪犯的其他亲属的不公正态度是正确的呢?兄弟有什么样的权力来管教兄弟呢?儿子对于自己的父亲能行使什么样的权力呢?温柔的、羞怯的、善良的妻子,是否由于她没有制止法律要她服从的丈夫所犯的错误就变成有罪的呢?我们有什么权利使她的破碎的心感到悲观失望呢?我们有什么权利强迫她甚至把她由于过度不幸所流出的眼泪都作为羞耻的悲痛证物而掩藏起来呢?

我想方设法,力求找到哪怕一点点对我所揭露的偏见的有用的东西以冲淡一下它的不公正性，但是枉费心机；我比较容易找到的，是这种偏见所引起的数不清的灾难。

为了真正认识这种灾难，需要抛开（哪怕极短暂地也好）使我们对这种偏见习以为常的习惯势力，并用较远大的眼光来进行观察。

我们来假设一下，有一个从不知道我国习俗的遥远国度里来的人，在我们当中旅行了一番以后，回到自己的同胞那里，并对他们这样说道：

“我看到盛行着一种奇怪风俗的国家；那里每次把罪犯判处死刑时，总要使另外几个公民受到羞辱。这不是意味着责备他们犯有什么罪过；他们可能为人公正、禀性善良、宽宏大量，可能具有许多才干和美德，但是这都不能使他们免于羞辱；他们完全无辜，因此还享有受到自己同胞同情的最感动人的权利。例如，一个无所慰藉的家庭被法律把自己的家长和支柱夺去送上断头台，但是如果这个家庭能够只是为了这场灾祸而痛哭一场，那还算是太幸运了：他们全家都要蒙受永久的耻辱。心灵正直而敏感的不幸者，不得不负起只有恶棍才能承受的那种可怕惩罚的全部重担。他们由于怕看到周围人们的带着轻蔑神情的脸，再也不敢抬起头来；一切阶层都在轻蔑他们；一切团体都排斥他们；一切家庭都害怕由于同他们通婚而玷污自己；整个社会都拒绝他们，使他们陷于可怕的孤立状态；连那些帮助过他们的慈善家，也很难克服那种严重侮辱他们的傲慢而残忍的感情。友谊……我忘记了，对于他们已不可能再有友谊了。最后，他们的境况是那样可怕，甚至引起那些应对此负责的人的怜悯，怜悯他们受到自己对他们的轻蔑，同时却继续使

他们受到羞辱;他们把刀子刺入这些无辜受害者的心脏,同时连自己也多少被这些无辜者的喊叫声所感动。”

我所说的人民听到这种使人惊奇的,但是真实的故事以后,将要说些什么呢?他们首先是否会设想这种偏见只能在某些野蛮国家里盛行呢?如果要说具有这种偏见的人民也是正义的、人道的、文明的;他们有文明的风俗、明智的法律、美好的制度;他们比任何别的民族都更善于尊重人权和承认社会幸福的基础;他们已经把艺术和科学推进到世界上其他地方所不知道的完善地步——那会是徒劳无益的。我所说的人民绝不愿意相信可能存在这样不可思议的矛盾;他们由于不知道我们有抵消这种旧日野蛮残习的一切优点,可能认为我们是最不幸的人,他们会庆幸自己没有生活在那样的国度里,那里无辜的人完全受不到保护,公民随时可能由于与自己无关的事件而遭到丧失人生最可贵的荣誉的可怕危险。

这就是这种荒谬偏见足以使我们恐惧的主要不安之处;凡是破坏我们所有制的巩固性的一切,我们都认为是动摇社会福利基础的致命现象;没有荣誉,其他一切福利就毫无价值,连生命也等于死刑,可是有一种偏见甚至将荣誉置于偶然机会的摆布之下,我们将怎样看待这种偏见呢?我们每天都重复这样一条正义的规则,即宁可宽恕一百个有罪的人,也不可冤枉一个无辜的人,而我们自己每惩罚一个罪犯,总要断送几个无辜者!我们说,惩罚一个恶棍能警告其他恶棍,而杀死一个可尊敬的人会给整个社会造成恐惧;可是我们每天都给社会提供可怕的景象,这种景象必定使每一个人都感到恐惧,因为没有什么能保障我们有一天不会成为这种可怕景象的悲惨对象,没有什么东西能保障今天的压迫者明天

不会成为被压迫者。

而这么多的公民受到羞辱,会给国家造成什么害处呢?

文明的立法者们在能够为祖国保全血液的时候,他们对于血液,甚至最可鄙视的血液都是非常珍惜的;凡是祖国能够从对违反它的法律的罪犯的惩罚中得到的一切好处,他们丝毫都不愿意使它丧失。那些迫使某些罪犯从事公益劳动的惩罚就来源于此,甚至我们的法律也采取了这种明智的原则;但我们的偏见却公然破坏这种原则,使那些不幸同罪犯有亲属关系的清白公民成为对于国家毫无用处的人。

如果不使这些公民对于他们亲属的过错负责,而认为他们和他们的亲属不同是他们的功绩,那么对他们亲属的判罪对于他们就会成为一种强有力的刺激,使他们努力以自己的个人品质来迫使人们忘却那被判罪的亲属。但是偏见使社会永远失去了这些公民对社会可能做出的贡献。偏见剥夺了他们的荣誉,就是消灭了他们;它使他们受到类似褫夺公权终身的惩罚,而这与法律对罪犯本人所判处的死刑是同样致命的东西。

要是这些人只是无益,而不造成危险,那还算上天保佑!

耻辱污损人的心灵;一个人要是被判定应受轻蔑,他就不得不成为该受轻蔑的人。不能再指望受到自己亲友尊敬的人,能够指望什么高尚的感情和什么宽恕的行为呢?既然已永远丧失与品德相联系的一切优点,他就必定要到邪恶的享受中去寻求满足。

如果羞耻没有夺去他的全部力量,他会变得更加危险,他的精力会转化为仇恨和绝望,他的心灵会起来反对那种使他成为牺牲品的残酷的不公道的事物,他将成为压迫他的那个社会的隐蔽的敌人；如果他最后没有坏到该受他起初不该受的那种惩罚，如果法律将来不必去惩罚他居然犯了他的同胞们的这种野蛮行为促使他去犯的那些罪行，那还算幸运的！

诚然，这些不幸的人们往往决定逃出本国，到远方的国家里去掩藏自己的耻辱，但是这么多的公民被我们迫使去把自己的财富、自己的技能、自己的才干和对使他们受迫害的祖国的憎恨带给别的民族，难道这种损失对于我们说来没有什么关系吗？

这种致命的偏见显然成为纷争不和的信号。它使得准备缔结亲密关系的家族之间突然发生不可克服的障碍；它使得轻蔑、鄙视、悲哀和绝望来代替尊敬、友爱、喜悦和幸福的陶醉；它把一对本应缔结美满良缘的情人拆散，令一方背弃前言，而使另一方永远不能履行公民的最神圣的义务之一。

正是这种偏见引起许多严重的争吵；它的受害者所遭到的轻蔑，使这些人不断地受到侮辱，而这种侮辱是他们并不总是甘心忍受的；使他们受羞辱的原因，是怀有仇恨的、无耻的、粗暴的、爱好虚荣的人们最喜欢用以进行侮辱的话题；于是便产生争吵、打架，特别是决斗；这样一来，这种偏见就给另一种荒唐的偏见提供养料，并且成为维护这另一种几乎同它一样致命和野蛮的习惯的主要支柱之一，而它当然是配充当这个角色的。

这种偏见还会引起另一种不便之处，这可能不那么容易感觉出来，但实际上确实存在着：这种偏见削弱父权的力量。

我曾看到，堕落的子女察觉父母的命运是掌握在他们的手中，便利用这一可耻的优势来向父母要求不合理的宽容，迫使软弱的父亲们向他们投降，忘掉必要的严格，由于恐惧而推动他们走向可能辱及家庭的错误途径。他们就这样把我们所说的偏见变成他们发泄私欲的工具和放荡不羁的护符。这是极其平常的事,我们只要留心,就能看到。

还不止于此:为了给我所反对的这种偏见一个完全的评价,我还要证明,它不仅是无辜者的灾难,而且是罪行的庇护者。

把几个正派人的命运同一个恶棍的命运联系起来,这不是意味着使恶棍有许多方法来逃避他所应受的惩罚吗?

严厉的秩序要求处他以死刑,但社会的同情却由于死刑必将引起一些无辜者的遭殃,而力求把他赦免。威胁清白家庭荣誉的每一起刑事案件,都要引起反对法律的新阴谋;被吓坏了的父母会利用自己的全部影响和一切可能,力求把该伏法的人从这种法律手中救出;父母的努力,受到仁爱为怀的呼声的支持,往往压倒社会利益而占了上风;敢于依靠这种必定会迫使有势力的家庭保证自己子女不受惩罚的绝对原因而犯罪的人,谁能计算出有多少呢?由于那些被迫分担罪犯耻辱的不幸人们苦苦哀求而得到君主仁慈赦免的罪犯,谁能计算出有多少呢?

我们这种毫无意义的偏见就这样破坏了法律的效力;我们就这样由于自己的残酷而几乎使自己丧失了主持正义的权利。

我们所说的这种偏见还有一种使家庭习惯于请求当局下令限制个别人自由的不便之处,即使只有这一点就足以使它成为最可怕的社会灾难之一,虽然求助于这种危险的手段有时是正当的顾虑所迫使的,但这种借口往往不只是滥用君主信任的一种方法吗?它不是常常成为家庭报复的工具吗?不公正的父亲、残酷的继母、嫉妒的弟兄、背信的妻子的憎恨或贪欲,不是往往成为当局力求惩罚的那些不幸者的唯一罪行吗？

我认为我所说的，已经足以使一切有头脑的人对所说的偏见是否弊多而利少的问题作出判断。

但是，面对着社会的愤怒来说这种话，有什么意义呢？它不是注定要战胜理智的一切努力吗？难道能够希望有一天治好人们这种根深蒂固的恶习吗？

这是庸人的议论。能思想的人是会抛弃这种有害的预感的。

不可克服的偏见只是在愚昧时代才能存在。那时候，受惯了束缚的人认为古代的一切风俗习惯都是神圣的，因为他既没有鉴别这些习俗的能力，甚至也没有讨论这些习俗的念头；但是在文明时代，一切都是经过衡量、分析、研究的，理智与仁爱的呼声是异常强烈的，同时，我们由于知识的日益扩大而变得更加敏锐聪慧，因而不断地力求减少我们的祸害和增加我们的欢乐，所以，残酷的习俗只有在受到希望永久保存它的大量公民的私欲或信任的鼓励的时候，才可能长期有害地存在下去。但是我所说的这种偏见对任何人都没有好处，它对一切人都是可怕的，整个社会都要求消灭它。教育的成就现在已经大大削弱了这种偏见，毫无疑义，仅通过教育就能把它消灭。但是，诸位先生，人类的利益驱使我来实现你们的善良意图，寻找使这一愉快事件早日到来的方法。

同这里所说的弊害作斗争，不应该借助于专门的法律。也不应该借助于权力来进攻它，因为权力是不能使观点屈服的。这类措施绝不能消灭我们所说的偏见，而只能使它更加根深蒂固。正如我已经证明的，这种偏见的根源是荣誉，而荣誉不但不会向暴力让步，而且把不畏暴力视为它的天职。荣誉原是自由的和独立的，它只服从于它自己的规律。对它来说,只存在着一个法官和一个主宰,这就是它自己。

其实,我们并不需要变更我们的整个立法制度,不需要在往往是危险的普遍革命中寻求医治个别恶习的药物。看来,我们有着更简单的、更容易的、也可能是更正确的方法。

但是,如果我能够设想,我所谈到的观点真正能够减少犯罪数目,如果实际上正是这种原因促使我们采取这种观点并使得我们牢牢抓住它不放,那么我就要设法用某种可以给我们带来同样好处的制度来代替它。例如,我会建议扩大父权的范围,赋予父母一切必要的权力来奖励自己子女的善行或惩罚他们的败行。但是,由于道德的利益在这里只成了成见往往力求借以掩盖我们的不公正现象的借口,所以我认为,恢复父权的确是防止腐化堕落的最有力的羁绊,但不是消灭这里所说的谬误思想的方法。

但是,我希望废除一些显然纯粹是旨在保存这种谬误思想的法律。例如,最好是不再没收被判处死刑者的财产,因为这与其说是对犯罪者的惩罚,不如说是对他的继承人的惩罚。这种惩罚本身似乎就是对于家庭的一种羞辱。一个家庭为了减轻它所受的轻蔑,是非常需要普通人民对于财富所表示的那种深刻的敬意的,而没收财产则由于它对家庭所造成的贫困更增加了家庭的屈辱。

我还希望法律不要再增加非婚生子的任何污点,不再由于父亲的缺点而惩罚他们,不让他们担任高级民政职务以及神职;我希望取消宗教法规中认为非婚生子女父母的把堕落习性随同血液一起遗传给非婚生子女的条款;最后,希望消除能使所有一切公民觉得有时可以有意识地使人对他未犯过的过错负责的习俗。

但是我们所说的偏见的性质本身，似乎给我们指出了另一种同样简单的，并且还更能使它削弱的方法。我们看到，这种偏见把羞辱不仅同死刑联系起来，而且也同死刑的形式联系起来：车磔和绞刑，像我已经指出过的，是辱及死于这种刑罚的人的家庭的，但是砍掉犯人头颅的斩刑，却丝毫不使罪犯的亲属受到侮辱，而且它对后代来说几乎成为高尚的特征。难道不能从人们这种心理中吸取益处，并把这最后一种形式的刑罚扩大到一切等级的公民吗？我们要消灭侮辱性的差别，这种差别显然增加成为偏见攻击靶子的人们所受的耻辱，并把另一些人所能摆脱的羞辱全都加到他们身上；我们要取消这种在同死刑不可分的耻辱以外还要加上它所固有的羞辱性质的刑罚，而规定另一种刑罚，这种刑罚应该使人习惯于在想象中把它同一种公开的宣布联系起来，并把它同关于家庭羞辱的观念分隔开来；这种本身虽然是无关紧要的代替办法，也许能给我们关于这一问题的概念带来极为有利的改变。也许成功的试验会使我们知道，在主要是以意见为转移的一切问题中，最简单的方法往往也是最有益的方法。

但是我还知道另一种更加无比有力的方法，单是用它就足以根除这一恶习，而且我觉得它的效果是完全有保证的。

这种方法掌握在君主们自己的手中。为了消灭这种看来是根深蒂固的致命偏见，他们既不需要耗费自己的财富，也不需要运用自己的全部权力；他们只要认真地去做就够了。愿他们的正义和仁慈来帮助与被判刑者有血统关系的那些不幸的人们；愿他们不容许堵塞这种人走向成功和荣誉的道路。如果这种人的功绩值得奖赏，愿他们对这种人表示自己的赏识，或者更好是抓紧一切适当的机会给他们以奖励；愿光荣的职位、光荣的称号、赏识的眼色以及赞美的言语，经常告诉人们：君主不记他们亲人的过错，而只看到他们个人的功绩；君主是鄙视那种竟敢诋毁善行的卑鄙偏见的。这样一来，君主的行为很快就会成为他的一切臣民的法律。

看到君主以不畏惧这种偏见自负，并且把消灭它作为自己的天职，谁还肯仍旧做这种荒谬见解的奴隶呢？在一个国家里，君主的恩惠是一切臣民崇拜的东西，凡是能得到恩惠的人们都成为别人赞美和嫉妒的对象，君主的赞许和奖赏被认为是最高的光荣和无上的荣誉，对荣获君主尊重和眷顾的清白的人，谁还会轻视呢？我已经证明，荣誉是我们所说的偏见的基础。正是那些受荣誉支配最大的人，最重视辉煌的爵位和君主的宠幸；如果君主以身作则来反对偏见，那么，这种武器在同偏见进行斗争中的不可战胜的威力就将是无可怀疑的了。

啊，但愿上天保佑我的这部拙著能够上达于统治我们的青年君主！对他陈述这种有利于人类的思想，不会是徒劳无益的。一个废弃旧日审判实践所尊崇的野蛮习惯，使被告人免除了无益的残酷刑罚的人，是足以使无罪的公民免除本来是为犯罪行为所规定的那种耻辱的。战胜引起这样多灾难的可怕偏见，将是一种新型的胜利，这种胜利的光荣不是任何一个君主能与他分享的。这种胜利的光辉在后代的眼目中也不会由于那些为他的统治时代增光的伟大事件而黯然失色。还不止于此。这个极其宝贵的方法，并不是我们为了摆脱这种灾难所能采取的唯一方法，还有另一种同样正确的方法。诸位先生，这是你们自己所发现的。你们唤起作家们来与构成这次讨论的对象的致命偏见进行斗争，就是向社会提供了消灭这种偏见的可靠保证。

促使公众注意这种既荒谬又野蛮的风俗，是根除这一风俗的最正确的方法之一。理智和辩才，这就是应当用来攻击偏见的武器：在我们这样的时代，它们的胜利是不容怀疑的。

我越思考就越确信，我们所说的偏见在今天所以还能存在，只是由于还没有人研究它，由于哲学精神还没有接触到这一问题，由于对这一问题的思考不够，在许多人的头脑里甚至还存在一种虚假的和荒谬的观念，以为这种偏见是给社会带来很大益处的。但是如果我们的优秀作家们老早就使公众看到在这种偏见之中存在着可笑的、非正义的、残酷的和有害的东西，那时难道它还能保存它的全部势力吗？

啊，你们，有卓越天才的人们，赶快消灭这种偏见吧；显然，上天把教育自己亲人的崇高事业委托给了你们，正是要你们来指导社会舆论。在今天这个渴望精神享受的时代，你们的著作已经成为无数公民的事业和安慰，因而使你们对于人民的风俗和理解发生着极大的影响，而过去你们几时有过这样大的权力呢？尽管恶习深固的根蒂，似乎没有任何希望加以动摇，可是你们不知消灭了多少有害的风俗，消灭了多少野蛮的偏见呢？可惜！如果天才堕落到维护错误的地步，那么天才是甚至可以使错误的东西取得胜利的。如果你们向人们指出真理，不是吓退热情、增加义务、要求牺牲的冷酷真理，而是柔和的、动人的、维护最宝贵的人权的真理，是帮助一切敏感的人达到愿望，并发现一切人都乐于接受的真理，那时，你们还有什么不能做到的呢！当你们用全部的天才力量来摧毁这种卑劣的偏见的时候，你们会遇到什么抗拒呢？只要你们用少许适当的彩色来描绘这种偏见，人们对于自己为什么要屈服于它就将大吃一惊了。

让大家对于光荣的学会致以永恒的感谢吧，正是它首先提供了把作家的努力和竞赛指向这一目标的范例！这种卓越而新颖的思想使加入这学会的人们无论在感情上和智慧上都增加光彩；这种思想保证它同时获得人民的感激和颂扬。

我已经尽心竭力地把自己的一片忠诚献给了人类的福利！愿上天保佑与我志同道合的许多人们，用更能取胜的武器来与我们共同反对的有害的谬见作战！即使我不能获得我所敢于企求的荣誉，我的作品也不会是毫无报偿的：我将在自己的心灵深处找到另一种可以十分自慰的报偿，这是任何一个竞赛者都不能够从我身上夺去的。

关于陪审法庭的设立

为了解决你们应否同意采行陪审制度的问题，只需对这种制度加以确切描述就够了。

什么是有陪审员参加的诉讼程序？这里不用详细说明这种制度可能有的各种不同形式，只需明确它的本质，指出它的基本属性就行了。

我们所习惯的常设法院，解决关系到我们全部利益的、无论有关法律还是有关事实的一切问题时，一贯专横独断地支配我们的命运。假设不用这种常设法院，而任命一些得到社会的信任一视同仁地从社会各阶层中选出进行短期服务的公民，来首先判断作为诉讼争论的根据的事实；再假定法官的责任只是对头一次裁判所认定的这种事实应用法律——我所理解的陪审员就是这样。

我认为，这种制度与我国现在通行的制度，以及现时人们想用以跟它相对立的制度（因为宪法委员会只是改变了现在法院的名称和所在地点）之间的区别，在于下述两个重要的特点。

第一个特点是：把关于事实的判定和关于法律的判定分开，会使判决比起在那种要法官乱七八糟地既讨论事实问题，又讨论法律问题的制度下更加可靠得多和清楚得多，会使判决的一切部分都更加公正得多。因为谁要是只对别人的裁判应用法律，他就不会企图使法律迁就他对争讼事实所形成的看法。

第二个特点还要来得重要，它就是：在我所建议的那种程序下，我们再也不会看到，赋有过大权力的某个固定集团由于人类的天生弱点，沾染上任何赋有大权的集团所固有的那种特殊作风，即傲慢、骄傲和专制的作风。只要想到会采行陪审制度，我就至少不再因有把自己最宝贵的利益信托他人的危险而感到害怕。因为我的利益至少是委托给与我平等的人们，即由人民选出的普通公民，他们不久就要回到群众中来，将要服从他们刚才对我实行过的那种同样权力；可作为我的担保的，是他们的宗教信仰、他们的利益，以及那种在群众中能说明人们的、只有私人利益才能改变的那种正义感；如果法官后来应用法律，不管他是什么样人，我也不怕他敢于用同法律与引起应用法律的事实背道而驰的情况来激怒社会的舆论。

这种制度对维护自由的必要性是如此明显，连那些最激烈反对它的人也同意在刑事方面采用它！那么为什么不在民事方面也采用它呢？生命和名誉跟名誉和财产有什么区别呢？难道公民的一切权利不应当受到同样的保护吗？负责保护全部这些权利，是社会的神圣天职，你们怎么能够对我的财产，对使我的生活愉快或者过得去的一切东西，提出一种本身不够充分和不能维护我的其他权利的担保呢？

我们这里有一种反对意见，是说这种制度不可能存在，但是它已经在英国存在了整整一个世纪；它在美国也同样扎下了根。而这两个国家努力维护这种制度的情况，同时既证明了它的重要性，也证明了它的生命力。

有人说这种制度不可能存在，而你们却要在刑事方面采用它。你们认定，它只是在民事方面不可能存在；这只能意味着，受社会信任来承担这种责任的开明的，或者被认为开明的人们，既不能察觉也不能知道成为有关我们财产的争讼的根据的事实(因为我绝不能设想，公民会设法选出无能的和愚蠢的人们来代表自己的利益)。你们说，我们的法律很复杂，但是英国大致在同样问题上的法律也很复杂。而且，这种反对意见是由于概念模糊，把事实问题和法律问题混为一谈所引起的。

在法律复杂的地方，应用法律较为困难；但是判定事实是否存在的困难是与这点无关的。在一切国家里，在一切立法制度下，罪证都是属于事实的范围；借以发现罪证的概念和推理是相同的。为了看到和认知罪证所必需的能力也是相同的。无论你们如何增加法律、法典、决议和买卖契约的解释员的人数，像是否有过买卖，你是不是卖主这样一些事实问题，是不会因此而变得较为复杂的。无论你们如何挖空心思想出各种困难的事例，我既不能同意它们的识别能力与某种方式或某种职业有关,也不同意这种能力是超过有理智的人,甚至于受社会信任来承担这种责任的有识之士的理解力的。

有人对你们说,我们的政治形势不容许尝试这种制度。我们的政治形势究竟是什么样的呢?这是正在沿着走向自由的道路迅速迈进的人民的形势,这人民怀着能克服一切障碍的崇高热情,他们可能正逢着他们注定要取得为巩固自己的自由所必需的一切有利制度的千载良机。

有人对我们说,司法人员会对此表示不满,他们会增加你们敌人的数目。我首先要答复的,这是对他们当中最可尊敬的人的不该有的侮辱:我在这里请求所有那些给法院不是带来奴隶式的因循习惯和各种偏见,而是带来别的东西的人们作证,因为他们选择了这种有益的职责,只是为了维护贫者、弱者、被压迫者免受非正义和狡猾手段的侵害,所以他们的主要愿望始终是要看到这种现象的消灭。有人向我们说,另一些人将要抱怨。那就更好,人民将祝福你们;你们在社会舆论和国家利益的力量支持下沿着消灭一切弊害和一切暴政的道路前进,难道你们每次都要害怕敌人吗?如果这种想法得胜,那你们不是还停留在自己道路的起点上……不然,就是已经不复存在人世上了。

但是,无论人们怎么说,我不知道有什么东西比那种总是以想象的困难同必需的神圣权利相对立,以想象的政治体面同最明显的社会秩序原则相对立的畏缩心理更危险的了。如果我们没有力量成为完全自由的,我们就该倒霉;半自由状态不可避免地要恢复专制主义。如果我们在面前一切阻碍已经一扫而空的时候再给自己制造阻碍，我们就该倒霉。我们在习惯于把人民权利和社会幸福所依赖的所有这些永恒真理看作只是仅仅适合劝谕性书籍的无益理论。最好是想一想，正义和理智的不变原则是社会自由和社会幸福的唯一的根据；凡是违反它们的一切宪法都只是对人类所犯的罪行，几乎一切立法者的荒谬语言力图用英明和政策的虚伪名义来加以掩盖，都是枉费心机。历史和理智都告诉我们，各民族都只有一个成为自由民族的短暂时机；我们的这个时机已经来临了。为了人民的复兴和幸福来利用这个时机——这是天意给你们所作的安排！

勇敢、理智、对人权和应该成为你们号令原则的最高立法者的意志的崇敬——这就是你们的地位所需要的唯一的行为准则，这就是你们能够借以战胜自由和美德的一切敌人的唯一武器。

关于上诉法院的组织

为了确定上诉法院的组织规则，必须对于它的性质和目的有一个明确的概念。上诉法院的作用，不在于对私人争讼应用法律，或就案件的实质发表意见，而在于维护立法规定的形式和原则不受法院方面可能的破坏。它不是公民的法官，而是法律的维护者，法官的监督者和检查员。总而言之，它被置于审判程序的范围之外和审判程序之上，以便把它保持在宪法所规定的界限和规则之内。

那么，为了使它能够达到自己存在的这个最主要的目的，究竟需要什么呢？显然，需要使上诉法院这样组织起来，使它不能沾染特殊风气，或者为自己建立与立法者利益对立的或与之不同的利益。因为不然的话，它会使用自己的权力来达到自己意志的统治地位，它不但不维护法律，而且可能纵容它所应当防止的法院的侵害行为而促成法律的毁灭，并且成为与它联合起来的其他权力可能利用来反对立法权的危险工具。而你们怎么能够防止这种困难呢？如果上诉法院是与立法团体不同的特殊机构，同时又是最高的和独立的机构，那么它怎么会不能采取与立法者原则不同的原则呢？要知道，事物的本性就是如此：任何一个有道义的生物，任何一个机关，任何一个人都有自己的意志；当他们握有大权的时候，尤其当这种权力不服从于一种不断地使它回复到已确定的秩序和法律的更高权力的时候，他们就会不断地力求使自己意志取得统治地位。你们要注意到，你们的上诉法院不可避免地要成为最高的和独立的机构，因为在重新审理判决的时候，终审撤销原判决的权利应属于被赋予全权进行这种审理的机关，因为我关于前者所说的一切对于这后者也可能适用。因此，如果上诉法院的意图和意志与立法者的意图和意志不同，它就能够使立法者服从于它：上诉法院终于会成为立法的主宰，它将能够恣意滥用自己的独立权力，变更法律或者依照自己的癖好破坏法律。由于不可能指望它的意志总是与立法者的意志吻合，显然，事物的本性使得我们不得不采用罗马公法所不感到陌生的，甚至我们旧日政府也采用过的一条规则。罗马立法所遵循的规则是：法律的解释权属于创制法律者(ejus est interpretari legem, qui condidit legem)。罗马人懂得，如果不是立法者的权力才能解释法律，那么别种权力最终会变更法律，并将自己的意志置于立法者的意志之上。不言而喻，当法律本身遭到司法权力的破坏的时候，更应当应用这条规则。我国的旧有制度也承认了这条规则的必要性：虽然当时国王对于公民私人案件没有应用法律的权力，但是他有权力把不遵守法定程序和力图公开侵犯法律的法官免职；在国王实行立法权力的制度下，这一规定是明智的。如果立法权不具有权力和手段来击退司法权方面的侵犯，立法权就会成为软弱无力的或无足轻重的，它的全部力量就会转到司法权方面。既然立法权只是规定一般的规则，而应用这些规则的只是法院，法律就会成为空洞的公式，法律的效力会完全以法官或被赋予权力重新审理判决的机关为转移了。

请不要说，我在这里把两种权力混为一谈，把立法权和司法权合并在一个机关中。我已经指出，应该监督法院和不断提醒法院注意立法原则的人，不是司法权力的一部分。他们的职能是立法权力的附属物和不可缺少的条件。为了宪法原则的稳定、纯洁和统一，这种职能应该由立法者执行。我还要指出，司法权划分的规则不应该过分严格遵守，因为这种规则是为了自由而规定的，它要服从于保证维护自由的手段的必要性，而且司法权力之间有一些接触点，它们应该在这些接触点上连接起来。我得出的结论是：上诉法院应当置于立法团之内。因此我提出建议，赋予由立法团选出的立法团委员会以权力来建议、审查和报告属于它的权限内的案件，并使这些案件依制宪议会的法令加以解决。

关于海军刑法典

我发现在为水兵规定的刑罚和为军官规定的刑罚之间,有令人惊奇的不相一致的情形。犯同类罪行对于兵士就要判处死刑,对于军官只是降级,这种做法是否符合平权的原则吗?

如果这种原则是正确的,如果这是正义和自由的原则,那么我就要求使同样的罪行受到同样的惩罚;如果认为这种刑罚对于军官过于严厉,那么对于兵士也应当不使用这种刑罚。

……………………

这里所说的罪行是在军事勤务上可能犯的最危险的罪行之一;如果你们由于水兵犯了普通纪律上的过错而要把他判处死刑,那么上述罪行难道不应该受到最严厉的惩罚吗?

关于刑事审判的组织
关于书面审理程序的必要性

法官决定刑事被告人命运的意见所应依据的证据和供词,要不要作书面记录呢?还是只应该让它们成为转瞬即逝的话语,从证人口中直接传到法官的脑海和心灵中,然后在那里消失得无影无踪呢?

不管这个问题乍一看来多么简单,它同社会的最大利益保有虽然不易察觉然而却是极其重要的关系。只有一种方法能够说明并迅速解决这个问题——这就是回到一切刑事立法的真理性的原则上来。

刑事诉讼程序，一般说来，不过是法律对于法官弱点和私欲所采取的预防措施而已。

如果法官是天使，如果他们是不会犯错误的和完美无缺的人，那么法律就会向他们说：你们面前是被控诉的公民；你们认为为了弄清真实情况需要做什么，就做什么，然后你们想怎么审判他们，就怎么审判他们。诉讼程序由你们规定，使你们信服的就是证据，你们所判定的就是真实情况。这样，任务会很简单，只需设置法官的职位就够了。

但是无论法官怎么样，他们总是人。明智的立法者绝不把法官当作抽象的或铁面无私的人物，因为法官作为私人的存在是与他们的社会存在完全混合在一起的。明智的立法者知道，再没有人比法官更需要立法者进行仔细的监督了，因为权势的自豪感是最容易触发人的弱点的东西。

立法者由于是通过一般法律处理事物，而不是通过个别判决处理人，因而不会怀抱偏见。他应当用明确的和固定的规则指导负责对人和私人利益作出判决的法官。因此，也就产生了刑事调查一向都得遵守的诉讼程序形式。

所以，法律绝不把判定有罪或无罪的事情，只是听凭法官的良心和法官随心所欲的意志来决定，而是坚决对法官说："如果你们没有确凿如山的证据，你们就不要判罪。"法律所做的还不止于此：它还规定了证据的种类，确定了一些取得信念的规则（法官若没有这种确信就不允许判罪）。既然法律规定了这种规则和这种条件，就必须有一种使它们保证得到遵守的方法。这种方法就是记录。

没有记录，决定刑事判决理由和被告人命运的证据就会消失得毫无踪影，剩下的只是一团糊涂账，只是任意摆布和专断独行。

这寥寥数语，对于解决你们所关心的那个重要问题大概已经够了。不过我们还没有从各个最有趣的方面对它进行最全面的研究。

如果说法律应该要求具备一定种类和一定程度的证据，法官没有这种证据就不能判罪，那么还不能因此便得出结论说，只要有了这种证据就必定要判罪。在这种证据之上还必须加上法官的个人信念。法律应当要求这一点来制止任意摆布；在这方面法律所定的规则，是明智和无私的结果，因为这种规则是一般性的，但是正是由于这种原因，这些规则在实践中往往被特殊情况所推翻，这种特殊情况是立法者预见不到的，不能做详细的规定的，而是只有法官才能知道的。因此，必须用法官的知识和个人信念来补充法律一般预见所不能包括的东西。

两个人的证明，是法律所规定的这种证据的一种。但是假定说，在某一起案件当中，两个证人作出不利于被告人的供述，而法官知道他们头脑不清或者不够诚实，或者是看出了他们没有信心和犹豫不决的情形，最后，被告人的性格、他的无可责难的声望以及在法官面前暴露出来的许多情况，都在形成一个比两个证人的供词更加令人满意和更加有力的证据。法官在这种场合能否判罪呢？不能，因为那会意味着宁愿要虚幻的证据而不要真实的证据，那会意味着宁愿要真理的影子而不要真理本身，那会意味着用法律的宝剑盲目地刺死一个无辜的牺牲者，那会意味着破坏法律的精神和妨害法律的目的。

根据上述一切理由，我得出一个结论，如果没有法定证据，法官不能够判罪；我还得出另一个结论，如果法官的个人信念与这种虚构的证据发生矛盾，他也不应当判罪。真理和社会福利正是建立在这一点上，因为这一点能调和委员会的草案和反对草案的那些人的意见，能防止他们双方都感到的真正的和有危害的不利之处。我举出一个高于一切论证的实例，来结束这场是非已十分明显而不必继续进行的争论。

有一个公民被控犯有重大的罪行；有许多不利于他的证据，所有法官都确信不疑，只有一个陪审员对大家认为当然的事情表示怀疑。他坚决不肯附和自己同僚们的意见。可是正是他了解了这一罪行的实质。如果野蛮的法律迫使他表示赞成把被告人处死，难道你们认为这种法律是明智的吗？

如果一个法官承认某人无罪，为他惋惜、为他的命运战栗，可是仍然把他置于死地，难道你们不一想到这种法官内心就感到愤慨吗？法律可以这样侮辱理智、正义和良心吗？

我把上面说的归纳为如下三点建议：证人的供词应当采用书面形式；如果没有法定的证据，陪审员不能宣布犯人被证明有罪；如果陪审员的知识和他们的个人信念同这种证据有矛盾，他们就可以而且应该宣布犯人未被证明有罪。

陪审法庭的组织原则

各位先生，“陪审员”一语大概使人产生关于一种人类最宝贵的社会制度的概念，但是它的本质却远非一切人都知道和理解的。

无论如何很明显，这个名称可以被理解为按其本质和作用截然不同的东西。大多数法国人把这个名称只是同关于他们不很清楚的英国制度的某种模糊概念联系起来。但是，对我们说起来，更重要的，不是知道在别的地方搞些什么，而是找到在我们这里可以实行的东西。宪法委员会和法官委员会即使能够准确地抄袭英国的陪审制度作为它们所建议的草案的一部分，也还丝毫不能求得民族的福利，因为某种制度的优点和缺点差不多永远是以它与立法的其他部分、本国的风俗习惯和许多其他的地方条件与特殊条件的相互关系为转移的。而且，可以使陪审制度做这样的改变，使它同这样的情况联系起来，以致它在我们这里不但不能产生英国人所收到的良好结果，而且只会产生毁灭自由的毒素。我们要看看事物的本质，看看一切良好法院组织和陪审制度的原则。

陪审制度的重大特点，就是公民是由与他们平等的人们来审判的。它的目的是要使公民受到最公正和最无私的审判，保证他们的权利不受法院专制作风的打击。我们先把两个委员会的草案同这些原则来比较一下。为了得到真正的陪审员，我要证明两个委员会在这个草案中向我们建议的，只是假仁假义和空中楼阁。

在一省境内，只从纳税数额够格当选担任行政职务的人们当中选出二百个公民。这二百人由省政府的总检察长挑选。从这二百人当中再用抽签方法选定十二人：这十二人就称为刑事判决陪审团，由他们来决定是否有过犯罪行为和被告人是否有罪。只是应当指出，公诉人和被告人都各有同等权利从列入陪审员名单的二百名当选人当中请求二十人回避。

现在，为了了解整个制度，为了掌握它的精神和确定它的后果，必须把那种应当审理刑事案件和决定刑罚的法庭组织，同这种陪审法庭的组织对比一下。

刑事法庭在每一省设立一个，由法官二人组成，从全省各州法庭成员中轮流指派，每届任期三个月。

常任法官一人，充任法庭庭长，领导这种法庭，任期十二年，除法官的职务以外享有无限广泛的权力，关于这种权力我们以后再谈。

现在我们仅只谈一下在我们刚才说过的那些规定当中所隐藏的缺点。

这些陪审员，这些负有使命来解决判定被告人有罪或无罪问题的人，是一些什么人呢？是由省检察长挑选出来的二百名公民。因此只有一个人，即某一个行政官员有权按照自己的专断来给人民指派法官。

这就是立法的天才为保证最神圣的人权和公民权利所能发明出来的一切，这就是检察长的智慧、意志和巧妙的思想所完成的一切。我知道，从这二百人当中将以抽签方法选定十二人，并且被告人能够请求二百人当中的二十人回避。但是中签的人永远只能是检察长所挑选出来的二百人当中的人；但是在请求回避以后所剩下来的将永远只是那些其当选最多不过证明对检察长的信任的人而归根到底毫无疑义的是，你们赋予了检察长一种影响公民的名誉、自由，甚至可能影响生命的奇怪而又可怕的权力。我还可以指出，你们赋予被告人的请求回避的权利被你们赋予公诉人的权利给抵消了。因为如果从一方面被告人可以排除他觉得可疑的二十名陪审员，那么从另一方面他的对方能够夺去同样数目的他所最信任的陪审员。如果赋予检察长的这种权力本身就是最有弊害的东西，那么在我们考察了我们民族和我们革命所特有的，当然是唯一应当引起我们注意的情况以后，又该怎样看待它呢？

现在民族被这么多相互抵触的利益和这么多的党派所分开，尤其是，它被划分为两大部分，大多数的公民是势力最小、最少受到命运和旧政府照顾的公民。他们被称为平民，我也这样称呼他们，因为我必须用我的对手们的语言来说话，因为我觉得这个称呼同时也很庄严和动人。我说，现在国家好像被人民和许许多多为了满足自己的野心和损害自己的自由而要恢复旧日的弊政或者重新建立弊政的人分成为两半。现在国家最危险的敌人不是那些自己公开暴露自己身份的人，而是那些用忠于祖国的假面具和新宪法的形式掩盖自己的罪恶意图的人——在这种时候，阴谋和误解往往使这种公民爬到最高的行政职位，难道这不是可能的，甚至是不可避免的和符合经验的吗？难道这种检察长不是很自然会倾向于要那些与他们赞成同样原则和属于同一党派的人来当陪审员吗？难道他们不能把这种人同若干数量最机灵的和有威信的微不足道的人物掺杂在一起而甚至无损于自己的意图吗；如果他们愿意这样做，难道这对于他们是困难的吗？难道他们在全省范围内寻找二百名这样的人需要用很长的时间吗？因此，难道说人民尤其是最热诚的爱国人士，不会被交给徇私的和充满敌意的法官去审判吗？我不想根据这种理由肯定说，人民的敌人会急于首先用刑事判决的威力来反对那些在广阔的领域里竭力维护民族和人类的权利的人们，但是我看到，太热心于人民事业而受嫌疑的软弱无力的公民，在法律和公共秩序的名义下遭受迫害；我看到，因长期

受侮辱而产生的坚决抗议、反抗行为，或者说，真诚的但还没有掌握新法律知识的爱国行为，被看作是叛逆行为和危害公共安全的行为而受到惩罚；我看到，在与自由的敌人不断散布的反人民的诽谤稍有牵连的一切被控案件当中，假爱国者的一切成见、一切假仁假义的恶毒手段、多疑和愤怒的贵族的全部复仇心情都在为所欲为地蹂躏最优秀的公民。

还不止于此：好像单有一些预防办法不足以防止这种弊害，两个委员会不是还向我们建议只让那些可以被选入行政机关的人，即最富裕和最有权势的公民享有被检察长挑选的权利吗？难道这是受你们所谓的与自己平等的人的审判吗？这些唯一有权担任行政官和陪审员的公民，也许是平等的，但是他们甚至还占不到全民族的四分之一；至于说到其他的人，那么实际上他们将由自己的官长审判，他们的命运将交给另一等级的人去决定，他们和这些人之间隔着一道很深的鸿沟和很长的距离。这段距离把政治、司法权力与完全无权，把最高权力与服从地位，或者说奴隶地位远远隔离开来。

我姑且不说权利平等，不说不可剥夺的人权，可是，那条任何陪审法院组织的基本原则，那种这类组织应有的公正无私的性质，我们民族怎样能够重新去认识呢？所有处在你们特权阶级以外的人们，难道不必担心会看到这种陪审员对他们同等级的人表示较多的宽容、尊敬和关切，而对他们惯于轻视的人则表示较少的人道和尊敬吗？

我绝对不是希望刑事被告人由法庭来审判。但是，当然，我不怕肯定说，这种制度远没有现在向我们建议的那种制度那样危险，那样与自由的原则相抵触。至少公民是由他们自己选出的法官审判。在另一种制度下,决定他们命运的是由一个公职人员,也许是他们的敌人所委任的人们。

在前一种制度下,权利平等至少是受到尊重的,因为一切人都是由一切人所选出的人们来审判。但是后一种制度却把民族分成两个阶级,其中一个阶级的使命是审判,而另一个阶级则是被审判,国家主权最宝贵的一部分赋予了少数的国民,财富成为公民权利的唯一标准,而法兰西人民同时是被屈辱的和被压迫的。最后,如果说我现在拿来同委员会的制度作比较的司法制度是有缺点的,那么委员会的制度则是不公正的和荒唐的。

至于说三分之二的陪审员要在设有刑事法庭的城市里选出的另一项规定,我还有什么可说呢?对于乡村地方的公民所受到的不公正的和侮辱性的偏颇待遇(它的有害后果是不胜枚举的),我还有什么可说的呢?对于这种不可思议地忘却理智和社会秩序的基本原则的情形,我还有什么可说的呢?

这一切的不适当性达到如此令人惊异的地步,我甚至不想来指出,这样把挑选公职人员(而且是多么重要的公职人员!)的权利赋予另一个公职人员,即一个并未得到人民这种委托而仅有权掌管行政事务的官吏,会给我国宪法的基本原则以直接的打击。让我们留神不要把所有这些特权赋予执政机关。这种特权是对国民权力和社会自由的绝对侵犯。

但是我所叙述的,还只是我们可能遇到的与陪审法庭的组织有关的一部分危险:必须看到陪审法庭的实际效力,必须研究它同自己与之结合的刑事法庭的关系。

你们知道，刑事法庭是由两名从每一专区选出的法官组成的。但是这两个法官每三个月更换一次，只有庭长一人不更动。他的任期是十二年。只须向你们说明这个法官将有极大的影响就够了。但是请你们考虑一下他的职务范围。他除了有同别的法官相同的职务，有用抽签方法选拔陪审员并召集他们的职权之外，还要在刑事被告人来到以后立即进行讯问、要在每次进行调查时出席充任审判长、在调查终结以后他还必须指导各陪审员去执行他们的职务，向他们宣布和简单说明案情，使他们注意到主要的证据，甚至提醒他们注意自己的职责所在。

这就足够使你们相信，这样的庭长对于案件的进行和陪审员的刑事判决，会产生非常大的影响。也许，你们也会感到惊异：一方面认为这种陪审员是唯一有能力充分保护无罪者的权利和公民自由的人，另一方面又把他们置于一个任期十二年的法官的监护和严厉监督之下。如果承认他们是没有能力的，他们将会用两个委员会教给他们的教育者的眼光来看待事物；如果承认他们是有执行自己职务的能力的，那么为什么不赋予他们以法官所应有的独立性呢？

但是彻底揭露这种制度的真意的，是另一条款赋予这个庭长的毫无限制的和专断独行的权力：“刑事法庭庭长可以擅自去做他认为有利于发现真实情况的一切事情；法律指定他的荣誉和良心竭尽全力去促成真实情况的发现。”

揭发真实情况是一件大好的事情；这是一切刑事审判程序的对象和一切法官的目的。但是法律笼统地授予法官无限的权力，容许他自己可以去做他认为有利于达到这个目的的一切事情，法律以人的荣誉和良心代替它的神圣权力，它不再认为它的头等天职恰恰与此相反，乃是制止常常喜欢滥用自己权力的人们的任性和野心，它向我们刑事法庭庭长提供一项有利于一切贪婪要求，掩盖一切错误，为一切滥用权力作辩护的明确条文——这是委员会第一次向我们提示范例的崭新的方法。

我不想来研究玷污这个草案的其他缺点，甚至我不想来谈两个委员会使皇家委员干涉一切侦查行为的非但无益而且有害的那些职能，不想来谈两个委员会赋予公诉人的巨大的权力。它们使公诉人有权召来初级法官和警察官吏，并擅自谴责他们，使他们处于从属于他的地位，使他享有相当于我们省长和我们高等审判厅总检察长的权力。但是对于两个委员会后来又授权国王命令公诉人追究犯罪行为的各项规定，怎么能使人缄默不言或予以承认呢？

这样一来，你们从皇家委员手中收回公诉人的危险职位来交给人民委任的官吏，就是徒劳无益的。这就是你们的两个委员会敢于向你们建议的东西：把这职位间接地予与国王本身，亦即把对公民和最热爱自由的人们的命运具有最危险的影响的权力交给宫廷和内阁；歪曲和破坏公诉制度，以使它变成行政官员的卑鄙工具，以使人民屈从于那由他们选出来代表他们追究破坏社会安宁的犯罪行为的法官的权力，而受到屈辱。唉，他们用这种转弯抹角的方法每天不断地设法把全部国民权力奉送到国王手中，并且不知不觉地给这个权力带到比我们所经受过的更加可怕的宪政专制主义的羁绊之下，谁能不因而感到不安呢！从我们关于两个委员会的各项原则所说的一切看来，究竟可以得出什么样的结论呢？

庭长的位置对于企图爬上这个所谓刑事审判宝座的那个人来

说是最好的位置，法庭的全部权力几乎都集中在庭长的手中；他对于诉讼程序也好，对于陪审人员也好，都会实行同样的统治；陪审员本人只会是一种消极的和可疑的工具，由创造它的官吏手中转移到支配它的庭长手中。我看到正义和平等的原则处处都被破坏，宪法的规范处处都被蹂躏，公民的自由好像陷于公诉人、皇家委员、庭长和检察长等的夹攻之中。我忽略了已变成警察法官的宪兵官吏。这种致命的制度是我们所叙述的压迫制度的补充，它粗暴地把公民的自由交给军事专制主义去任意宰割和侮辱，它显然不是交给争取自由的高尚的人民，而是交给一群由于一度抛弃了枷锁而要受到惩罚的奴隶，但是让我们暂时别谈它吧。

现在我们来打消两个委员会显然用以掩饰它们所建议的制度的那些幻想。它们一再说，这种制度是在英国存在的。

如果认为外国事例优于理智，而想要利用这种如此可疑和虚假的方法，那么至少在事实方面应该力求确凿。但是怎么能够不承认，英国的制度和两个委员会向我们建议的制度之间有着重大的区别呢？再说，谁不知道英国的制度为无辜者提供保护呢？——单是这一点就足够防止陪审员人选方面的困难和减少其中的缺点了。这就是为了判定刑事被告人有罪需要意见完全一致的法律，但这项解救性的法律恰好是委员会首先从自己法案中删去的东西。

英国的法律不以在作出刑事判决以前这样保护无辜者为满足，而且在判定有罪以后还为无辜者保留下有力的手段，即授权法官单独帮助他，把案件交给另一批陪审员进行审理。

只有在罕见的情形下，即在法庭全体成员和皇家委员对于主张判定有罪的陪审员持有一致的反对意见时，委员会才认为有可能要求对案件进行再审。这样一来，在两种场合都是依照与英国立法原则完全相反的原则处理，即谈到救助刑事被告人时，要求意见一致，而在涉及判定刑事被告人有罪的问题时，却不要求意见一致。还有什么可说呢！难道说英国人把骇人听闻的宪兵权力与他们的陪审制度结合起来了吗？难道说英国人授权军职贵族颁布和执行警察命令，把公民当作嫌疑犯一样对待，宣布他们为刑事被告人，把他们送交公诉人，把他们投入监狱，作成各种记录和对他们提起预审诉讼吗？难道说英国人混淆刑事审判和警察的界限，以便在国家宪兵的名称下把一种最可怕的权力给予皇家宪兵吗？唉，英国人是这样尊重公民的权利，以致他们对于抛弃所有这些无愧于专制主义的天才的法规感到恐惧。大家知道，他们在这方面所采取的预防办法达到了极精密的程度，看来他们宁肯削弱警察的活动力和敏捷性，而不愿使公民的自由遭受自己工作人员的侵害。难道说可以认为，对这种区别不值得注意吗？难道说可以认为，忍受极端残酷和专制的政权方面的专横刑事追究的威胁和受法律保护而免除这些主要危险，这二者是相同的吗？

难道你们还可以否认，尽管你们所建议的若干规定同英国立法的规定有某些表面上相似之处，但在全部和局部中都有一些能够决定它们实际效果的重要差别吗？但是主要的是，难道你们自己能够不承认，你们草案的巨大缺点同我们所处的政治环境有多么密切的联系吗？难道英国的陪审法庭是在国内骚乱和包围我们的人民敌人的阴谋之中施行和繁荣起来的吗？难道英国的陪审法庭是要把削弱它和利用审判形式来奴役它的手段奉送给自己的压迫者吗?

难道说在英国,人民曾经向政府和贵族吁求自己的权利吗?难道说在那里有这样一些专门诽谤人民、辱骂最热诚的自由卫士、用强盗和叛徒的匪帮字眼来形容人民的党派吗?难道说在那里曾经用这种借口把人民交付特殊法官和兵士吗?难道说有根据认为,仅由一人委任的英国陪审人员会把这种有害的成见或存心要折磨暴政牺牲者的意图带到法庭上来吗?如果英国人民的代表们在具有类似我刚才指出的那种情况之下建议实行这种办法;如果在革命巩固以前,在危险还从各方面威胁革命的时候,他们对于关心保持革命的大多数公民总是表现出不公正的猜疑和无情的严峻态度,而对于那些对革命产生了成见或被革命损伤了自尊心的人们却表现出盲目的信任和无限的宽容态度,那么,应当怎样看待他们的审慎和他们的热爱自由呢?

从以上所说的这一切,究竟可以得出什么样的结论呢?至于我,我从这里首先得出的结论是,至少必须从陪审法庭的组织上消除我刚才所指出的一切骇人听闻的缺点。

我得出的结论是,两个委员会所提出的草案必须以一个根据自由宪法的各项原则和能够实现陪审员的名称显然许诺给社会的那些优点的组织纲领来代替。

依照我的意见,如果我们愿意稍微注意一下我国宪法的基本原则,并且迅速看出两个委员会所犯的那种错误的原因,我们就不难做到这一点。据我看来,两个委员会所犯的错误在于:它们过分沉湎于模仿精神和我们由于惯于听别人夸奖英国陪审员而产生的那种热情而不能自拔,因而没有注意到,当我国革命使我们达到这种高度的时候，我们在这个问题上不可能像英国民族那样随便。

在英国人那里，任命司法官的权利是赋予国王的。因此，英国人认为刑事案件受到叫做郡长的官吏挑选出来，然后再经抽签选定的公民的审判，是人们的幸福，这是完全可以理解的。同样，英国人的政治代表资格是那样荒谬和毫无定形，只是富人贵族方面营私舞弊的东西，在政治哲学家的眼中不过是被专制君主奴役和收买的立法团体的幽灵而已。因此，英国人对限制从拥有一定数量财产的那一类公民中选举陪审员不感到奇怪，也是完全可以理解的。

英国人一方面看到自己有良好的法律，这种法律足以减轻他们陪审法庭的不良组织的缺陷；另一方面，他们把自己的司法制度同他们周围各民族的可耻的奴役制度加以对比，甚至同自己管理制度其他部门的缺点加以对比，这样，他们自然就认为这种制度是他们个人自由的守护神，而且在我们还不敢正视自由的时候，就把他们的热情灌输给了我们。

但是，在法国，人权和民族主权已经庄严地加以宣布，法官由人民选举的原则已经被公认为是宪法的原则。由于这种原则，公民最小的民事利益和金钱利益，都只能由曾受公民委托这种权力的公民来解决。在这里居然把公民的荣誉和命运交付给未曾取得公民任何委任权限的人们，交付给人民未曾赋予，而且也不可能赋予这种权力的普通行政人员所委任的人们——这种情形在我看来是不可思议的和不可理解的。同样，这些人只能从一个特殊阶级中，即从富人当中挑选出来。立法者放弃他们自己所批准的那些简单而公正的原则，以便极力去从外国制度中抄袭刑事审判制度。

可是外国制度中那些最有利于保护无罪者的规定，他们又甚至不加保留。在这以后他们还热烈地夸赞陪审制度的神圣和他们想奉献给人类的这一礼物的美妙——这种情形在我看来也是不可思议的和不可理解的。这一切都比任何别的东西更加清楚地向我证明，当人们想要脱离应该作为一切人类社会基础的社会道德的永恒真理时，他们的谬误达到了何等的程度。

为了找到我们所应采取的陪审法庭组织的正确纲领，只要回到这种原则上来就够了。

这就是我建议的纲领，也就是说，这就是我所认为的陪审法庭组织的基本规定。因为谈到法律的细则和诉讼程序的形式，我不能自夸已对它们做了完备的陈述，何况两个委员会按照英国的范例和社会舆论向我们提出的那些规定中，有很大一部分是我所接受的。

公诉陪审团的组成

一

每一县的选举人每年集会以多数票选出公民六人，这六人将担任陪审员职务一年。

二

州管理处编成各县所选出的陪审员名册。

三

州法庭指定一周中的某日，作为公诉陪审员集会之日。

四

在这个指定日子的一周以前，陪审团主任办理当众抽签的工作，从各县所选出的公民名册中选出公民八人，这八人即组成公诉陪审团。

五

陪审团集会时，当着陪审团主任的面作如下的宣誓：

“我们宣誓，要极仔细地审查证人的供述和向我们提出的文件，并且要恁良心对公诉表示意见。”

六

宣誓以后即把公诉书交给他们；他们应审查文件，讯问证人和彼此进行评议。

七

以后他们作出决定，宣布有无提起公诉的根据。

八

在作出这种决定时，陪审员八人必须全体出席。

九

为了作出关于有根据提起公诉的决定时，必须意见一致。

刑事判决陪审团的组成

一

要编成全省各州所选出的全部陪审员的总名册。

二

将要在下面谈到的刑事法庭庭长，应于每月一日用抽签办法从这个名册中选出陪审员十六人，组成刑事判决陪审团。

三

每月 15 日，如有某起案件应当审理时；这十六名陪审员应依照向他们发出的约请书举行集会。

四

刑事被告人不用说明任何原因就可以请求三十名陪审员回避。

五

除此以外，刑事被告人可以请求将要参加公诉陪审团的一切陪审员回避。

刑事法庭的组成

一

每省设立刑事法庭一处。

二

这个刑事法庭由法官六人组成，从各州法庭的法官中轮流委任，每届任期六个月。

三

刑事法庭庭长每经二年由省选举人选举一次，其职责另行规定之。

四

庭长除担任与刑事法庭其他成员共同的法官职务外，还要担任以抽签办法选出陪审员、召集陪审员、向陪审员说明他们所应审理的案件，以及指导侦查的各项职务。

五

庭长可以依照刑事被告人的请求和为了刑事被告人的利益，准许或命令去作对于查明无罪可能有益的事情，甚至这是在法定诉讼程序的通常方式以外时亦同。

六

公诉人每隔二年由省选举人选任一次。

七

公诉人的职务限于依照第一批陪审员所通过的公诉书追究罪行。

八

国王对于公诉人不能发出关于追究罪行的任何命令，因为这种特权是与分权的宪法原则和自由不能相容的。

九

立法团体本身对于公诉人不能发出这种命令，因为宪法限定立法团体追究关于侮辱国家的罪行，只能在专为惩罚这种罪行而设立的法庭上进行之。

十

因为公诉人是由人民所委任，并以人民名义来追究破坏社会安宁的罪行，所以任何的皇家委员不能分担公诉人的任何一项职务，或者不能以任何方式来干预刑事案件的调查工作。

刑事判决陪审团的审判程序

（我在这里只提出一些为了代替委员会草案中应当加以修改或取消的各项规定所必需的条文）

一

如果刑事被告人请求证人的证词要用书面陈述，证人的供述就要用书面陈述；但是不管证人供述的内容怎样，陪审员判断案情和作出决定必须依照内心的信念。

二

但是，如果证人的书面陈述是证明刑事被告人无罪的，陪审员就不能给刑事被告人定罪，不管他们个人的意见如何。

三

为了认定刑事被告人罪状确凿，必须意见完全一致。

四

对于陪审员的决定不能提起上诉，但是，如果刑事法庭的成员中有两人认为刑事被告人被判定有罪是不公正的，则刑事被告人可以请求新的陪审员重新审理案件。

五

陪审员在担任社会职务的时期，应和法官一样，由国家付给报酬。

（我提出几项关于拘留和警察原则的条款，来结束这个草案）。

一

凡在犯罪现场被捕获的人，任何警方人员，甚至任何公民都可予以拘留。

二

除了这种情形以外，任何公民只有依照警察的或法院的命令才能被拘留，这要看案件按其性质应归刑事审判还是直接由警察处理。

三

如果不是应受体罚的罪行，任何公民如提出随传随到的保证，就可以交由保证人监督。

我感觉到，两个委员会一定要反对这种制度的两个主要基础：我想赋予人民的选举权和我想坚持的平等原则。我现在预先回答两个委员会的反对意见，以结束这场争论。

两个委员会将对我说，为了每年选任陪审员就需要每年召集一次大会；而开会对于人民来说是不便利的和令人厌倦的。我知道，从革命刚一开始就有人力图传播这种说法，但是能同意这种说法的，只是那些想使人民和自由成为他们所乐意造成的障碍和困难的牺牲品的人。请放心吧，人民会宁愿开几次大会来行使自己的权利，而不愿再受自己暴君们的压迫。不要引诱人民脱离爱国主义，不要削弱人民的勇敢精神，不要用消极公民和积极公民这种有害的划分来使人民对待祖国漠不关心，你们就会看到，自由的人们不像专制君主那样考虑问题。

我承认，我的草案比起委员会的草案乍一看来有着不利之处，那就是陪审员的姓名在一年以前就会让人知道，而依照委员会的草案陪审人员只是在三个月以前才被人知道。但是首先应该指出，在每一案件中实际上应当执行他们的职务的人们，只是在临近审判的时期才能执行这个职务。再说，很明显的是，对于陪审员姓名在某种程度上保守秘密，不过只是附带的好处，它是完全从属于陪审员由人民选举的必要性和从属于自由的基本的原则。

如果财产上的悬殊使最大多数的公民在物质上不能承担国民义务的重担，那么，这些原则就会被取消的，保证一切公民可能成为社会信任的当选人的权利平等就会成为一句空话。因此我认为，我所建议的给予陪审员报酬的那一条，对于自由来说是极其必要的。我承认，我看到对于很大数目的公职人员实行不给报酬的制度，就感到不安。使我特别感到惊异的是，我听到两个委员会的委员们硬说，如果陪审员是领取报酬的，就会有损陪审员的制度。难道法官、行政官吏因为正义、尊严和社会利益都要求对他们支付薪金而有损体面吗？这样说来，立法者也是有损体面的了！国王由于领取他的皇室经费尤其应该是有损体面的了！我不知道，谁会觉得这种讲究是高尚的；至于我个人，我认为这是幼稚的，或者是背信弃义的。是的，这是危害爱国主义的最危险的罗网，是背叛人民、把人民出卖给富裕的贵族的最有害的方法——这无疑是散布一种荒谬的言论，胡说什么生活不够富裕，因而不能无偿地为祖国服务是可耻的；这是大胆妄为地把自由和祖国的神圣利益同一些必需的费用对立起来。

关于出版自由

各位先生！

除了思维能力之外，向自己亲友表达自己思想的能力，是人有别于动物的最惊人的品质。这个能力同时又是人创造社会财产的不朽天职的标志，是社会的联系基础、灵魂和工具，是改善社会、使人的权势、知识和幸福达到可能达到的最高程度的唯一手段。

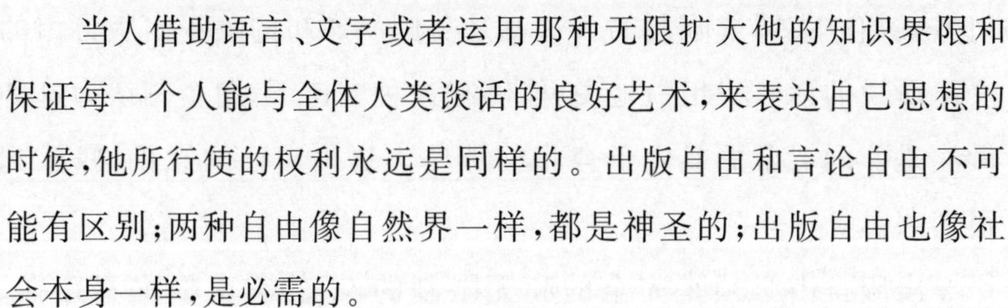

当人借助语言、文字或者运用那种无限扩大他的知识界限和保证每一个人能与全体人类谈话的良好艺术，来表达自己思想的时候，他所行使的权利永远是同样的。出版自由和言论自由不可能有区别；两种自由像自然界一样，都是神圣的；出版自由也像社会本身一样，是必需的。

法律几乎到处都在拼命破坏出版自由究竟是受了什么厄运的影响呢？问题在于法律是由专制君主制定的，而出版自由是鞭挞专制主义的最可怕的鞭子。千百万人受一个人的压迫，如果不是因为他们陷于极端愚昧和严重麻木的状态，拿什么东西能够真正说明这种怪事呢？但是，让每一个有自尊心的人都能够揭露暴政的背信阴谋和狡诈行为吧；让他能够不断地以人权来对抗破坏这种权利的侵害行为，以人民主权来对抗屈辱人民和使人民贫困的行为吧；让被压迫的无辜者能够自由地发出它的严厉的和使人感动的呼声，而真理能用自由和祖国的神圣名义把一切智慧和心灵联合起来吧。那时野心就会到处碰壁，而专制主义就会被迫不断地退却，或者被社会舆论和大众意志的不可摧毁的力量打得粉碎。因此，请看一看，专制君主是怎样阴险狡诈地联合起来反对言论和著作的自由；请看一看，残酷的宗教裁判所是怎样用上帝的名义来迫害自由，而国君是怎样用他们为维护自己的罪行所制定的法律来迫害自由。让我们把他们用来奴役我们的那些偏见的枷锁抛弃掉，学会重视出版自由吧！

出版自由的限度究竟应该是怎样的呢？不久前因争得自由而享有荣誉的伟大人民曾以自己的范例对这一问题作出了答案。

借助言论、文字或出版物来表达自己思想的权利"是不能用任何方式加以束缚或限制的"；这就是美国所颁布的关于出版自由的法律所说的话。我坦白地说，能够在这种支持下，向企图认为这种做法是非同寻常的或过于夸张的那些人提出自己的意见，我感到很高兴。

出版自由必须是完全的和无限制的，不然它就根本不存在。我看到只有两种改变它的方法：一种是使它的使用服从于若干限制和手续；另一种是用刑事法律来预防它的滥用。这两种方法中，无论第一种或第二种，都要求给予极其认真的注意。

首先，显而易见，第一种方法是不能接受的。因为人人知道法律的制定是为了保证每一个人自由发挥自己的才能，而不是为了束缚他的才能。法律的力量仅限于禁止每一个人损害别人的权利,而不禁止他行使自己的权利。有人借口预防出版自由可能引起的弊害,想要对出版自由制造障碍,现在对于这些人也不需要用更多的话来加以反驳。大家知道,为了防止滥用而剥夺天性和艺术对人所赋予的表达自己情感和思想的手段,或者由于害怕他诽谤而封住他的口,或者由于害怕他用手来打自己的亲友而把他的手捆绑起来——这是一样荒唐的事情。大家知道,这种方法简直是专制制度的秘方。专制制度为了使人们变得谨小慎微和安分守己,认为最好的手段是使他们成为被动的工具或卑鄙的傀儡。你们要使表现自己思想的权利服从什么样的手续呢?难道你们禁止公民利用出版物,以使全人类的共同美好事业成为某些雇佣奴仆的财产吗?难道你们要把定期讨论文学课题的特权授予或出卖给一些人,而把讨论政治和社会事件的特权授予或出卖给另一些人吗?难道你们要规定,如果人们没有取得警察官吏的许可证,他们就不能有发表自己意见的自由,或者他们只有取得检查员的赞同和依照政府的许可才可以思考吗?制定出版法的荒诞不经的想法所产生的最坏后果,实际上就是这样的。但是社会舆论和国民的共同意志早已把这种可耻的风习铲除得一干二净了。遗留下来的大概只有这样一种观念:消灭不指明作者或出版者姓名的一切作品,以及向作者或出版者追究责任。但是,因为这一问题同我们讨论的第二部分,即同关于出版的刑事法律理论具有联系,所以这一问题要根据我们就该项问题所确定的原则加以解决。

对所谓滥用出版权利是否可以规定刑罚,以及在什么场合下可以规定这种刑罚?这就是我们所应该解决的重要问题,也可能

是宪法典的最重要部分。

出版自由可以实现在现象和人这两个对象方面。

第一个对象包括关系到人和社会的最重要利益的一切东西，即如道德、法规、政治、宗教之类。法律在任何时候都不应该因为某人对这一切现象表示自己意见而加以处罚。人通过相互自由交流思想来增进自己的能力，学会行使自己的权利，达到天性所容许他达到的那种美德、伟大和幸福。但是这种思想的交流，如果不是使用天性本身所许可的方法，又怎么能办得到呢？天性本身要每个人的思想都从他的性格和智能中产生出来；天性造就了多样化到如此令人惊异的智能和性格。因此，发表自己意见的自由，只能是发表一切对立意见的自由。你们必须把这种自由百分之百地给予每一个人，不然就必须找到一种方法能使真理从每一个人的头脑中，一开始就是十分纯洁地和毫无粉饰地产生出来。真理只能是从真实的或虚伪的，荒谬的或理智的各种思想的斗争中产生出来。在这种思想的混合中，一般理智和人的辨别善恶的能力会学会选择其中的一些东西，或者抛弃另一些东西。难道你们想要剥夺别人的运用这种能力的可能性，而以你们的个人权势来代替它吗？但是由谁来划定谬误和真理之间的界限呢？如果制定法律或运用法律的人具有比人类智慧更高的智慧，那么，他们就会对思想施行这种权力。但是，如果他们只是一般的人，如果认为某一个人的理智成为高踞在其他一切人的理智之上的统治者的想法是荒谬的，那么任何旨在反对表示意见的刑事法律也都是荒谬的。

这种法律推翻公民自由的基本原则和公共秩序的最普通的概

念。的确，这是一个毋庸争辩的原则：如果不能确定能予以确切说明并得到可靠承认的犯罪行为，法律就不应当加以任何处罚；否则，公民的命运就要受到任意的决定，而自由也就不复存在了。法律可以追究刑事犯罪行为，因为这种行为表现在确凿的事实上，而这种事实是可以依照固定的和不变的规则来明白确定和判明的。但是意见呢！意见的性质是好的，还是坏的，只有依照它们同理智和正义的各项原则，甚至往往同许多特殊情况所发生的或者比较复杂或者比较不复杂的关系，才能加以断定。有人向我告发偷窃行为、谋杀行为；我有一个简单而明确的行为的概念；我讯问证人。但是有人向我提到一部煽动暴乱的、危险的和离经叛道的作品：什么叫做煽动暴乱的、危险的、离经叛道的作品呢？这些断语对于人们交给我的那部作品能不能适用呢？我看到，在这里发生许多问题，而这些问题将要受到反复无常的意见的任意判断；我再也看不到案件、证人、法律和法官；我只看到不明确的告发、随便找到的证据和任意作出的决定。甲从事实上看出是犯罪，乙从意图上看出是犯罪，丙从文体上看出是犯罪。有的人不承认真理；有的人熟悉内情地谴责真理；有的人由于这个真理在它选定表达意见的时刻言辞激昂而要处罚它。在热情而勇敢的人看来是有益的和明智的作品，冷酷而无情的人则把它作为煽动暴乱的东西来加以指责；自由人认为是善良的公民的人，奴隶或者专制君主就只会把他看做狂人或者叛逆。同是一个作者，由于时间和地点的不同，忽而得到赞扬，忽而遭受迫害；有时人们为他塑像，有时则把他送上断头台。用自己的天才准备了这次光荣革命的著名人物，终于被我们归入了人类的恩人之列。可是，他们一生中在政府眼里是什么样的人

物呢？都是危险的革新者，几乎是叛逆。我们所批准的原则被我们所推翻了的法庭指责为罪恶的规则的那个时代难道离开我们很远了吗？何必说那些呢！甚至在现在，我们当中的每一个人不是在不同的党派看来都是各不相同的吗？甚至在这里，当我发言的时候，我所提出的意见不是在一些人看来是奇谈怪论，而在另一些人看来却是真理吗？它不是在一个地点得到鼓掌，而在另一地点受到埋怨吗？因此，如果每一个人只有在胆颤心惊地看到自己的安宁和自己最神圣的权利遭受一切成见、私欲和利益的任意摆布的情况下才能实现出版自由，那么出版自由会成为什么东西呢！但是，尤其需要指出的是，借口取缔滥用出版权利而为作品规定的任何刑罚，都会完全不利于真理和美德，而有利于恶习、谬误和专制政治。

向别人指出伟大真理的天才人物，乃是超出自己时代的见解的人物；他的思想的大胆创新总是使软弱和愚昧的人望而生畏；各种成见一定要同嫉妒联合起来，把他描画成为令人讨厌的或者可笑的模样。正因为如此，伟大人物的命运常常是受到同时代人不该有的奚落和后代人的来之过晚的尊敬。正因为如此，迷信把伽利略投入了监狱，而把笛卡儿逐出了祖国。而那些为自由的天才所鼓舞，去向不知人的权利和尊严为何物的人民谈论这些东西的人们的命运，又会是怎样的呢？他们差不多是使他们所揭露的暴君和他们所要启发的奴隶同样感到惊恐不安。这些暴君如果要滥用人民的情绪以法律的名义来迫害他们，是多么容易啊！请回忆一下，专制政治的监牢是因为什么而设立的，并为了你们当中的什么人而敞开的，甚至法庭的宝剑是对付什么人的呢？对能言善辩和善良的日内瓦哲学家[1]的迫害放松了没有？他去世了；伟大的革命使真理至少得到几分钟的喘息：你们决定为他建立雕像；你们对他的寡妻表示过尊敬，并用祖国的名义帮助过她；甚至由这些感谢的表示，我也不能作出这样的结论：如果他还在世并且被安置在天才为他准备好的位置上，他不会受到阴险而狂暴的人的至少同样常见的责难。

如果说忠于正义和人道事业的作家们的勇敢精神能使当权者的阴谋和野心有所收敛是确实的，那么，说取缔出版的法律在这些当权者手中会成为反对自由的武器也是对的。但是，当他们要把自由卫士们当作社会秩序的破坏者和合法政权的敌人加以迫害的时候，你们可以看到，他们将要安抚、奖励和收买那些以其从根子起就毒害世代幸福的有害学说加强各族人民的偏见和暴君骇人听闻的权力的危险的作家，以及那些宣扬谎言与奴役的人。而暴君们是唯一该称做叛逆的人，因为他们敢于举起反对民族的主权和天赋的神圣权力的旗帜。你们还可以看到，暴君们对于那些歪曲道德原则、伤风败俗、挫伤勇气以及用无谓消遣的诱饵或毒害的淫荡魔力来引诱人民不去关怀国家的一切恶劣作品，是怎样竭尽全力来支持的。由此可见，一切钳制出版自由的桎梏在他们手中都是按照自己个人利益操纵社会舆论和把自己权力建立在愚昧与普遍腐化的基础之上的手段。自由的出版是自由的维护者；受限制的出版是自由的灾难。你们为防止这种滥用出版自由的行为所采取的那些预防措施本身，同时也就造成几乎一切滥用行为；正是这

① 指的是让·雅克·卢梭。——译注

些办法使你们失去一切良好的结果，给你们留下来的只是一些毒素。正是这些桎梏不是造成奴隶般的怯弱，就是造成过分的傲慢。只有在自由的保护之下，理智才能以它固有的勇气和平静表达意见。正是由于这些桎梏，恶劣作品才能得到成功。因为社会舆论是按照这些作品所克服的阻碍，以及甚至希望压服思想的专制政治所引起的憎恶来评价它们的。你们消除这种动因，社会舆论就会以严格公正的态度来判断这些作品，而作家们(社会舆论是他们的主宰)也就会力求只用有益的作品来取得社会舆论的宠爱；或者不如说，你们取得了自由。随着自由就会有一切美德，出版问世的作品也就会像你们的风习一样，成为纯洁的、严肃的和无可指责的。

但是为什么要这样操心来破坏大自然本身所规定的秩序呢？难道你们看不到，时代必然会使谬误归于消灭而真理取得胜利吗？你们赋予好意见与坏意见以同等的自由吧，因为只有好意见才能保留下来。难道你们更相信某些热衷于中止人类精神发展的人们的美德的影响，而不相信大自然本身吗？只有大自然是关心消除你们所担心的缺点的；缺点是人们造成的。

社会舆论是对个人意见的唯一有资格的判断者，是对各种作品的唯一合法的检查员。如果是社会舆论赞成的作品，那么你们公职人员能够根据什么权利来指责它呢？如果是社会舆论所责难的，那么，为什么你们要去追究这些作品呢？如果社会舆论最初虽不赞成这些作品，但是在它受到时间和思考的教导以后迟早会接受它们，那么你们为什么要反对教育的成就呢？你们怎么敢来制止人人都有权与所有的才智之士，与整个人类进行的思想交流呢？

社会舆论对于个人意见的影响是温和的、良好的、自然的、不可阻挡的；权力和强力的影响则必然是暴君式的、仇恨的、荒谬的、骇人听闻的。

自由的敌人援引什么样的诡辩论据来反对这种永恒的原则呢？服从法律；不许违反法律写作。

服从法律是每个公民的义务；对于法律的缺点或优点，自由地发表自己的意见，是每一个人的权利和全社会的福利；这是人对自己理智的最有价值和最有益处的运用；这是具有为教育他人所必需的才干的人能够对他人履行的最神圣的天职。法律是什么？这是按照它与理智、正义和自然界的永恒法则所具有的相同程度，自由表达或多或少符合于民族权利和利益的共同意志。每一公民在这种共同意志中都有自己的一份，都和自己有利害关系；从而他甚至应当运用自己的全部知识和精力，来阐明、改变和改善这种意志。正如在私人团体里每一个伙伴都有权促使别的伙伴修改他们所订立的合同和他们为了繁荣自己企业所采取的关于投机事项的决定。在广大的政治社会里，每一个成员也可以尽其所能，推动别的成员来采取他觉得是最符合于共同利益的决定。

如果关于由社会本身所产生的法律是这样的，那么，关于不是社会创造的，而只是几个人的意志的表示和专制制度的产物的那种法律，又是怎样的呢？人们到现在还敢援用来维护自己的罪恶行为的那条规则，是专制制度发明的吗？我有什么可说的！甚至在革命以前，我们也曾在某种程度上享有过对法律进行议论和写作的自由。坚信自己权势和深信自己力量的专制制度，不曾敢像现代马基雅弗利之流那样公然想剥夺哲学方面的这种权利。因为这些人总是战战兢兢地担心充分的言论自由会揭穿自己的反公民的骗局。他们最低限度需要承认，如果我们遵循他们的原则，那么法律对于我们说来就只会是一种把民族锁在几个暴君的羁绊上的锁链，而且现在我们甚至就会无权来讨论这个问题。

但是，为了求得这个他们如此渴望的反对自由的法律，他们竟用最能激起偏见、最能打动怯弱与无知的热诚的措辞，向我们提出刚才被我所摈弃的那个思想。因为这种法律在执行时必然变为任意专断，因为发表意见的自由若不能完全实现就等于全被取消。因此，在自由的敌人看来，能争取到一项法律就够了，不管它是什么样子。所以，他们就向你们提到鼓动人民暴动、劝告不遵守法律的著作；他们就向你们要求对这种著作制定一项刑事法律。我们不要让自己受骗，我们要永远实事求是，不要使自己受空言的诱惑。首先，难道你们认为，一部设法证明某项法律对于自由和社会福利极其有害的充满理智和力量的作品，比起一部仅包含有反对这一法律的浮夸言辞或者劝人不要尊重这一法律的没有力量和理智的作品，不会产生更深刻的印象吗？当然，你们不会认为这样的。如果允许对这后一种作品规定刑罚，那就更有必要也对前一种作品规定刑罚了。这样做的结果，归根到底，所消灭的不是形式上的手续而是出版自由。但是，让我们用理智的眼光，而不是用专制制度所散布的偏见的眼光来如实地观察事物。我们不要以为，自由出版的或者甚至不自由出版的作品，能这样容易感动公民和激发他们去推翻那种被习惯势力、被一切社会关系所固定下来的，并为公众力量所维护着的事物秩序。这些作品影响人们的行为，通常是缓慢的和逐渐的。这种影响取决于时间和理智。要是作品

与社会舆论和多数利益相矛盾，就会毫无作为，甚至会遭受公众的谴责和轻视，天下照旧太平；要是作品表达了共同愿望，它们只会唤醒社会舆论。谁敢认为这种作品是罪恶的呢？请仔细研究一下对所谓煽起暴动的作品所发表的一切议论和浮夸的言辞。你们就会看出它们的企图是诽谤人民，以便镇压人民和消灭以人民为唯一支持者的自由；你们就会看出它们的前提一方面是人们的极端愚昧，另一方面是对全民族中人数最多、而腐化最少的那一部分人的极端轻蔑。

同时，由于必须找出使出版物受到当局迫害的某种口实，他们就向我们说：可是，如果作品引起犯罪的行为，例如，引起叛乱，那么难道不需要惩罚这种作品吗？请给我们一种哪怕是用以对付这种情况的法律吧。当然很容易提出一种能够吓唬想象力的个别假设，但是应该把事物看得宽一些。请注意，即使作品不是叛乱或某一犯罪行为的真实原因，要把这点归在它的身上也很容易；在作品发表后发生的事件是否真是该作品的后果，判断起来也很困难；而当权的人如果想以此为借口迫害所有那些坚决行使对国家或统治者发表自己意见的权利的人，又是何等容易！主要的，你们要注意，对于所谓劝人进行某种犯罪行为的作品不加处罚，无论如何都不会威胁社会的秩序。

想要使这种作品造成某种危害，就必需有犯罪的人。法律对这种犯罪行为所规定的刑罚，乃是防止任何人企图犯罪的一种约束。而在这种场合也像其他的场合一样，社会安全是有充分保证的，并不需要寻找另外的牺牲者。刑罚的目的和方法，就是社会的利益。因此，对于社会来说，不给任意侵害出版自由的行为寻找任何借口，比起对于应受谴责的作者加以处罚更为重要。为了保存成为社会幸福主要基础的原则完全不受侵犯，必须放弃这种残酷办法，必须把喜欢臆想出来的所有这些不寻常的假设统统忘掉。

同时，如果证明了这类作品的作者是共谋犯，那就应当给他以共谋犯所应得的刑罚，而不是引用什么出版法把他作为作品的作者来加以迫害。

我在上面所证明的，是关于现象的著述自由必须不受任何限制。现在让我们来谈一谈关于人的著述自由。

在这一方面，我把公职人员和私人区别开来；我给自己提出这样一个问题：非难公职人员的作品能不能受到法律的处罚？能解决这个问题的，应当是共同利益。我们来权衡一下两个互相对立的观点的优点和缺点。

首先在脑子里会产生一个重要的，也许是决定性的考虑。出版自由的基本优点是什么，它的最主要的目的是什么？是抑制那些被人民委之以权力的人的野心和专制作风，不断地提醒人民注意这些人可能对人民权利的侵害。如果你们授权这种人在诽谤的借口下来迫害敢于责备他们行为的人，那么，对于公职人员的这种抑制办法就会变成十分无力和毫无意义，这难道不是很明显吗？谁看不见，在软弱无力、孤立无援的公民与拥有莫大资财、因而具有很大势力和很大权威的敌对者之间的斗争，是如何力量悬殊！如果为了服务于人民而责难显贵的人们，不仅需要放弃这些人的宠爱所带来的好处，受到他们的暗中迫害的威胁，而且还几乎不可避免地要遭到屈辱之至的判罪的灾祸，那么，谁还肯去这样做呢？

但是，法官本身究竟由谁来裁判呢？因为，归根到底，必须使法官的职务上的犯罪行为或错误行为，也像其他文官的职务上的犯罪行为和错误行为一样，受到社会检查法庭的制裁。由谁作出终审判决，由谁解决这些纠纷呢？因为必须要有一个人在这里成为最后的裁判者，也应当给他以发表意见的自由。由此得出的结论是，必须永远记住这一原则，即公民应该有权对于社会活动家的行为发表意见和写出文章，而不受任何法律的裁判。

难道我要等待卡提利纳[①]阴谋活动的诉讼证据吗？难道我不敢在已经应该镇压他的时候去告发他吗？对于那些准备撕碎共和国心脏，并在社会福利与人民利益的幌子下力图奴役人民、把人民出卖给专制制度的一切政党领袖背信弃义的阴谋活动，我怎样敢去揭露呢？我怎样来向你们叙述提贝里乌斯的黑暗政治呢？我怎样能使公民知道，他忽然给自己披上的那种庄严的美德外衣，只是为了掩盖他意图实行蓄谋已久的破坏罗马福利的那种骇人听闻的阴谋勾当呢？按照你们的意见，我要在什么法庭上同他斗争呢？也许是在最高裁判官面前吧？但是，假如他被吓倒了，或者是受到了私利的诱惑呢？也许是在警察官员面前吧？但是，如果他们是服从他的权力的，如果他们同时既是他的奴隶又是他的同谋者呢？也许是在元老院里吧？但是如果元老院本身是被欺骗的或被奴役的呢？最后，如果为了拯救祖国，需要我使同胞们认清元老院、最高裁判官和警察官吏本身的那种行为，那么谁将来裁判他们和我呢？

① 卡提利纳（公元前108—前62年），是古罗马的政治活动家，是秘密反对元老院的主谋者。这个阴谋后来为西塞罗所揭发。——译注

另一个毋庸辩驳的理由显然会彻底证明这个真理。要公民对他们可能写出的反对公职人员的作品负责,这就必然意味着,他们若不能找到法定的证据来加强自己的指控就不许可谴责这些人。可是,谁看不出这是与事物的本性和社会利益的根本原则相矛盾的呢?谁不知道,要得到这种证据是很困难的。相反,当权者要用秘密的帷幕,甚至用社会福利的漂亮借口来掩盖自己的野心意图却是很容易的。这不是祖国最危险的敌人所惯用的计谋吗?这样一来,极需要加以监督的那些家伙,就会逃避开自己同胞们的监督。当人们在寻找为了预防他们的有害计划所需要的证据的时候,这种计划就会已经实现,国家就会在人们敢于说出它处于危险之中以前已经完蛋。不,在任何一个自由的国家里,每一公民都是一个自由的哨兵,一有风吹草动,一有威胁自由的危险苗头出现,他就有义务高声喊叫。甚至在美德胜利以前就已经领略过自由的各国人民,不曾为自由担过心吗?

曾经遭受放逐的亚立斯太提[①]没有责难使他遭到光荣流放的那种阴险的嫉妒手段。他不愿意雅典人民丧失对于他作出不公正行为的机会。他知道,同是一个法律,既会预防善良的文官免受无礼的控诉,也会维护许多腐化的文官的狡猾暴政。那些一心想为祖国缔造幸福和光荣的不可贿买的人,不害怕自己的同胞们公开表示意见。他们懂得,当可以用无可非难的生活和纯洁无私的勤恳的证明来对抗诽谤的时候,不会那样容易失去同胞们的尊重;如

---

① 亚立斯太提(公元前540—前467年),雅典的政治家和统帅,以具有美德而闻名。——译注

果这种人有时也会受到暂时的迫害，那么，这种迫害对于他们来说，乃是他们光荣的标志，是他们美德的不可反驳的证据；他们心安理得地信赖纯洁良心的赞许，信赖不久就会把他们同胞的信任还给他们的真理的力量。

不断发表浮夸的言论来反对出版自由和要求制定压制出版自由的法律的那些人，是些什么人呢？这是一些可疑的人物，他们不能保持长久的荣誉是建立在骗人的成绩之上的，稍微碰到矛盾就会动摇；这是一些同时既想讨好人民又想为暴君服务的人物。他们希望保持因维护社会利益而获得的荣誉，同时又有野心争取到不顾社会利益所能求得的可耻特权；这是一些用虚伪代替勇敢、用阴谋代替才干、用任何卑微的宫廷伎俩代替伟大革命力量的人物，他们时时刻刻害怕自由人的呼声会揭穿他们的渺小或腐败的秘密；这是一些这样的人物，他们懂得，为了欺骗或奴役他们的祖国，必须首先迫使那些可能把祖国从严重的昏睡状态中唤醒的勇敢的作家们闭口不言，正如把哨兵杀死以便夺取敌人的营垒一样；最后，这是所有那些想使自己的没有气节、不学无术、阴险狡诈或者腐化堕落而不受处罚的人物。我从来没有听说，曾经几百次受到法院迫害的老伽图[①]，迫害过控诉他的人；但是从历史上我知道，罗马的大执政官曾颁布过制裁流言蜚语的严刑峻法。

的确只有我刚才所描写过的那种人才应该对出版自由怀着恐惧心情，因为如果以为在确立出版自由的和平环境下，一切声誉只要有人想加以毁灭就会遭到毁灭，那就大错而特错了。

① 老伽图(公元前 234—前 149 年)，古罗马的卓越的政治家和作家。——译注

在专制制度的统治下面，无辜受辱者的正当要求和被压迫者的最温和的埋怨也常常被认为是流言蜚语。在这种情况下，甚至名副其实的流言蜚语也被人乐于接受，并且很容易使人相信，这有什么可以惊奇的呢？专制制度的罪行和风向的腐败，使得一切指责都显得真实可信！因此，把避过暴君的搜查而传到你们手中的作品当作真理，是很自然的事！但是你们不要认为，在自由的制度下，已习惯于自由完全胜利的社会舆论，会既不注意情况和事实，也不注意控诉人和被控诉人的性格，而仅仅根据一篇作品便对公民的荣誉作出最后的判决。一般是公正的社会舆论的裁判，到那时会变得尤其公正；往往连流言蜚语都会成为被诬蔑对象的人的光荣证书，而某些夸奖在他们看来只会是一种耻辱；归根到底，出版自由乃是恶习与欺骗的灾难，美德与真理的胜利。

最后，我很清楚，由于我们的偏见和我们的腐败，这种必需的制度的不方便之处就变得更多了。在我们这个民族里，自私自利一向占统治地位，当权者、享有不应得的尊敬或信任的大多数公民，在自己心灵深处不得不承认，他们不仅需要宽容态度，而且也需要社会的仁慈。对于这样一个民族，出版自由必然要引起某些恐惧，而旨在压制出版自由的一切措施总会有许多的拥护者，他们不放过机会用善良秩序和社会利益的外衣来打扮它们。

这种致命的偏见会消灭并且同时玷污你们立法者的工作，因此，有谁比你们更应当战胜它呢？但愿各种敌视人民的党派在你们周围散布的这一切流言蜚语不会使你们为了偶然的情况而牺牲那些应该成为民族自由基础的永恒原则。请你们想一下，出版法丝毫也不能防止坏事，丝毫也不能纠正坏事，而只会夺去你们与坏事作斗争的手段。请你们不要阻挡这种浊流，只要你们保存着无穷而永恒的知识源泉从而使政治和道德世界充满温暖、力量、幸福和生命，这种浊流不久就会绝迹。难道你们没有看到，向你们所提出的多数密告，不是反对卑鄙的奴才们为了讨好专制君主而侵害人权和侮辱人民尊严的那些侮蔑性作品，而是反对那些被指责在保卫自由的事业中不尊重君主的过分激烈的作品吗？难道你们没有看到，向你们提出密告的人，都是刻毒地反对被社会呼声认为是真理的那种诽谤，而闭口不谈他们的拥护者们对于民族及其代表们不断发出的那种狂暴的恶言毒语吗？如果有一天我要向你们密告某种流言蜚语，甚至是革命敌人对我的人身进行极端可耻的诽谤、指使暴乱者向我发泄他们的愤怒、使我成为这种愤怒的牺牲品的那种流言蜚语，那么，就让我的所有同胞把我作为祖国的叛逆加以谴责和惩罚吧！唉，这种可耻的作品对于我们有什么关系呢！要么法兰西民族赞同我们为保证它的自由所作的努力，要么谴责这种努力。在前一种场合，我们敌人的攻击将只是可笑的；在后一种场合，认为法国人理应成为自由人将是一种罪行，我们必须为此而赎罪；至于我，我将毫不抱怨地服从这种命运。

总而言之，我们制定法律，不是为了一时之需，而是为了百年大计；不是为了我们，而是为了世界；我们要表现出是不愧为奠定自由基础的人，我们要始终不渝地遵循这个伟大的原则，即如果自由在那些被人民赋予权力的人们的行为中受到限制，它就不能存在。让所有同最可敬的制度有关的不便之处，让所有暴君们的骄傲和诈骗所捏造的诡辩论据，都在人民面前消失掉吧！他们会对你们说，必须保证执政人员不受诽谤，维护对于他们应有的尊敬，对于人民福利来说是重要的。基兹[①]家族对于密告正在酝酿巴托罗缪[②]之夜的人们将会这样考虑的，所有与他们类似的人也会这样考虑的。因为他们很明白，只要他们大权在手，他们不高兴的真理就将永远是诽谤；因为他们很明白，他们要求给予他们的错误，以致他们的恶行的那种盲目的尊敬，使他们有可能不受惩罚地去侵犯他们对于主权者——人民所应给予的尊敬，而主权者——人民当然应当与他们的代表和压迫者受到同样的尊敬的。但是，他们还是敢于说出，究竟是谁愿意以这样代价来做国王和文官，是谁愿意执掌政权呢？谁呢？不愧为热爱自己祖国和真正光荣的善行美德的人们，他们深知，只有坏人才会害怕社会舆论的裁判。还有谁呢？还有野心家们。唉！但愿上天保佑，使世界上找到一种方法能迫使这种人丢掉欺骗人民或奴役人民的愿望或希望！

简单地说，要么必须放弃自由，要么必须赞同毫无限制的出版自由。关于公职人员的问题已经得到解决了。

我们还需要研究的，只是这个问题的对于个人的方面。显然，这一方面的问题是与关于口头诽谤或书面诽谤的较好立法体系的问题交织在一起，因此这个问题就不仅属于出版的范围。

使受到诽谤损害的个人能够得到诽谤给他造成的损害的赔偿，当然是公正的，但是关于这一点提出一些意见是有好处的。

首先应当考虑到，我们从前的法律认为这一问题有极重大的

① 基兹家族是法国洛林公爵的家族。这个家族的亨利，是天主教联盟的创立者，同时也是巴托罗缪之夜的组织者。——译注

② 巴托罗缪之夜，是法国天主教徒于1572年8月24日（圣巴托罗缪节）的前夕，对新教徒进行惨无人道的大屠杀。——译注

意义，而法律的严厉性乃是我们前面所说的暴政体系，以及社会舆论使颁布这种法律的专制制度感到的过分恐惧的明显后果。因为我们现在是以很冷静的态度研究这种法律，我们会很乐意同意减轻专制制度给我们留下来的刑法典的严苛性；至少我觉得，对于诽谤性的起诉人所规定的刑罚，应该限于作出认定他是这种犯罪人的刑事判决，并限于对遭到他的诽谤的人所受的损失给予金钱上的赔偿。很明显，我没有把对于刑事被告人的伪证列入这一类，因为这不是普通的诽谤，不是普通的侮辱个人，这是以陷害无辜为目的在法律面前所说的谎言，这是真正当众的犯罪行为。

一般说来，关于通常的诽谤，存在着两种审判它的法庭，即法官的法庭和社会舆论的法庭。后者毫无疑义是最自然的、最有权威的、最有影响的；这是憎恶和仇恨最喜欢攻击的法庭，因为应当看到，诽谤比起它所侵害的那个人的正直与美德，一般说来是软弱无力的，人越有权向社会舆论呼吁，他就越少需要去请求法官的维护。因此，他不会轻易决定把对他所进行的侮辱通知法庭，只有在一些重要的场合，即在诽谤结合罪恶的阴谋活动，能给他造成重大损害，甚至能破坏最巩固的声望的时候，他才会向法庭提出自己的控诉。在遵循这种规则的时候，无谓的诉讼程序就会少些，关于名誉的夸夸其谈就会少些，可是名誉尤其是正直与美德，就会多些。

在这里，我结束关于不是这次讨论主题的第三个问题的看法的叙述，并且向你们建议用下列的法令来巩固自由的必要的基础：

国民议会宣布：

1. 每个人都有权以任何方法发表自己的意见，出版自由不受任何形式的拘束或限制。

2. 凡是侵犯这种权利的人，应该被认为是自由的公敌，并处以将由国民议会规定的最高刑罚。

3. 但是，凡是受到诽谤的正直之士可以提出控诉，以便得到因诽谤所蒙受的损害的赔偿，赔偿方法将由国民议会另行规定。

关 于 死 刑

当雅典城的一些公民被判死刑的消息传到亚尔果斯城的时候，人们便赶到神庙里去祈祷上帝促使雅典人抛弃如此残酷的思想。我现在不是祈祷上帝，而是祈祷应该成为神意解释人和中介人的立法者，把规定杀人的血腥法律从法国人的法典中删去，因为公共利益比起理智和仁爱更禁止杀人。我要用公共利益来证明两条基本原理：第一，死刑是极端不公正的；第二，它不是最有镇压性的刑罚，与其说它能防止犯罪，不如说它更能促使犯罪事件的增加。

社会是否有权规定死刑呢？对于这一问题是不难解答的：社会所能有的权利，只是原来属于每一个人的权利——争取为他蒙受的个别侮辱得到补偿。如果不论社会状态如何，行使这种权利都要受到禁止个人要求过分补偿和实行残酷复仇的自然法和理智法的限制，那么，他可以不可以杀死自己的敌人呢？是的，但是只有在一种情形下，即当这种骇人听闻的行为是为了自卫而十分必要的时候。请注意这一原则在社会状态中的运用。人们说道：为了维护我们的安宁和我们的权利，我们个人的力量太薄弱了；我们把力量联合起来，使它成为社会的力量，每一个别的力量会在这社会的力量上碰得粉碎。我们把我们的意志联合起来，使它成为共同的意志，以法律名义准许和规定每一个人的权利。我们为敢于侵犯这种权利的人规定出刑罚。

这样，原来属于个人的防止和惩罚侮辱他的行为的自然方法，便为法定的刑罚所代替了。如果应当对于敌人表现的真正严厉程度，是由复仇者本人随意决定，那么是否可以怀疑社会在规定刑罚时必须比追究所受侮辱行为的个人远为温和呢？

我已经说过，在订立社会契约以前，只有这种极端的行为是为自卫所绝对必需的时候，人才有权杀死自己的敌人。但是社会对待罪犯时是否能够设想到这种仅有的情况呢？为了判断死刑是否正当，只需要解决这个问题。如果在市民社会之外有某一个敌人企图谋害我的生命，或者他虽然曾不止一次被赶走，现在又来蹂躏我所耕种的田地，那么，我就只有或者自己死亡或者把他杀死，因为这时我只能用自己个人的力量来对抗他的力量，而且自然界公正裁判法的法则会维护和赞同我的行为。但是在市民社会之内，当一切人的力量都来对付一个人的时候，有什么公正裁判的原则可以准许社会把他处死呢？请注意一下能解决问题的这样一种情况：在社会惩罚罪犯的时候，罪犯是没有能力伤害社会的！社会把他带上脚镣手铐，社会安然地裁判他，社会可以惩罚他，使他在将来再也不能叫人害怕。一个战胜者如果杀死他所俘虏的敌人，则称为野蛮人（议员中有不满的低语声）；一个成年人如果杀死他可以驯服和惩罚的坏孩子，则被人看作恶魔（不满的低语声）。

（修道院长莫利说："请罗伯斯比尔先生到匪窟里去说明自己的见解吧。"）

我所阐述的原则，是所有光荣人们的原则，这些人当然不会像莫利先生那样向我说："到匪窟里去说明这种见解吧。"因此，毫无疑义，与所有的偏见相反，从人道和正义的观点看来，社会所如此看重的那些令人厌恶的场面，只不过是整个民族进行的隆重的谋杀行为而已。

但是这种偏见长时期地统治了各国人民。我承认，统治人类的权力是一种可怕的权力。但是请允许我指出，这种可怕的权力可能认可那一切给人们造成许多不幸的滥用职权和犯罪行为，而要真正认可这种行为，至少必须不偏不倚地把过去、现在以及将来应该发生的情况加以全面考虑，不能单纯地计算票数，而要在实际上确定真理。

难道你们不是认为，这是来自自然界的人们为我们当中被某种恶习或情欲导致到违反这种法律的人规定了死刑吗？不是这样的。在每一个国家里，幸运的篡夺者们在有足够强大的力量来腐化和恫吓自己同胞的时候，都曾说过：凡是敢于进行阴谋活动来反对我们、反对我们政权的人，就要被处死刑。他们是按照自己的个人利益来规定犯罪与刑罚的。在提贝里乌斯执政时，赞扬布鲁图成了应当处以死刑的犯罪行为。卡里古拉曾把赤身裸体站在他的雕像前面的人判处死刑。暴政发明了侮辱陛下的犯罪，迷信和愚昧则发明了只能以鲜血赎买的亵渎上帝尊严的犯罪。

我们来更客观而公正地研究一下这个初次提请人民立法者注意的问题吧。我所说的这些话已足够证明死刑是非常不公正的，社会无权来规定死刑。但是对这个问题应该加以更详细的论述，而不应该仅仅局限于这个虽然是毋庸争辩的、然而是不够充分的规则，即在政治上只有正直的东西才是公正的，社会秩序只能以正义为基础。因此，我要证明这种法律按照它的效力和它的后果来说是有害的，而按照它的原则来说是荒谬的和不公正的。

旧习惯的拥护者们说，这种法律是必需的。这是谁向你们说的？你们是否体验过法律可以借以对人类感情发生作用的一切手段呢？人除死刑以外会经受多少身体上和精神上的痛苦啊！人是只有用死亡和折磨肉体的恐惧才能施加影响的普通动物吗？不是的。人的愉快或悲哀的感觉的源泉，主要是他的精神方面。精神方面对于法律的严厉性提供最多的养料。除了自然界赋予人的祸福以外，社会给人创造出无数别的祸福。请看，它借助于多少新的私欲把人置于法律的羁绊之下；请看，它怎样把人的幸福同他的财产、家庭、朋友、祖国联系起来，特别是它使人需要博得周围人们的欢心。不，死亡对人来说并不总是最大的灾祸。他往往宁愿死亡，而不愿失去生活所必不可缺的宝贵优点。他宁愿死一千次，也不愿活着成为自己同胞的鄙视的对象。求生的欲望让位给自豪感这一人类最强烈的欲望。对于生活在社会中的人来说，最可怕的惩罚乃是侮辱，因为这是人们对他厌恶的无可辩驳的明证。唉，先生们！如果你们足够细心的话，那么你们自己就会发现，在法律给犯罪人所规定的死刑之中最可怕的东西，乃是伴随死刑而来的可耻的外在属性。为了祖国而在战场上牺牲的兵士，为了自由而捐躯的自由英雄，以及被法律判处死罪的恶棍——他们都同样是死。究竟区别在哪里呢？在于后者的死蒙受耻辱，而前两种人的死则充满光荣。

既然立法者可以在这么多的敏感部位上和用这么多的方法来

惩罚公民，那么他为什么应当认为自己必须采用死刑呢？刑罚的存在不是为了要使犯罪人受到痛苦，而是为了以对刑罚的惧怕来预防犯罪。各位先生，但是这种惧怕是以死刑所产生的印象为转移的。而这种印象与其说是以邪恶的大小为转移，不如说是以人民所具有的性格、偏见、风俗和法律为转移的；而且所有这些因素都掌握在立法者手中。因此，立法者宁愿采用死刑而不采用在他掌握中的较为温和的刑罚，只能侮辱他所统治的人民的社会感情。最后，立法者想过分使用政府的力量，结果只会削弱政府的力量。

对于被不可遏制的私欲所驱使的人来说，死亡远不是最强有力的笼头。死亡或者能够达到私欲的目的，这就是私欲强烈的人的想法。请看希望戴上王冠的野心家：他轻视死亡，关于死亡的念头不像在卑贱和贫困中求生的念头那样使他害怕。可见，规定这种刑罚的立法者放弃了这样一个有益的原则，即制止犯罪的最有效的手段是使刑罚适合于产生犯罪的各种私欲的性质，所谓用私欲本身来惩罚私欲。

你们说，死刑是必需的。如果这话是对的，那么为什么有许多民族可以没有死刑，而且这些民族由于什么偶然的情况都成了最明智的和最幸福的呢？如果死刑是防止重大罪行的更适当的刑罚，那么在大量采用这种刑罚的那些民族那里，这种罪行就应当比较少啰！但是实际的情况恰恰相反。请看日本；在任何地方都没有像在日本那样广泛采用死刑和拷打。而结果怎样呢？在任何地方犯罪案件都没有那样多和那样严重。日本人要在残酷嗜血方面同极度侮辱他们并引起他们愤怒的野蛮法律比个高低，这是可以设想得到的。

各位先生，现在请您们注意，如果你们要接受这个虚伪的、尽管是流行很广的原则，即害怕死亡和害怕痛苦是刑罚的真正使人就范的根据，那么由此就应得出结论：为了更加有效地防止犯罪，就要尽可能地进一步推广这个原则，并且甚至发明出使人在死后也受到痛苦的办法。

此外，各位先生，即使你们想出了最完善的诉讼程序，即使你们找到了最廉洁和最有学问的法官，总还是会有犯错误和存成见的时候。为什么你们要失去向被压迫的无辜者伸出援助之手的机会呢？徒劳无益的惋惜，等人的骨头变成无知无觉的灰烬之后向他进行的骗人的恢复名誉的勾当，都只是一种微不足道的补偿，只是刑事法律的野蛮荒谬的可悲的明证。只有那种能洞见人的心灵深处的人，才能规定不能取消的刑罚。你们立法者们，如果要担负起这个可怕的任务，就必须对在法律的刀剑下所流的全部无辜的血液负责。

切不可把刑罚的效力和过分的严厉性混淆起来：前者是与后者完全相反的。一切人都赞助公正的和温和的法律；一切人都反对残酷的法律。犯罪行为所激起的愤恨常被极端严厉的刑罚所引起的同情所抵消。难于压制的天籁为了犯人的利益常常起来反对法律。如果刑罚是温和的，人人都会把犯人赶快交出来，但是当他一想到是送人去死的时候，他就感到天性在内心中战栗。是的，如果你们保留死刑的话，我敢这样说，你们责成一切公民密告犯人的那项法律，只会是不公正的、荒谬的和不能执行的法律。这第一个原理证明一切法律必须互相协调；它证明孤立的一项法律在与其他法律比较时可能成为荒谬的东西。

法律的效力是以它所引起的爱戴和尊重为转移的，而这种爱戴和这种尊重是以内心感到法律公正和合理为转移的。请打开各民族的历史：你们就会看到，刑法的温和始终是符合于各民族的自由、明智和温和的统治的。你们在各民族的历史上可以看到这种经常的一贯性。我曾对这一点举出过成千的例子；现在再来向你们举出一个例子，我指的不是托斯堪那[①]，而是始终驯服于专制制度之下的一个帝国——俄罗斯。

因此，必须承认社会的幸福不是与死刑相关联的，因为不具有自由民族的善良风俗的社会，在社会上废除死刑的时候仍将继续存在。必须相信，居住在法国土地上的温和的、善良的民族（它的一切美德将由于自由制度而发扬光大），一定会以人道主义来对待犯罪的人，并将同意这一看法，即经验和理智会容许你们来批准我的关于废除死刑的建议所依靠的原则。

关于国王的不可侵犯性

各位先生，有人想把共和主义同正义和真理的事业联系起来，而指责我为共和主义。对于这种指责，我不想答复；我也不想教唆大家作出反对一个人的严厉决定。但是我要驳斥一些严酷而残忍的见解，以便能够实现温和的和有利于公众事业的措施。我要维护神圣的自由原则，这不是要使这种原则不受任何出自效忠思想的空洞诽谤的侵犯，而主要地是要使他们不受一种狡诈学说的侵

① 意大利的一个州。——译注

犯。因为这种学说一经得逞，显然就可能使自由荡然无存。因此，我不想探讨，把路易十六的逃跑归罪于布耶先生、几名副官、几名卫士和国王儿子的家庭教师是否正确；我不想探讨，国王逃跑是出于自己的意志，还是某一公民出主意引诱他逃出国境；我不想探讨，人民现在是否还能相信国王像妇女一样被人拐走的事情；我也不想探讨，国王的出走是像报告人先生所设想的那样，只是无目的的旅行、无关紧要的离开，还是必须把这次出走同以前的一切事件联系起来；它是否是不受惩罚的，因而也是不断策划的反对公众自由的阴谋的继续或补充；我甚至不想探讨，国王亲手签署的宣言是说明了这次出走的原因，还是证明了路易十六对他屡次极其坚决地公开赞同过的革命的真诚拥护；我想要探讨的，是国王的行为，并且把它作为好像是发生在中国皇帝身上的事情一样来讨论。我首先要探讨不可侵犯原则的界限问题。

依照法律不受惩罚的犯罪，本身就是社会制度中的可恶的怪现象，或者毋宁说，是对社会制度的完全否定。如果罪行是由第一个国家官吏、最高的公职人员犯下的，那么我认为还额外有两个理由要求予以严厉的惩罚：首先是犯人对祖国负有更神圣的天职；其次是不制止他的侵害行为，其后果是十分危险的，因为他握有大权。

你们说，国王是不可侵犯的；他不能受惩罚——法律就是如此。……你们在自己诽谤自己！不，你们从来没有颁布过一项法令，使一个人高居于法律之上，可以为所欲为地侵害自由，侵害民族生存，可以生活在富贵和荣誉之中，并且安然地嘲弄不幸人民和被压迫人民的绝望处境。不，你们没有做过这种事情：如果你们敢于颁布这种法律，那么法国人民就会不相信这种事情，不然普遍的怨声就会警告你们，握有主权的人民将要行使自己的权利。

你们颁布了关于不可侵犯的法令，但是，各位先生，你们对于促使你们接受这个法令的意图，曾经有过某种怀疑吗？国王的不可侵犯是与大臣们的负责制密切联系的。你们同时对两者都作了规定，因为你们把行政权力的实际行使权从国王手中取回，并交给了大臣们，如果行政权力方面违背了义务，大臣们应该作为真正的罪人对此负责。这一切，你们难道能够在任何时候瞒住自己吗？可见，国王在行政方面不可能做出任何坏事，因为政府的任何行为不可能由国王作出，而他所要采取的行动是没有效力和意义的；另一方面，法律对于国王保有自己的全部威力。但是，各位先生，这里说的是带有国王称号的人的私人行为吗？这里说的是——譬如说——这个人所干的杀人行为吗？这种行为是否也失去效力和意义，或者这里也有阁员签署和负责呢？

但是，有人向我们说，如果国王犯了罪，那就应当让法律找出使国王动手的那只手……但是如果国王由于是人并且天生有任意行动的能力，不需要旁人的参与而抬起了他的手，那么，这时谁是负责任的人呢？

但是，还有人说，如果国王做得太过分，就可以任命摄政者……但是如果任命了摄政者，那么，他仍旧是国王，从而保留了不可侵犯的特权；让各委员会向我们说清楚，在这种情形下，国王是否仍旧是不可侵犯的呢？当保持某种见解的人们不敢承认这种见解可能产生的后果时，这就是他们的见解荒谬的良好证明。因此，我要问你们，问你们这些如此坚决地维护这种立场的人，如果国王掠夺了寡妇和孤儿，如果他在他的广大的领地上强占穷人的葡萄园和家长的田地，如果他贿买法官，以便把法律的刀剑指向无辜者，那么法律是否要向他说：陛下，你所做的事情不是犯罪；或者：陛下有权不受惩罚地犯您所高兴犯的一切罪行！……

立法者们，你们自己回答自己吧！如果某一个国王当着你们的面绞死了你们的儿子、侮辱了你们的妻子和儿女，那么你们是否要向他说：国王，您是在行使自己的权利，我们对您什么都容许的吗？……或者是允许公民去报仇吗？但是那时你们就将是用个人的暴力和私审来代替法律的平心静气而效果良好的审判。而你们竟把这个叫做确立社会秩序，你们竟敢认定国王的绝对不可侵犯性是社会秩序的支柱和不可动摇的基础！

但是，各位先生，所有这些个别的假定、所有这些罪恶行为，同威胁人民幸福的那些行为比较起来，算得了什么呢！如果国王给自己祖国招致内乱和外患的一切惨祸，如果他率领叛乱者和外国人组成的军队，想要蹂躏自己的国家，并把全世界的自由和幸福埋葬在它的废墟之下，那么他将是不可侵犯的吗？

国王是不可侵犯的！但是你们呢，你们也是不可侵犯的呀！难道你们把这种不可侵犯性扩大到有权去犯罪吗？你们敢说拥有最高主权的人民的代表们保卫自己个人安全的权利，比起那个由他们来限制权力的人，比起那个由他们以国家的名义来授予权力的人，要来得少一些吗？国王是不可侵犯的！但是人民不也是不可侵犯的吗？国王不可侵犯是建立在虚构之上；人民不可侵犯则是建立在大自然不可违反的权利之上。而你们用不可侵犯的盾牌来掩护国王，怎能不是把人民的不可侵犯性作为国王不可侵犯性的牺牲品呢？应该承认，这样在实际上只是害了国王……究竟对于国王们有什么好处呢？什么好处也没有。可是给他们造成一切害处，因为首先使某一个人高居于法律之上，使他能成为不受惩罚的罪犯，就是促使他顺着下坡路滚向一切恶习和绝境，使他成为人们当中最受轻视的，从而也是最不幸的人，使他成为他所侮辱的一切无辜人们和他所迫害的一切公民的个人复仇的对象。因为走在社会法律之前的自然法律向一切人们宣布，如果法律不替他们报仇，那么他们就有权自己替自己报仇。这样一来，社会秩序的冒牌圣徒们就把一切的一切，直至理智的常规和社会秩序都推翻了！在我们这里引证法律是为了使人可以不受惩罚地违背法律！在我们这里引证法律是为了使他可以破坏法律！

你们认为这样的假定是可以怀疑的，可是，你们可曾考虑过这样一种奇怪而有害的假定，即可能存在一个由犯有侮辱民族罪行的国王来统治的民族呢？外国人民看到这个民族给他们提供的一个人坐在王位上是为了迫害自由和压迫美德的诱人情景，该会多么鄙视和蔑视它啊！那种夸耀民族的光荣和自由的一切漂亮言辞该放到哪里去呢？但是在一个由公民所怀疑的人担任最高首脑的国家里，存在着多么长久而可怕的纷争不和的源泉啊！他自己对于法律已经表示反对，他怎样能号召公民服从法律呢？法官怎能用他的名义进行公平的审判呢？当法官用不尊重自己诺言的人的名义来责备欺骗和恶意行为的时候，他们怎能不由于羞耻而遮盖自己的脸呢？法律在罪行与罪行之间、人与人之间、罪犯与更重的罪犯之间做出这样不平等的规定，哪个罪犯在断头台上不能责备法律的这种奇怪而残酷的偏私啊！

各位先生，有一个很简单的推论，如果你们不顽固地回避它，就能够结束这场争论。如果通过我所反对的那种决议，只可能作出两种假定：或者是那个我认为对于民族犯有罪过的国王继续保有他从前所享有的一切权力，或者是政府机能在他的掌握之中削弱下去。在第一种场合，亦即如果让国王恢复他的全部权威——这不是显然意味着使社会自由遭受到永劫不复的危险吗？你们重新授予他以广泛的权力，如果他不是用这个权力去达到个人私欲的目的，进行反对自由和法律的斗争，以及对坚决反对他而维护社会事业的人们进行报复，依你们说，他又会去做什么呢？相反，只要政府机能在他的掌握中削弱下去，政权就会不可避免地落到几个叛乱者手中。这些叛乱者就会忽而为他服务，忽而对他背叛，忽而向他谄媚，忽而又对他进行恐吓，以便假借他的名义来实行统治。各位先生，没有比政府削弱下去更为叛乱者和阴谋家所喜欢的事了；只应当从这个观点来考虑这个问题；让人们来保证我避免这种危险吧！让人们来保证民族避免这种可能由叛乱者占统治地位的政府吧！我将在你们的各委员会向你们提出的一切文件上签字。

如果愿意的话，让人们指责我为共和主义吧！我声明，我是仇恨一切由叛乱者占统治地位的政体的。推翻一个专制君主的压迫，然后又落到另一个专制统治的压迫下面，这是不够的。英国摆脱了自己的一个国王的压迫，只是为了落到自己的少数同胞的更加屈辱的压迫下面。我承认，我看不出在我们当中有哪个天才人物能够扮演克伦威尔的角色；我也看不出有谁会容许这种事情发生。但是我看到有些集团，其活动之多，力量之大，都不是自由人民所应当有的。但是,我看到有些公民掌握有过多和过强大的手段,能够利用这些手段来影响公众舆论;由同样的人长期保持这种权力,是可能危害社会自由的。应该使民族不致太长久地保有寡头政治的政府。各位先生,如果在较近的将来可望结束那强使我们接受的无限权力,如果新的人民代表的选举遥遥无期地推延下去,在一定程度上不利于可能产生、巩固和联合起来的各党派——在这种或许可以利用目前存在的安宁状态的时期,在这种被祖国面临的危险唤醒的社会觉悟显然使我们能够取得最好的选举结果的时期——难道这是不可能的,难道这些党派不可能被稍微削弱吗?我们的权力可能有利于贿买和阴谋,人民对于这种权力的期限的遥遥无期的延长,不会怀着某种不安的心情吗?我想人民对此正是怀着这种心情的,至少我个人是害怕派别和危险的。

各位先生,各委员会向你们建议的办法,必须用一般的办法,当然是和平与自由的利益所要求的办法来代替。应该说,向你们建议的办法只能使你们受到耻辱。如果我现在不得不成为牺牲自由的基本原则的见证人,那么我至少要请求允许我为所有的被告人辩护:我愿意充当三个卫士、王子的家庭教师和布耶先生本人的辩护人。依照你们各委员会的意见,国王是没有罪的,也没有犯罪行为!但是既然没有犯罪行为,也就没有同谋者。各位先生,如果宽恕罪人是一种软弱的表现,那么使罪人当中的较弱者替较强者作牺牲,就是不公道了。不要以为法国人民会如此卑劣,竟愿从处死几个二流牺牲品的场面中寻找快乐;不要以为人民会无动于衷地看着他的代表们还是走着奴隶们通常所走的道路,总是力求把弱者作为强者的牺牲品,只图欺骗人民与愚弄人民,以便不受惩罚地延长非正义现象和暴虐政治！不，各位先生，应该要么承认他们全体都有罪，要么承认他们全体都无罪。最后，我提出我的建议。

我建议议会颁布法令。第一，宣布它要了解人民的愿望来决定国王的命运；第二，国民议会废除关于延期选举新任国民代表的法令；第三，它不采纳各委员会的建议。

如果我的各项建议不被采纳，那么我要求国民议会至少不要对有人想要掩盖的那种犯罪行为的所谓同谋者采取不公平的态度，而使自己蒙受耻辱。

关于公诉人的作用

各位先生，巴黎省的刑事法庭今天早晨成立了。当然，到它开始工作还需要几天。但是，由于我应当担任我们社会中的一个新的司法职务的时刻已经很近，我认为我应当使同胞们对他们最重要的利益今后应当服从的诉讼程序、他们信托给我的特殊职责，以及我的原则有一个明确的概念。我要向同胞们指出我的责任的本质和他们所可期待于我的服务范围。人民的最可耻的奴隶征象，是他们对于自己事务的极度无知。人民所选出的代表们应该帮助他们懂得这些事务。依照我的意见，代表们的主要职责是与人民自由来往，这种来往对我说来也是必需的。如果我们真的已经向正义和法律的王国跨出了一步，那么所有的公职人员，甚至连称作第一名公职人员者也包括在内，就应该把自己不是看做统治者，而是看做跟自己的同胞们平等的人。必须使社会职务在同胞们的眼中，也像在理智和自然界的眼中一样，不再是尊荣的源泉，更不再是财富的源泉，而是一种天职。谁若想把自己的权威建立在使自己亲友的屈辱上，从而自己犯下最严重的罪行，他还敢要求惩治犯罪行为吗？如果他的不可调和的骄傲本身违反着自然和人类的永恒法则，他还敢厚颜无耻地引证法律吗？

陪审制度使我们在许多方面接近这种法则：它本身就是神圣的；它是人们从平等的原则中得出的，因为它把公民最神圣的权利赋予与他们平等的人们。当然，只要立法者的智慧使它的组织铲除掉某些它现在具有的并且我想经验会立刻发现的某些缺点，它就会给我们带来那一切可以期待于它的丰硕果实。关于陪审制度在我们时代是什么，现在我应当来提供一个大致的概念。

法律责成依照法定程序选出的公民就被告的公民是否犯了所控诉的罪行发表自己的意见；这就是所说的刑事判决陪审团。法律规定设立刑事法庭，由庭长一人和从州法庭轮流指派的法官若干人组成，以便在被告人经陪审员宣告有罪时对他的犯罪行为运用法律所规定的刑罚。

但是，如果由同一法律规定设立的另一陪审团没有宣布对于某人的控诉是有根据的，就谁也不能把他或是交付刑事判决陪审团审讯，或是交付刑事法庭审讯；这另一个陪审团就叫做公诉陪审团。

法律规定在刑事法庭里设置一个文官，称作公诉人。他的职责是代表人民要求法庭对破坏社会安宁的犯罪行为进行处理。无论他的职能多么重要，无论他的职责多么广泛，不应当在想象中予以过分夸大。公诉人不能带头推动审判。接受密告并把密告的材料通知公诉陪审团的工作，都是由警察官吏办理；公诉人的职能只是在公诉陪审团宣布自己的意见之后，才开始执行的。

由此可见，公诉人的名称不能正确表明他的职能，他不如说是社会利益的大公无私的维护者，是犯罪行为的敌人，是弱者和无辜者的辩护人。因为社会安全是我所说的文官们的座右铭，而无辜者遭到司法的摧残比起犯罪者不受惩罚对社会安全要有害得多。最后，这条在哲学著作中早已确认的，甚至那些并非哲学家的人在口头上也已经接受的规则，文官们已该在法院的判决中加以采用和实现了。我的行为的主要准则就是如此，不管那些想把社会福利与人道的朋友说成是无秩序和无政府状态的祸首的人怎么说，我总要尽力以自己的榜样来证明，对犯罪的憎恨和对无辜受害者的热诚，都同样根源于道义原则和纯粹正义感。

有些人由于无知识，另一些人由于不公道，他们以为说我是贵族的死敌，是对我的夸奖。他们错了，我作为一个公民，贵族一语对我说来，早已没有什么意义了：我只知道有好的公民和坏的公民。作为一个人民的文官，我不知道什么贵族、爱国者、温和分子：我只知道一般的人们、被告的公民。我记住我只是对犯罪的报复者和无辜者的支柱。我不会发表冗长的演说来驳斥那些对我妄加这些指责的无能的诽谤者；我要号召一切认识到自由和具有爱国的真实感觉的人们，来证明我将要叙述的我的政治信念是真诚的。如果有一天，我看到我的最残酷的敌人，甚至是最反对人道事业的人（即我唯一可能认作是自己敌人的人）成为偏见的受害者，虽然没有罪过而有被处死的危险，而我能够以严峻而公道的真理光芒照耀他的案件，把他从死亡或耻辱中挽救出来，那将是我一生中最幸福的一天。如果自由的朋友可能受到什么诱惑的话，那么这当然不会是卑鄙敌意的诱惑，而只会是过分宽大的诱惑。我呼吁所有热爱正直和正义、热爱永恒自由原则的人们出来为此作证，我呼吁全体法兰西人民为此作证。

公诉人的最重要的职责之一，是法律给他规定的对于省区一切警察官吏的切实监督；法律规定："……警察官吏如有了草率塞责的情形，公诉人要警告他们。如果他们犯有比较严重的罪过，就要把他们送交刑事法庭审判。"

"如果根据职责，或根据控告状，或根据私人的告密，公诉人认为警察官吏应受渎职的追究，公诉人即作出拘传的决定。如果有根据，即将事实和文件通知陪审团主任，由后者写成起诉书。"

我想这样来说明关于我们职责的这一重要部分的想法：如果不行使这种合法的权力来维护被压迫者，使其免受警察官吏的迫害，会是卑鄙的和罪恶的。同样，若是利用它来为自己取得一种专横独断的权力，来任意支配那些由基层人民大会直接选任的官吏（那些如果称职的话能促使人们赞助革命的初级法官），那就会是不公道的；我很高兴能在这里引用我在制宪议会上曾就这同一问题发表的政治见解来证明我的原则，那时我曾自己要求限制公诉人的权力。因为我觉得，这种权力如果落到不相称的人手中，对于公民自由是太危险了；那时我甚至要求为公诉人的任期规定较短的期限，并把他们的薪金降到比关于设立陪审法庭的报告人所建议的更低的数额。因为我承认，我一向认为法官任期过长是人民的灾难，而亚立斯太提的贫穷，在我看来一向是比克拉苏斯[①]的富

① 克拉苏斯（公元前约115—前53年），是罗马政治家和统帅，以拥有大量资财而出名。——译注

裕是更好的社会繁荣的预兆。

我应该补充指出一点(这不是对那些最渊博的人说的,而是对那些还没有抽出时间来研究我国新法律的公民说的)。他们认为公诉人可以直接处理危害公众自由和革命结局的犯罪行为,这是错误的,因为侮辱国家的犯罪应归高级国民法院管辖,而隶属刑事法庭的皇家委员已经由法律明确规定——他应当要求把关于这种犯罪的一切案件送交这个高级法院,而刑事法庭庭长独自处理这种问题,就要负渎职的责任。

我还应该说明,关于侵犯出版自由的行为,在修改宪法的时候就已规定不在公诉人和刑事法庭的职权范围之内,而由省检察长和皇家委员代替公诉人,由发生这种行为的地区的州法庭代替刑事法庭。因此,我不应当管我国公民自由和政治自由的这个很有趣的部分,最好是让公民们了解这种情况。

但是这并不妨碍我认为公诉人的任务是宪法所提出的极其重要的和有益的任务之一;我甚至承认,这个任务在我看来是最能提高社会精神和为哲学与人道规则开辟最广阔天地的任务。在这一方面,没有任何一种任务会如此符合于我的原则和我的性格。在通常时期和在法制胜利的情况下,执行这个任务比做任何其他工作都更合我的心愿。但是我应当承认,我怀着遗憾的心情看着我必须执行公诉人职务的时刻已经临近;我甚至要说,我当时是以十分厌恶的心情来同意接受这个职务的,只是由于尊重公民们的选择,以及由于完全相信自己的抱负,我才把它答应下来。但是不久我又产生了另一种想法。我觉得,适合于国民议会议员的唯一称号,乃是公民的称号。当我争取到了一项对国民议会有光荣的法令，使它的所有成员不得进入下届立法团的时候，我还想说服他们同时放弃一切公职，甚至人民的职务，而仅仅作为公民和监督执行他们所通过的法律的自由而积极的监视人。我当时没有这样做，只是因为害怕对于主要的建议造成更多的阻碍，由于一个同我在工作上、原则上、共同危险上，以及在友谊上有最密切关系的同志的劝告，我退让了，而且由于后来使他成为巴黎公社领导人的那种选举，我认识到了这一决定是明智的。因为我发誓说，是他在此以前拯救了首都并粉碎了我们自由的敌人的卑鄙阴谋；我发誓说，贝奇昂的勇敢精神和美德对于挽救法兰西说来是必需的。但是甚至这一考虑也只是在贝奇昂忙于粉碎这个大都市中不断发生的阴谋的时候才使我完全信服。还需要许多人来监视在全国范围内进行的和由同一中心发动的、旨在消灭正在诞生中的自由的一切阴谋。我觉得，在这个和平命运所系的危急关头，公民的首要天职是维护法国人民和全世界的事业。因此，如果我完全没有希望能把新的职务同这种伟大利益调和起来，我就不敢答应担任大家所期待于我的新的职务。我愿意把全部的白昼时光献给自己的职务，而把夜晚的一部分时间献给革命。我现在声明，如果我的力量和健康不能胜任这种双重工作的话，那么我将认为自己不得不作出抉择。

比起带有公职人员称号，在法庭面前为私人案件追究罪责或保护无辜者的义务，还有更加迫切的需要，还有更加伟大的义务；这是在全世界和后代的法庭上保卫人道与自由事业的公民和人的义务。因此，基于上述的建议，我承认我没有力量放弃任何人类权力都不可能使我脱离的那个伟大事业。我声明，那时我会使我的职务为我的原则而牺牲，使我个人的好处为公共利益而牺牲。在这种时刻，人类友人的岗位是在它能够胜利保卫人类事业的地方。每一个人的义务都刻画在他的良心上，刻画在他的性格上。任何一个人都不能逃避自己的命运。如果我的命运是为自由而捐躯，那么我绝不会企图逃避这种命运，而是赶快上前去迎接它。

《宪法保卫者》周刊纲要

理智和社会利益开始了革命，而阴谋和野心阻止了革命；暴君们的恶习和奴隶们的败行把革命引入了混乱和危机的悲惨境地。

多数国民愿意在新宪法的保护之下，在自由与和平的怀抱之中得以休养生息。是什么原因直到现在使国民失去了这两种好处呢？是愚昧无知和意见分歧。大多数人希望福利，但是他们既不晓得达到这个目的的方法，也不晓得把目的推远了的障碍，甚至好心好意的人们，对于与公共福利原则最有密切关系的问题还持着不同的观点。一切反对宪法的人都在爱国主义的幌子下，散布迷惑、纷争和虚伪原则的种子；作家们的笔都替这种卑鄙的图谋而服务。这样一来，社会舆论就逐日削弱和瓦解。大众意志变得软弱无能和无足轻重，而爱国感情则无计划、无协调、无目的地乱撞，既感困难而又毫无效果，有时甚至以其盲目的热情帮助我们自由的敌人们的罪恶阴谋。

在这种情况下，我们只剩下一种拯救国家的方法，即留心善良公民的热情，把它引向共同的目标。使他们都来靠拢宪法和共同利益的原则，公布我们灾难的真实原因和指出避免灾难的方法，把足以影响国家命运与自由命运的政治活动的动机和后果揭露在全

体国民之前；详细考察在革命舞台上起着主要作用的人物的社会行为；使那些容易逃避法律裁判并且能够决定法国和全世界命运的人受到社会舆论和真理的裁判——这无疑是一个公民可能给予社会事业的最大帮助。

我觉得，办一种能实现这一目的的定期刊物，乃是祖国和人道的朋友们最应该做的事情。我于是大胆地承担了这一工作。这个刊物所遵循的精神，在它的名称《宪法保卫者》中已经清楚地表现出来了。

由于在我国革命开始时，我处于政治事变的中心，我亲眼看到了暴君政治所走过的弯路；我认清了我们敌人当中最危险的敌人不是那些公开宣布自己是敌人的人们；我要尽力使这些知识对于拯救我的国家多少有点益处。

我毋需说明，只有对于正义和真理的爱将指导我的写作。只有在这种条件下，才能走下法国参议院的讲坛而登上世界的讲坛，才能不是跟那可能由于各种利益的冲突而受到激动的议会讲话，而是跟那以理智和普遍幸福的利益为利益的人类讲话。很可能，走下舞台，在观众中间占一席位，可以更好地评价舞台和演员。至少我觉得，摆脱了纷繁的事务以后，就会在更加肃穆、更加纯洁的空气中得到休息，并且对于人们，对于事物作出更加正确的判断，正如逃出闹市登上山巅的人，感觉到自然界的宁静进入他的心灵，而他的概念随同眼界的扩大而开展起来。

我曾看到立法议会的某些成员把差不多同样重要的两种义务联合起来，在他们的作品中说明和评价他们先前在国民议会中曾经促进过的那些行动。

尽管在我受到委托的时候，我已忙得不可开交，这后一种任务就足够我做的了，但这并不妨碍我赞助这样一些立法者们，即对政论家和哲学家们存在的必要性和他们称号的尊严表示非常尊敬的人们。我甚至设想，如果他们同样诚实地完成两种任务，他们将有双重权利受到自己的委托者们的尊敬。

凡是宣称自己是恶习的查禁者、理智和真理的使徒的人，不应该比立法者稍有逊色，不应该比他们较为怯懦。在立法者发生错误的时候，还有依靠社会舆论和社会精神的很大希望。但是在社会舆论被贬低的时候，在社会精神被歪曲的时候，自由的最后希望就被消灭了。作家如果拿自己的笔为仇恨、专制政治或腐化而服务，背叛爱国主义和人道主义事业，那就比违反自己义务的文官更加卑鄙，甚至比出卖人民权利的人民代表更加有罪过。

这就是我的政治信念，这将是我那献给我国自由的出版物的精神和目的。

这个刊物将在每星期四出版；每期将有三个印张至四个印张的篇幅。

说明我的原则

我要保卫像目前这样的宪法。有人问我，为什么我宣布自己是常常被我指摘的那个宪法的保卫者。我的回答是，作为制宪议会的议员，我曾竭尽全力来反对那一切现时受到社会舆论非难的法令，但是从宪法文件一成立并经普遍同意确认的时候起，我就始终只要求确切执行它。我不是像那个被称作温和派的政治派别的分子一样，援引它的文字和缺点，只是为了埋葬它的原则和精神；我也不是像宫廷和野心家们一样，总是破坏有利于自由的一切法律，而以假热心和灭绝人性的忠诚来执行他们可以滥用于镇压爱国精神的一切法律。我是祖国和人类的友人。我确信社会的安宁要求我们在宪法的保护下，击退野心家和专制制度的进攻。

制宪议会把法国和全世界的命运掌握在自己的手中。它本来能够突然使法国人民得到最高程度的幸福、光荣和自由，而它却未能完成自己的崇高使命；它常常违反它自己已经庄严宣布的正义与理智的永恒原则。民族和人类的权利依然如故，可是情况却已发生变化，它们应当决定那些可以用来完全恢复这种权利的方法的性质。

也许，第二届立法议会在掌握革命政权的时候，能够研究关于自己义务和自己权利的真正界限问题，以及首批代表是否有权强迫议会作出他们向它要求的宣誓的问题。当然，如果它那时表现出了骨气，如果从它当中出来了某一个天才的和品德高尚的人，向它提出一个把一切违反人权宣言和破坏宪法基本原则的法令开列出来的清单；如果它为了人民和自由而一下子废除了这些法令，那么我就毫不怀疑：现时由于第一届议会的错误而感到厌倦的多数国民，会欢欣鼓舞地赞成这一伟大的和勇敢的举动。

但是立法议会匆忙地对全部宪法文件作了一致的和无条件的宣誓。在议会讲坛上的发言，从一开始起就是不加分别地对第一届立法议会的所有议员大肆赞扬。谢留齐宣称，世界获得了一部最好的宪法。这部法典像一部圣经一样由一些老年人堂而皇之地捧出来；许多人为它流下热泪，并用嘴去吻它。宪法文件与其说是在庄严和尊敬的气氛中，还不如说是在迷信和偶像崇拜的气氛中通过的。立法议会甚至对制宪议会的阴影也抱着恭恭敬敬的态度。

立法议会不应该触及它已经宣誓遵守的宪法；现时任何的修改只会使自由的友人感到不安。

在这样多由时间和经费巩固起来的党派所引起的风暴当中；在背信弃义地同对外战争相结合的、为阴谋和贿买所支持的、为愚昧、自私和轻信所促成的国内意见分歧当中，善良的公民们需要一个立脚点和集合信号。我不知道，除了宪法以外，对此还有什么别的东西。

我发现，那些在第一届代表大会时期热心于维护人民权利、反对专制制度和阴谋活动的人，都是支持我现时的主张的最忠诚的信徒。相反，因我从某些时候以来责骂宪法的缺点以及制定宪法的议会而感到吃惊的，是那些宁愿在宪法问题上抱最善意的过分严肃态度，而把自由作为宫廷的牺牲品的人。我听到了那些只知道诽谤人民和反对平等的人们是怎样赞美共和政体。我看到了那些始终配不上我们革命原则的人们是怎样以更自由和更完善的政体来诱惑我们。宫廷、一切阴谋家、一切党派的领袖们互相勾结，同时来反对宪法。因为他们需要造成普遍的混乱，以便不受惩罚地互相瓜分赃物和民族的威力。他们希望在他们用阴谋和背信手段给我们造成风雨飘摇的危机之后，爱国情感会自行来搞垮宪法制度，他们希望在它的废墟上或是建立起国王专制制度，或是建立起某种贵族统治，以便在各种诱人的名称的幌子下给我们带上比从前更加沉重的锁链。

从我声明自己准备同一切叛徒作斗争的时候起，我看到了不久以前还保有一些爱国者声名的人们怎样对我宣布了战争，并且这种战争比他们想同专制君主进行的战争更加严酷；我看到了他们怎样使用了一切资金（在他们把公共财产交给自己的朋友而自己又在种种名义下参加各种政权机关的时候，这种资金永远是取之不竭的），以便同时在全国一切地方把我一会儿描绘成保皇党人，一会儿又描绘成野心的雄辩家。在这种胡言乱语中，我认清了我的新敌人们所感到的恐惧，以及向我预告他们注定破产的计划的一切证据。我是保皇党人吗？是的，我曾为了反抗过分扩大国王权力，几乎单枪匹马地跟万能的议会进行了三年的斗争；我曾蔑视现时正与迫害过我的党派打成一片的那个党派的种种诽谤，要求使逃跑的君主受到法律的正义裁判；我曾相信议会的多数将使路易十六重登王位，但是仍然出来维护人民的权利，自愿让自己遭到这个国王的报复；最后，我还要冒着生命危险来保卫宪法，使它不受宫廷和一切党派的侵犯。我是共和主义者吗？是的，我要维护平等的原则，保护行使宪法给人民保证的神圣权利，防止那些阴谋家们的危害思想，因为他们只把人民看作是满足自己升官发财的野心的工具；我宁愿看到人民代表议会和受尊敬的自由公民仍旧保有国王，也不愿看到奴隶般的和受屈辱的人民处于贵族元老院和独裁者的鞭打之下。对我来说，克伦威尔不比查理一世好些，而大执政官们的压迫并不比塔克维纽斯[①]的压迫更好受一些。难

① 塔克维纽斯是罗马的末代皇帝，以残暴专横而闻名，结果引起了人民的起义，遂被逐出了罗马。——译注

道在“共和政体”或“君主政体”的用语中就有解决伟大社会问题的办法吗？难道外交家们为了划分各种政体而想出的定义就能创造各民族的幸福和灾难吗？或者说法律与制度的结合就构成民族的真实本性吗？一切政治制度的建立都是为了人民；凡是没有把人民看在眼里的一切制度，都只是对于人类的侵犯！唉，如果假爱国者们不想在王权的废墟上确立国民主权和公民平等与政治平等，那么他们向我描绘的为使我们摆脱王权而血染法兰西的近景，与我有什么相干呢？人们起来反对宫廷的过错，如果不打算防止宫廷的过错，而是予以容忍和鼓励，以便从中取利，那么起来反对宫廷的过错，与我有什么相干呢？如果取消请愿权利；如果侵害人身自由，甚至侵犯发表意见的自由；如果容许对受惊扰的人民表现残暴行为，而让显贵的阴谋分子永远逍遥法外；如果不断地迫害和诽谤那些一向维护民族事业不受宫廷和一切党派侵害的人们，那么笼统地承认关于国王权力范围内的宪法缺点，与我有什么相干呢？时而散布关于国王即将出走的传闻，仿佛是为了测验民意和以危险的幻想鼓舞冒昧的爱国者，这与我们有什么相干呢？一年以前，在情况极其有利于自由的时刻，当法兰西还没有成为现时正在折磨她的纷争不和的牺牲品和不应承担对外战争的时候，国王不是已经逃跑过吗？结果怎样呢？这一事件对谁有利：对人民有利，还是对专制制度有利呢？那些歪曲了我们宪法的有害法令，不是属于这个时期的产物吗？被解除武装的公民们，不是在那个时候在剥夺政治权利的镇压之下开始流血的吗？不是在国王权力被停止，国王被交付拉斐德监视的时刻，以这个拉斐德为首的联盟把大权交还了君主、同他缔结了损害民族而有利于制造这次阴谋的野

心家们的友好协定，并用他的名义把铁的枷锁加在国家的一切爱国人士的身上吗？布里索和孔多塞，那个时候你们做了什么事情呢？因为我在这里说的正是你们和你们的朋友们啊！当我们还在制宪议会里讨论路易十六是否高居法律之上这一重要问题时，我仅满足于维护自由的原则，而不触及任何其他枝节的和危险的问题，并且为此遭受到我所说过的那个党派的诽谤时，你们或者由于不谨慎，或者完全由于其他原因，曾竭尽全力帮助了这个党派的阴险计划。你们在这以前是以同拉斐德有勾结和极度温和而闻名的。你们从前是半贵族式的俱乐部(1789 年俱乐部)长久时期的忠诚信徒，现在忽然开始说出“共和政体”这句话；孔多塞在发表关于《共和政体》的论文，而这个政体的原则还不及我们现行宪法的原则民主；布里索在发行只有报名才是民主的《共和主义者》报；同时首都的一切墙壁上在出现宣传广告，它们是由同样的情绪所产生的，是由从前的侯爵杜·沙特列，即拉斐德的亲戚，布里索和孔多塞的朋友为代表的那个党派编辑的。当时所有的人们都处于激动的状态中；单是“共和政体”这一个名词就在爱国人士中间引起了不和，给自由的敌人提供了一个称心如意的借口——宣布在法国有一个阴谋反对君主政体和宪法的政党。他们急急忙忙把我们在制宪议会上维护国民主权的权利、反对骇人听闻的国王不可侵犯原则的那种不屈不挠的精神列入这种借口之内。他们用这个词儿迷惑了制宪议会的多数议员；这个词儿是屠杀死于祖国祭坛上的和平公民的信号。这些公民的全部罪过就在于合法行使了宪法法律所准许的请愿权利。由于这个词儿，自由的真正朋友们被腐败的或愚昧的公民们变成了叛徒，革命则被推迟了也许半个世纪。

应当把全部情况说出来：还早在那个危急关头，布里索便来到了他几乎从未到过的宪友会，来建议在政体方面实行一些连最普通的理智规则都禁止我们向制宪议会提出的变更。由于什么注定的偶然性，布里索竟到那里来支持成为臭名远扬的联盟的理由的请愿书方案，引起了马尔斯校场的大屠杀！无论推动善良公民采取这一步骤的人们有什么背信的动机，布里索当然是无辜的；已经起草的请愿书只有一个目的——建议国民议会在就君主的案件发表意见以前，先同自己的委托者们谈一谈。为什么布里索突然要提出另一个要求废除国王权力的请愿书方案，恰好为党派提供它所期待的借口来诽谤自由的维护者们呢？可是有人责难我们在宪友会上所提出的与请愿书的第一个方案相对立的意见是过分的，我们虽然没有争论请愿书的合法性，但是它的致命后果，我们是预见到了的。我们既要表现小心谨慎，也要表现坚定不移的精神来治好这个致命灾祸给自由带来的创伤。但是，我不想肯定说，正像事件本身是悲惨的一样，布里索和孔多塞的意图是有罪的；我不想同意许多爱国人士对于他们所作的责难，说他们与拉斐德有什么分歧。他们是他的赞颂者，目的只是为了更好地替自己的党派服务，为了给自己开拓一条越过虚假的障碍而通向立法议会的道路，为了博得自由的朋友们对于自己的信任和热心。我只想认为他们从前的行为是极端轻率和愚蠢。但是现在，他们同拉斐德和拿尔本的关系已不再是什么秘密。既往的经验可使人更好地认识现今的事件，而且他们已不再隐瞒危险的革新措施的方案，并且正在用自己的全部力量来诽谤那些自称为现行宪法保卫者的人们，在这个时刻，应该让他们知道，全国国民能在一瞬间粉碎渺小阴谋家们多年

来所策划的阴谋诡计。凡是把自己的野心计划寄托在君主的新谬误上面，并敢于在我们被迫进行对外战争的时刻燃起国内战争火焰的人，都将成为祖国的最大公敌。法国人民、议员们，要团结在宪法的周围，来保卫宪法不受行政权力的侵犯，保卫宪法不受一切叛徒的破坏！不要助长那些只是因为他们自己不愿实行宪法而硬说宪法不能实行的人们的意图。我们要在若干时期内忍耐宪法的不完善。教育和社会精神的成果使我们能够在将来在和平与协调的环境中消除这种不完善。宪法的缺点是属于人们的，可是它的原则则是天经地义的事情，宪法本身包含有自己完善的不朽基础，例如：人权宣言、出版自由、请愿权利、和平集会权利；对权贵者严厉、对谋叛者无情、对弱者宽厚、对人民充满尊敬的善良代表们，热情的爱国主义卫士们，社会秩序的严厉维护者们；这些代表并不力求任命阁员和用他们的名义实行统治，而是监督他们和大公无私地惩罚他们；和平与富裕会在他们的保护之下恢复起来。因为他们更加熟悉的不是宫廷的阴谋，而是保卫自由的艺术；为了迫使王权按照主权者的意志为它所指定的道路前进，或者为了不知不觉地和毫无震荡地接近于那样一个时代，即受到时间或暴君罪行启发的社会舆论能够表示拥护符合民族利益的最好政体的时代，不需要再求助于他们。因此，我们虽然有冒得到保皇党和共和主义者、人民护民官和奥地利委员会委员的名称的危险，也不害怕保卫宪法。我们越强烈地感觉到宪法的缺点，就越尽力地来保卫它。如果我们甚至对那些侵犯我们权利的法令也完全服从，这是对我们旧日的压迫者作出的牺牲，那么希望压迫者们至少不要拒绝执行那些保护他们的法令。如果压迫者们认为一切有利于暴政的法律合乎宪法，而不再承认那些抑制暴政的法律合乎宪法，那么我们就会陷入比起宪法使我们摆脱的那种压迫更加不堪忍受的压迫之下。

我们保卫宪法，也不要忘记革命的时期是与平静的时期不同的。我们敌人的政策始终是在于混淆这两种时期，目的是要合法地杀害人民和毁灭自由。我们的原则，我们的公民的忠勇与拿尔本大臣的原则和忠勇毫无共同之处。拿尔本无动于衷地看着在南方升起的反革命旗帜敢于在全国煽起对勇敢的马赛人的复仇的浪潮，理由是他们来不及等待取得放火者们的命令就去扑灭国内战争的火焰；我们爱宪法，可不是像那样一些人。他们总是把宪法当作杀害软弱的爱国人士和压迫兵士的武器，但从未用它来惩罚军事首长和身居高位的罪犯。我们保卫宪法，不是要反对大众意志与自由，而是要反对私人利益和背弃信义行为。对于个别的人，只有当他们的名字同社会事业有密切联系的时候，我们才会过问。

我们不隐讳使一切党派起来反对我们的事实，但是我们将得到我们良心的赞许和一切正直人士的尊重。

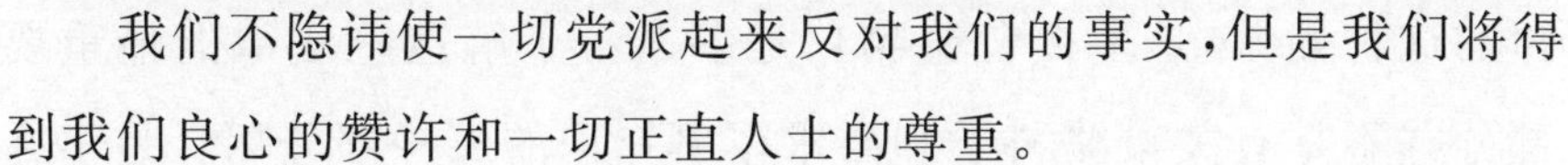

论军人纪律的必要性和本质

纪律是军队的灵魂；纪律能代替人数，可是人数不能代替纪律。没有纪律就没有军队；有的只不过是一群不统一的不协调的乌合之众。这个乌合之众好像已经失去生命元素的肉体，或者像一架已经折断发条的机器，不能顺利地把自己的力量用到共同的目的上去。这些真理也和可以用经验与理智证明的任何一种真理一样，是很明显的。

有一个对于一切人比较不明显的问题，这个问题与这些真理有密切的联系，为了决定适当地运用这些真理，完全有必要予以解决。这个问题现时还没有人想加以研究，但是却有许多人企图把它蒙在深深的黑暗中。这个问题就是军人纪律的本质是什么，它的真正目的是什么，这几个字的确切含义究竟是什么？目前还没有把它解释清楚。

制宪议会承认了并庄严地宣布了一些伟大的原则，但远远没有十分确切地把这些原则应用于立法的各个部门。看来，议会甚至认为这些原则完全是一种与军事法典格格不入的东西。大家都知道，这个法典是一个由贵族、统帅和在这一时期内互相更替的军事部长所组成的委员会草拟出来的。他们是分成几次把法典提交制宪议会请求批准的。制宪议会绝对信任地通过了法典并且很少想到保留否决权。认为只有部长们才应该多少懂得有关军队的法律的这种偏见，是多么普遍啊！是多么不了解这些法律的最重要部分并不是有关策略科学和要求军事知识的那一部分啊！是多么不了解军事法律与公民自由和政治自由的各项原则和利益有全面的联系！因此，那些自然而然要按照自己地位和出生的成见以及个人的利益行事，而不是按照政治和哲学的法则行事的人们，是最不能考虑这一切联系并把兵士的天职和公民的天职调和起来的啊！因此，尽管做了一些细小的修改，可是新法典的原则和精神完全和旧的一样。而且军纪一语，目前在我们这里，比起在那些只把军队作为专制君主奴役和毁灭人民工具的国家里，并没有提供更明确的和更公正的概念。

我们将怀着由这一问题的新颖性所将引起的兴趣，以及为拯救与这一问题有关联的自由所要求的关切心情，来设法说明这些概念。

什么是军纪？这就是在履行军事勤务时的忠实；这就是对规定兵士职责的特别法律的服从。兵士因对祖国的誓约所承担的特殊义务有其一定的范围。由此可见，长官对兵士的权力必然不能超出这个范围。兵士同时又是人和公民。他既然具有这三种身份，就拥有应当而且可能调和起来的权利和义务。

当他履行了自己的兵士义务时（兵士义务的本质，我刚才已经说过了），他也享有和其他公民、其他人们一样的权利。军事法律对于兵士说来，也和民事法律和政治法律对于公民的关系一样；公民有权去做民事法律和政治法律所不禁止的一切事情；兵士有权去做军事法律所不禁止的一切事情。民事法律能够禁止的，仅仅是损害社会和别人权利的行为；军事法律能够禁止的，仅仅是损害军事服务的行为。凡使人遭受某种剥夺或承受无益负担的一切法律都是暴虐行为；凡是要求别人去做法律所未规定要做的事情的任何人或任何官长，都是专制君主和暴君，也就是叛徒。

由此可见，如果兵士在点名时不到，不受检查，不参加操练；如果他擅离岗位或者不服从官长依军事服务规程所下的命令，他就是违反纪律；他就应该根据法律受到惩罚。但是，如果这些官长扩大自己的权力范围，企图禁止他行使每个公民所享有的权利；如果某一军官，比如说想要禁止兵士看望自己的朋友，禁止时常到法律所不禁止的交际场所去；如果这个军官打算干涉兵士阅读书报，干涉通信，难道说他可以借口纪律而要求兵士服从吗？当然不能。

如果按照从前由于信任权术和贵族政治的那种偏见所确定的纪律概念去办事，那么就没有任何理由认为，军官在某一住宅或公共场所遇见兵士时，不能对他说："我不喜欢你在这里，我命令你回营房去；我禁止你同这个女人谈话：我高兴只是自己一个人同她谈话。"兵士在这种场合下要是表示反抗，并对自己的军官报以不尊敬的态度，至少在目前的制度下，没有理由认为他不会被作为违抗命令者而送进监狱并受到处罚。但是，如果按照真正纪律规则办事，在这里不遵守纪律的正是军官，而兵士应当回答他说："在军事勤务以外，无论在俱乐部，或在公共场所，我不知道什么军官；作为一个兵士，我将服从根据法律来命令我的官长，我将遵守法律规定的一切规则。作为一个自由公民，我要享受法律所保障给我的一切东西，而不服从任何个人的权力。"在重视法律的各国，是允许这样回答的。因为服从不依据法律下命令的人，就是对法律本身的侮辱，就是助长那侵夺法律权力的人。这样回答的人，不是不守纪律，他只是自由人和文明的公民，因而也是忠实的和勇敢的兵士。对于国家的敌人说来，他们要比那些只是靠愤怒或者甚至靠恐惧来鼓起勇气的杀人的机械人更加可怕。

根据我以上所说的一切，应该认为，正义和社会秩序的原则适用于为捍卫祖国而武装起来的公民，可能比想象的容易一些。从这些原则可以得出一些既简单而又重要的结论。

从这些原则可以得出的结论如下：（一）刑罚中任何过分的严厉都是社会的犯罪行为；（二）任何专横形式和暴虐形式的法院判决都是对无辜、对社会自由和个人自由的侵犯。由于军队编制的特点，虽然也可能对于一般规定作出某些变更，但是这些特点无论何时也不能要求把无罪的人像有罪的人一样交给某人任意处置。在一切可能的情况下,有一点始终是正确的,就是法律的矛头应当只是指向罪犯。无论何时,暴虐既不能拯救国家,也不能拯救自由。对于使将军对士兵具有生杀予夺之权的法律,应当怎样认识呢?享有这种权力的人是军队的绝对主宰;人们犯罪或不犯罪都取决于他的喜怒。在他那里,纪律就是去做符合他的利益的一切事情的义务;纪律只不过是百依百顺的奴隶行为。不管他的愿望如何损害祖国的利益和人民的权利,然而却像法律一样神圣,像天空雷霆一样不可抗拒。假如把颁布法律或规章的权限交给这个人,将会产生什么结果呢?公正的上天哟!把司法和立法的权力,也就是最高的权力交给了将军!没有武装的真正立法者在这个拥有兵权的假立法者旁边,还会有什么权力呢?在使自由成为军事专制的牺牲品的一切方法当中,难道有这样迅速见效和可靠的方法吗?因此,是什么恐惧心情促使作出这样的决定呢?难道说永远不能学会合理地判断人们的恶与善吗?难道说永远不会尊重人民,并且同时信赖人民的利益和性格吗?难道说永远要害怕被统治者的起义,而不害怕统治者的自私自利和野心吗?是否公民的军队应该比起军事长官引起更多的猜疑呢?难道说军队不比军事长官更关心拯救祖国,更忠心于人民的事业吗?是不是自身安全这个唯一理由才促使军队自然而然地服从它所信任的将军的命令呢?你们可以容易找到成千上万个背信弃义的或野心勃勃的将军,而不容易找到一支无缘无故犯罪和叛变的军队。那么,为什么要公然违背事物的本质,把军队应得的信任反而给了官长呢?你们放心吧,或者更正确地说,请你们只应该担心我们的真正敌人。

现在请你们从别的角度来研究这个重要问题，请你们去看看革命的时期吧！设想一次人民为了自己而发动的反对国王专制和贵族的革命。但是这个革命因为贵族和宫廷狼狈为奸而被中止了；设想一下，当贵族和宫廷挑起战争的时候，军事长官都是由宫廷挑选的贵族来充当的。那么好吧！你们想要在军队里有哪种纪律——专制主义的纪律还是我所描述的纪律呢？除了要随时准备击退外来敌人的兵士们具有足够的警惕性和崇高品质，以提防企图反对民族的背信弃义行为；除了要在同外国军队作战时服从军官指挥的兵士们时时刻刻对诱惑保持充分的警惕，总是受到宪法的精神和原则的充分熏陶，以拒绝为军官们反对人民和自由的野心服务之外，你们还要求兵士有什么样的情绪呢？力求不断地改变兵士的这种性格，无论如何也要他们重新变成机械人，把他们交给令人怀疑的官长们任意摆布——这不就是在新生的自由的废墟上恢复专制政治和贵族政治吗？

有一位代表希望把这种可怕的独裁权力交给将军们，他在对产生出这一自由的人民进行了冗长而激烈的指责以后，特别援引了罗马人和其他自由民族的严格纪律作为论据。他这样做是多么远离常识和真理啊！我们不想问他是在哪些书籍里研究过罗马人和希腊人的军事法典的，但他认为罗马和斯巴达的将军们忘却他们是指挥公民，而且他们把自己权力扩大到军人纪律本义的范围以外去。他的这种看法究竟是从哪里得来的呢？

而且，他怎么能够把我们现在的情况去和那两个古代国家的人民的情况相比拟呢？因为在他们那里，将军曾是文官，兵士在短期出征之后仍回到城市里去做市民，官长、军队、共和国只知道一种利益,只应当同外国敌人作战。难道说希腊人在薛西斯王的将军指挥下,而罗马人在波尔谢那王的旗帜下作过战吗?难道不是众所周知,在卡米路斯和法布里克乌斯率领下时常打胜仗的罗马人曾经拒绝在罗马大执政官的领导下打胜仗,他们响应受到侮辱的清白与自由的呼声而来到罗马,把击溃埃魁人和萨比尼人的工作推迟到他们能迫使阿皮乌斯及其同谋者伏法之后。他们这样做了并取得了胜利。难道不是众所周知,在美国独立战争的时候,卖国贼阿尔诺利德就是被他的部下所惩罚的吗?难道美国参议院当时打算像对待罪人和盗匪一样来处置他们吗?如果荷兰人预先看到萨里木斯基亲王背信弃义,而布拉班特居民预先看到申费尔德的叛变,难道他们现在能带上枷锁吗?我还说什么呢!就是在极端专制政治下,卑鄙无耻的将军们不知羞愧地把我们的兵士供作某种高级暗娼的牺牲品时,难道你们会相信,利用对那种只许败不许胜和命令他们坐待灭亡的背信弃义行为采取大胆不服从的办法来拯救法兰西的军队和名誉的举动,会被全世界和法国人民认为是犯罪吗?在各民族的历史上都有这样一种异乎寻常的情况,即事物本性和必然性的呼声具有不可克服的权威。虚伪的理智或政治上的背信行为想要推翻它,都是办不到的。要用智慧和毅力来防止大危机,但是一旦大危机已经发生,就不能用强力来加以压制,至少是如果不愿意把一切都破坏和毁灭的话。如果我们根本不想再给自己带上枷锁,我们就不要违背事物的本质和管理方法,不要乞求专制来援助自由,不要像甚至害怕自由影子的奴隶一样来保护自由。我们要提防,自由的敌人会用自由的象征来迷惑我们双眼,用自由的漂亮话来灌满我们的两耳,设法不知不觉地把我

们的自由偷去。我们不要相信我们军阀装腔作势的爱国精神和冒险政策。我们要担心,他们仅用纪律这个词儿就会把我们葬送。他们在这方面已做得很成功。如果你们打算阻止他们迅速完成这一工作,就请你们利用我们自己的经验来纠正他们引诱我们犯下的致命错误吧！请你们把我们所说的原则同从前在我们这里经过的事实比较一下吧！

如果对于我们的看法作个总结,我们就会看到有两种军人纪律:一种纪律是官长对于兵士的一切行为和人身有无限的权力;另一种纪律是官长仅有在军事服役范围内的合法权力。第一种是建立在偏见和奴役的基础上的;第二种是从事物的本质和理智产生出来的。第一种纪律把军人变成纯粹的奴隶,去无条件地满足一个人的脾性;第二种纪律把兵士培养成为祖国和法律的驯服仆人,使他们做人和公民。第一种纪律对专制君主有好处,而第二种纪律则适用于自由的人民。用第一种纪律尽管可以战胜国家的敌人,但同时却能够奴役和压迫公民;用第二种纪律可以更可靠地战胜外部敌人和保护本国的自由免受内部敌人的蹂躏。

自从革命一开始,你们就经常听到对兵士不服从命令的指责。但是我请你们研究一下,他们究竟违反了这两种纪律中的哪一种;也许是违反那种确切执行军人职责的纪律吧？不,任何时候都没有人指责我们军队拒绝执行军人职责,甚至有人很公正地称赞说,那些同自己官长具有公民性质分歧的兵团,表现了崇高的品质,它们以准确执行自己一切职责来对待官长的诽谤。它们所违背的是这样的纪律,即消极地并盲目地顺从上级的意志,甚至在所要做的事情与兵士同官长的关系完全无干的时候,甚至在祖国最神圣的利益绝对禁止他们那样做的时候，也要俯首听命。违反这种纪律的主要罪名，就是有气节地拒绝为我们从前仇视人民的暴君服务，拒绝用人民及其杰出代表的鲜血来染红自己的双手；其余的罪名，有的是合法的行为，有的是值得赞扬的行为，也就是对于他们所建立的新国家说来是应有的行为。对他们所加的罪名，有时是佩戴争取自由的神圣徽章，有时是歌唱善良公民所爱好的歌曲，有时是参加我们人民的舞蹈，参加人民为庆贺祖国而举行的节日的欢乐。总之，想要使他们孤立于他们作为其构成部分的国民之外，使他们背离他们所努力争取的自由的情感和权利。这就是兵士同军官争吵的真正原因。“不服从”的说法是一种借口。在个人服务方面的小小差错，在旧制度下往往是不易察觉的，现在却被肆意夸大，并推到整个军队上去。几乎从来还没有人敢于详细叙述这些事实。还有什么可说！控诉人之缺乏公民责任心，甚至愚昧无知达到如此程度，他们竟毫不犹豫地公开承认，只要军官下命令，要兵士摘去三色带并禁止一切爱国情感的表现，士兵就应该执行。他们之间的这一闹得满城风雨的讼案，不过是专制政治和贵族政治反对人民和成长中的自由的战争。唉，谁会相信这一点呢！这一讼案竟是以对专制和贵族有利的方式解决的。这有什么可奇怪的呢！专制和贵族同时是公诉人、法官和当事人。人民代表有多少次不知不觉地助长了他们的致命计划啊！我看到，阴谋家的部长和仇视革命的贵族是怎样控诉了自由的主要卫士；也就在这一瞬间，制宪议会马上根据部长和贵族的话发布了关于剥夺的法令。我看到，制宪议会怎样在自己的严重错误中害死了自己的救命恩人。我看见了这个情况，可是在愚昧无知和诽谤的杀气腾腾的哀号声

中，我的弱小声音不可能被人听见！我看到，六万名祖国英雄因为革命事业而被横暴的命令和骇人听闻的判决放逐到远方去。我看到，通过他们严重地侮辱了人民，压制了自由，对爱国行为施加了像犯罪行为一般的惩罚，破坏了新的，甚至是专制的法律；人民代表看到了这个情况，可是他们却听之任之！他们听到了我们卫士们的悲哀诉苦，可是他们却装作没有听见！控诉他们的人是公认的卖国贼。他们胆怯地抛弃了自己的旗帜，徒劳无益地企图引诱兵士跟随自己去干背叛的勾当；他们举起了反抗的旗帜，站到奥地利暴君方面去，来撕裂自己祖国的心脏。留在我们当中的人再也不受到文明公民的信任，什么东西都不能再使我们醒悟了。对于兵士继续进行诽谤，不断地迫害他们，把遵守纪律、忠实于祖国的兵士看成叛徒，而叛变的和背信的军官则受到了宽恕，甚至受到了尊敬。唉，真是人类理智的耻辱！唉，真是我们祖国的耻辱！还没有一个阴谋分子为自己的滔天罪恶付出了代价。可是人民由于软弱，由于小小的错误，甚至是由于对祖国的纯洁而炽热的忠诚，却得到砍头、屠杀的报答；他们牺牲这许多令人同情的蒙难者，好像还感到不够，又用赏赐刽子手以公民桂冠的做法来侮辱死者的灵魂；他们竭力用卑鄙的纪念碑和渎神的庆典来纪念这一血腥的惨剧。

唉，平等、自由、正义呀！莫非你们只是空洞的名词吗？

我已经看到，你们正在军人专制的铁笏下到处感到疲惫不堪。革命以前存在的所有其他权力都垮台了，唯独这个铁笏还安然无恙。新宪法所废除的危险差别，只是为了它而保留着。为了它，人民文官在国境线上的权力已被动摇；为了它，崇拜偶像的人们正在准备取得胜利，祖国正在浪费自己的最后资源，而法律和宪法本身也都一声不响了；它已成了国家命运的主宰者。立法者们！现在是时候了，要考虑保卫你们自己免受还在不断地加强的军事专制大权的侵害了。但愿你们从革命的历史中取得教训！请看，在我们邻国那里，它在怎样厚颜无耻地利用有名无实的元老院来庄严地宣布自己的奇妙想法，而自己到处立于国家主权的废墟之上。你们周围的种种情况，从来没有比这时更加有利于它的野心。看来，你们老早就和这个恶魔打交道了。不大开化的人民对它的成长几乎感不到什么忧虑。这个恶魔现在似乎对你们很温存，但是你们要对它警惕才是呀，因为它会很快地强大到能把你们撕成碎片的，那时你们就不复存在了！

关于审判路易十六的意见

公民们！大会不知不觉地离开了问题的本质。在这里没有什么理由提起诉讼。路易不是被告人。你们不是法官；你们是政治家，是国民的代表，你们不可能是什么别的人。你们的任务不是对某人作出有罪或无罪的判决，而是采取拯救社会的措施，起国民先知的作用。废王在共和国里的用处只有两种：或是破坏国家的安宁并动摇自由，或是促进安宁与自由的巩固。可是我肯定说，到目前为止你们的讨论所具有的性质恰好是与这一目的背道而驰的。实际上，健全的政策为了巩固新生的共和国规定应怎样行动呢？这个政策规定要使人民彻底蔑视王权，使国王的拥护者陷于混乱。因此，把他的犯罪行为作为一个问题向世界提出，把他的案件作为法国人民的代表们所曾遇到的最引人注意的、最可畏的、最难对付的一个讨论对象向世界提出。在关于他过去是什么人的回忆和一个公民的尊严之间划定难以测量的距离——这正是使他对于自由成为危险的一种秘密方法。

从前路易是国王，而现在建立了共和国。单是这句话，就能解决你们所研究的臭名昭著的问题。路易由于自己的罪行被迫退位；路易宣布法国人民是造反，为了惩罚人民，他呼吁自己同类的暴君使用武力；可是胜利和人民认定了，叛徒就是路易本人。由此可见，路易不能受审判，因为他已被定罪了，不然共和国就没有理由存在。建议不管怎样也要把路易十六交付审判，是意味着倒退到君主立宪的专制制度；这是反革命的思想，因为它使革命本身成为有争论的问题。实际上，如果路易可以复审的话，那么他也就可能受到宽恕，可能成为无罪的。还有什么可说的！在审判以前就认定他是这样的了。可是如果路易被宽恕，如果路易可能被认为是无罪的，那么革命会变成什么样子呢？如果路易是无罪的，那么所有的自由卫士就会成了诽谤者，而叛徒们则成了真理的捍卫者和无辜被压迫者的保护者；外国宫廷的宣言则成了反对当权党派的合法抗议。甚至路易至今所受的监禁也将成为不公正的迫害；义勇军、巴黎人民、法国的一切爱国人士将成为有罪的人。在自然法庭里所进行的这一巨大的诉讼案，犯罪与善行之间、自由与暴政之间的诉讼案，最终的裁判将是有利于犯罪和暴政。

公民们，小心吧，这里虚伪的概念把你们引入了歧途。你们把民法和成文法的原则同国际法原则混为一谈了；你们把公民彼此间的关系同国民和阴谋反对他们的敌人之间的关系混为一谈了。

你们也把人民在革命时期的地位同拥有坚强政府的人民的地位混为一谈了。

你们把保存政体和惩罚官吏的国民同消灭政体本身的国民混为一谈了。我们把一种与我们从来没有运用过的原则有关的非常情况列入我们所熟悉的概念的领域以内。这样,由于习惯于看到犯罪行为按照老一套的规则进行审判,我们自然也就会认为,国民无论如何都不能公正地按照另一种规则来裁判侵犯他们权利的人;在那里我们看不见陪审官、法庭、审判程序,在那里我们也就找不到公平的审判。我们把这些术语应用于与它们平常所表达的概念不同的概念,它们也就使我们完全误入迷途。习惯的自然势力是这样大,以致我们把最任意的假定性,有时甚至把最不完备的规定,看成是真理或谎言、正义或非正义的绝对规则。我们甚至不考虑,多数人不可避免地会仍然坚持专制政治使我们养成的偏见。我们那样长期屈服在专制政治的桎梏之下,以致我们很难提高到永恒的理智原则,而一切上升到法律这种神圣来源的东西,在我们眼里都带有不合法性,甚至自然的秩序在我们看来也是毫无秩序的。伟大人民的壮丽的运动、美德的崇高激情,在我们胆怯的眼里看来往往是火山的爆发或者是政治社会的垮台;存在于我们习性的软弱、智慧的堕落和我们所敢于要求的自由政府所应具有的纯洁原则、坚定性格之间的这种矛盾,当然是产生使我们感受痛苦的混乱现象的相当重要的原因。

当国民被迫行使起义的权利的时候,这个国民对于暴君说来,又倒退到原始状态。暴君怎么能引用社会契约呢?要知道他已撕毁了这个契约。至于公民间的关系,如果愿意的话,国民还可以保存这个契约，但对于暴君来说，它在起义以后已完全失效，并为军事状态所代替。法院、审判程序只是为了市民社会成员而建立的。

认为旧宪法可以指导这一新的事物秩序的说法，是大错而特错；这种说法会意味着旧宪法是已经过时了的。什么法律能代替宪法呢？自然法则能代替它；作为社会本身和人民福利的基础的法律能代替它；惩罚暴君的权利和废黜暴君的权利——这是二而为一的问题。这二者都采用同一形式。暴君的诉讼——就是起义；对他下的判决——就是搞垮他的政权；对他的刑罚——就是人民自由所要求的东西。

人民审判不同于法庭审判：他们不下判决，他们像闪电一样予以打击；他们不裁判国王，他们把国王化为乌有。这种审判比法庭审判并无逊色。如果人民为了拯救自己而起来反抗压迫者，试问他们对于压迫者能运用那种会给人民自己带来新危害的刑罚吗？

我们被一些与我们毫无共同之处的其他国家的事例引入了歧途。如果说克伦威尔在受他支配的审判委员会里审判了查理一世；如果说伊丽莎白依同样方法审判了玛丽雅·苏格兰斯卡雅，那么这是很自然的：暴君牺牲自己的同类，不是为了人民，而是为了争权夺利。他们这样做，是企图用虚幻的形式来欺骗普通老百姓。这里的问题不是原则，不是自由，而是欺诈，是阴谋。但是人民，如果不遵循它的全能所支持的正义和理智，还能遵循别的什么法律呢？

在哪一个共和国里，惩罚暴君的必要性成了有争论的问题呢？塔克维纽斯曾受过审判吗？如果罗马人敢于宣布自己是他的辩护人，在罗马人们会说些什么呢？可是我们现在做的是什么呢？我们从四面八方邀请律师来替路易十六辩护。一切自由人民都看成是最大犯罪行为的事情，我们则当作合法行为而予以准许；我们自己促使公民去做无耻和堕落的事情，我们将来还能把公民的桂冠赏给路易的辩护人，因为他们为他的案件进行辩护，是能够希望获得胜诉的，否则你们就是向世界表演一幕滑稽剧；我们敢于谈论共和政体吗！我们诉诸形式，是因为我们没有原则；我们说自己温和，是因为我们毅力不够；我们以假人道自夸，是因为真正人道的感情和我们格格不入；我们敬仰国王的影子，是因为我们不懂得尊敬人民；我们对压迫者温和，是因为我们对于被压迫者没有任何同情心。

路易十六的诉讼案！但是这个诉讼案如果不是向某一法庭或某一议会控告起义，又是什么呢？国王既已被人民消灭，谁有权来把他复活，以便利用他未制造混乱和叛变的新借口，而这种行动方式又能引起什么别的后果呢？你们为路易十六的保卫者们开辟活动天地，就是恢复专制反对自由的斗争，就是准许咒骂共和国和人民。因为为过去的专制君主辩护的权利必然引出谈论与他的案件有关的一切的权利。你们在恢复一切党派，你们在复活和鼓舞已沉睡了的保皇主义；你们在给予他们自由表示赞成或反对的机会。路易的辩护者们在你们法院里，甚至在你们讲台上能够公开主张的那些论点，将在到处被人重复。什么东西可能比这更合法、更自然呢！这样的共和国真是好样的，它的创始人从各方面给它树立敌人，乘它还在摇篮里的时候便向它进攻！你们请看吧，这种做法已经取得了多么神速的效果。

在八月间，王权的所有拥护者都躲藏起来了。凡是敢于袒护

路易十六的人，都可能被认为是卖国贼而受到惩罚。现在他们都昂首阔步地为所欲为了。贵族社会最臭名昭著的作家们，现在重新执笔大放厥词，并且能找到比他们更无耻的信徒；现在肆无忌惮的言论充斥了你们所在的城市、八十三个省份，甚至这一自由的神圣尊严场所的回廊；没有经过你们同意并违反法律来到这里的武装人员，现在在街市上发出反叛的呼声，要求不要处罚路易十六；现在巴黎城里潜伏着一些人，据说他们是为了拯救路易十六免受国民审判而聚集起来的。大力士们已聚集在周围，一心只想取得为维护王权而大显身手的荣誉，你们剩下的只是为他们打开这个大厅的大门。我还有什么可说呢！现在路易甚至把人民的代表们一分为二了：有一些人表示拥护他，另一些人则反对他。在两个月以前，谁能想到，路易的不可侵犯会成为有争论的问题呢？但是自从国民公会一位议员建议在讨论其他问题以前，首先认真地讨论这一想法的时候起，制宪议会的阴谋分子用以掩盖国王最初违反誓约的罪行的国王不可侵犯性，就被用来替国王的一切侵犯行为辩护。唉，真是犯罪的行为！唉，真是可耻！法国人民的讲台竟充满了称赞路易十六的颂辞；我们竟听到了颂扬暴君的美德和善行的声音！我们费了很大的力气才挽救了优秀公民的荣誉或自由，避免仓促决定的不公平。还有什么可说！我们看到了，以何等可耻的欢乐心情通过了对人民代表的骇人听闻的诽谤。这些代表都是以热心自由而出名的。我们看到了，这个大会一部分人在共同揭发愚蠢和腐败的行为以后，是怎样马上被另一部分人驱逐出去。只有暴君的问题才是这样神圣的，既不可能作相当持久的讨论，也不可能作充分自由的讨论；这里有什么可奇怪的呢！这两种不同的现象都来自同一根源。凡是同情路易或路易之流的人们，一定渴望杀害第二次要求处罚路易的爱国议员们。他们能够宽恕的，只是那些对路易采取温和态度的人。是否曾经在一瞬间放弃过以鞭打人民卫士的方法来奴役人民的计划呢？现在用无政府主义者和造反者的标签来驱逐人民卫士的那一切人，不是一定会自己惹起他们的背信行为向我们预示过的那种混乱现象吗？如果相信他们的话，这个诉讼案最低限度也会拖延几个月，拖到明春各国专制君主要对我们进行总攻击的时候。这对谋叛分子说来是多么广阔的天地啊！对于阴谋和贵族政治说来，是多么好的养料啊！因此，拥护暴政的所有信徒还能希望从自己的同盟者那里得到援助，而外国军队将会支持反革命分子的勇敢行为，同时他们的金钱将会引诱负责决定国王命运的法院变节。公正的上天啊！专制政治的野蛮匪帮们，又在准备为了路易十六而蹂躏我们的祖国！路易从牢狱里继续同我们进行斗争，而这时却有人怀疑，他是否有罪，能不能像对待敌人一样来对待他！我还是想相信，共和国不是供我们开心的空话，而想要恢复王权的那些人能采用什么别的手段呢？

在我们这里有人引用宪法来维护国王。我注意不在这里重复那些反对这种做法的人所陈述的一切论点。

关于这个问题，我只想对那些不能信服这些论点的人们说几句话。你们已经做过的一切事情，都是宪法禁止你们做的。如果废黜可能是对于国王的唯一刑罚，你们就没有权利不经过审判而废黜他。你们没有任何权利把他关在监狱里。他有权要求你们释放他，并赔偿他的损失。宪法斥责你们；你们就向路易十六叩头求饶吧！

至于我,我觉得较认真地讨论宪法上的这些微妙之处是可耻的。让学校,法庭或者最好是伦敦、维也纳和柏林的内阁去讨论它们吧！当我确信讨论这个问题会引起丑闻的时候,我是不会长久去讨论它的。

有人对我们说,这是重要问题,应当用明智和谨慎的态度来解决它。这是我们把它弄成重要问题的！我有什么可说呢？这是你们把它弄成问题的。你们认为它有什么重要呢？也许是它很难解决吧？不是的。也许是涉及的人物位高势大吧？从自由的观点来看,没有比他更卑贱的人了;从人类的观点来看,没有比他更有罪过的人了。只有那些比他更卑鄙的人才会尊敬他。也许是结果有好处吧？但这不过是必须加快进行的另一个论据。重要的问题是人民法律的草案;重要的问题是某一个受专制压迫的不幸的人的事情。你们向我们建议的这些毫无止境的延期,究竟是由于什么原因呢？莫非你们害怕人民的意见受到侮辱吗？除了害怕自己代表人的软弱无力或名利野心以外,好像人民自己还怕什么东西;好像人民是一群卑贱的奴隶,无意义地效忠于被奴隶群众赶走的愚蠢的暴君,并且死心塌地甘愿沉沦于卑贱和奴隶的地位。你们谈到意见,难道说不是你们应当指导这个意见,支持这个意见吗？如果这个意见误入歧途,走上歪路,那么有过错的不正是你们自己吗？也许,你们害怕联合起来反对你们的外国国王吧？当然啰,击败他们的正确方法是在他们面前表现自己的恐惧！使专制君主们陷于混乱状态的正确办法是宽恕他们的同谋者！也许,你们害怕外国人民吧？这就是说,你们还相信对于暴政的天生的热爱。那么为什么你们渴望得到人类解放的荣誉呢？根据什么奇怪的逻

辑，你们认为，对于人权宣言一点也不感到惊讶的民族会害怕处罚一个最残酷的压迫者呢？最后，据说你们害怕后代的意见。是的，确实后代将要对我们的不彻底性和我们的软弱性感到惊讶，我们的后人会耻笑这种推测，同时也会讥笑父辈的偏见。

有人曾向我们说，研究这个问题需要天才。可是我肯定说，所需要的只是善意。问题不在于启发自己，而在于不要自己欺骗自己。有些事情在某一时期我们看来是明白的，为什么在另一个时期我们却不明白了？用人民的健全思想很容易解决的东西，为什么对人民的代表来说却变成几乎不能解决的问题呢？我们能不能有一种违反共同意志的意志和不同于一般理智的理智呢？

我曾听到，国王不可侵犯的维护者们提出了一种大胆的看法，这种看法也许是我自己没有胆量提出的。他们曾肯定说，如果在8月10日把路易十六杀死，那是做了一件好事；但是这种意见的根据只可能是路易十六的罪行和人民的权利。难道说三个月的期限改变了他的罪行或者改变了人民的权利了吗？如果说当时把他从群情愤慨中拯救了出来，那当然只是为了使国民公会用国民名义郑重决定对他的刑罚给予人类敌人以更大的恐怖。但重新讨论他有没有罪或者他能不能受处罚——这是意味着背叛法国人民。可能有这样的人，他们或者为了降低公会的尊严，或者为了使国民失去一项体验共和国原则的事例，或者由于别的更加可耻的动机，不反对假手私人来行使国民审判的职能。公民们，谨防这个陷阱吧；凡是敢于提出这样劝告的人，都是替人民的敌人服务的。无论如何，对于路易的处罚，只能在具有社会复仇的庄严性质时，才会有意义。末代国王的卑鄙人格同人民有什么相干呢？

各位代表，执行人民付托你们的职责，无论对于人民或对于你们自己都是很重要的。共和国是宣布成立了，但你们是不是已经在事实上把共和国给了我们呢？你们还没有颁布一种法律来证实这种名称，你们还没有根除专制政治任何滥用权力的行为；抛弃这种虚名吧——暴政在我们这里还完全存在着；此外还有更下流的派别，还有更不道德的骗子，他们在播下混乱和内战的新种子。共和国呀！路易还活着哩！你们又在把国王置于我们和自由之间啦！让我们不要由于我们良心的怀疑而成为罪人。让我们不要由于对罪人表现多余的宽大而自己落到他的境地。

出现新的困难问题。我们对于路易要判处什么刑罚呢？死刑过于残酷了。有人反驳说，不对，活着对他更残酷；我要求让他活着。国王的保护者们，你们由于同情或者由于残忍想要免除他对犯罪所应受的刑罚吗？至于我，我是厌恶我们法律滥施规定的死刑的，我对于路易本人既无爱也无憎，我憎恨的只是他的罪恶行为。我曾要求你们至今称做制宪议会的议会废除死刑。如果说理智的基本原则在它看来是道德上和政治上的邪说，这不是我的罪过。你们从来不曾想到引用这些原则来保护那么多不幸的人。这些人的罪行与其说是他们个人的罪行，远不如说是政府的罪行。但是由于什么厄运支配，你们竟想起这些原则来保护头号罪犯呢？你们正是为了那个唯独能适用死刑的人而要求取消死刑。是的，一般说来，死刑是犯罪行为，而这只是从这样一种考虑出发的，即按照自然的永恒不变的原则，只有在死刑对人们或社会的安全是必要的时候，它才能被认为是正当的。社会安全从来不要求对普通罪犯判处死刑，因为社会永远能够用其他方法来预防这种犯罪，并能使犯人不致为害社会。但是当国王被革命推翻而革命还远远没有由正义的法律巩固起来的时候，当单是国王的名字就能给起义的国民招来战争的时候，监狱也好，放逐也好，都不能使国王的存在成为对公共福利毫无威胁的事情。审判上所承认的这种普通法律的残酷的例外，只可能由国王犯罪的本质来解释。我以悲痛心情说出这一重大的真理……。但是路易应该死，因为祖国需要生存。无论在内心还是在外表都受到尊敬的和平的、自由的人民，可能倾听关于宽宏大量的劝告，但是我国的人民在作了这样多牺牲和进行了这样顽强的斗争以后，他们的自由还受到反对。在这里法律还只是对不幸者才铁面无私，暴君的犯罪行为还是争论的对象——这种人民应当要求复仇。而向你们建议的宽宏大量太像是彼此分赃的一伙强盗的宽宏大量。

我建议你们立即作出关于路易命运的决定。至于他的妻子，请你们像处理犯了同样罪行的一切被告人一样，把她交付审判。在和平和社会自由还没有巩固以前，不让他的儿子离开塔庙监狱。至于路易，我要求国民公会立即宣布他是法兰西民族的叛徒，是反对人类的罪犯。我要求根据这一理由，在 8 月 10 日崇高烈士们为自由而牺牲的地点，让路易对世界作一个有教育意义的榜样，并为了纪念这一难忘的事件，建立一座纪念碑，来加强各国人民对自己权利的认识和对暴君的憎恨，使暴君们的心里对人民的审判感到恐惧。

关于审判路易十六的第二次演说

公民们，一个似乎应该最容易把人民代表的意见和利益统一起来的问题，由于什么厄运却成了只是纷争和风暴的信号呢？为什么共和国的创始者们在处罚暴君的观点上发生了分歧呢？不过，我确信，我们大家都同样对专制政治充满了憎恨，对神圣的平等充满了炽烈的热忱。从这里我得出结论，我们会很容易地得到公共利益和永恒正义的原则。

我不想重复，有与审判形式不同的神圣形式，有比习俗偏见所重视的金银还贵重的永久不变原则。对国王的真正审判，是厌倦暴政的人民自发的和席卷一切的运动，他们从压迫他们的暴君手中夺下王笏，将它击得粉碎。这个审判是一切审判中最可靠的、最公平的和最真实的审判。我不想向你们重复，路易在你们决定将要审判他的法令颁布以前，已受过审判；我在这里只想在一般公认的体制范围内来谈一谈。我甚至可以补充说，我同你们当中最多情善感的人一样，可能产生对被告人的命运的怜悯之情。当问题只是抽象确定法律正义性对于人道的敌人所应表现的严肃程度时，我是铁面无私的。但一看到低声下气站在人民最高权力面前的罪人，我感觉到共和的美德在我的心灵里发生了动摇。对于暴君的憎恨和对于人类的热爱，在一个热爱自己国家的正直的人的心里有着共同的根源。但是公民们，人民代表对于祖国应当提供的忠心耿耿的最高证明，就在于为了伟大人民和被压迫人类的幸福而牺牲初步的感性冲动。公民们，为了犯罪行为而牺牲无辜的多情，是残酷的多情，同暴政妥协的仁慈，是野蛮的仁慈。

公民们，我向你们提醒一下社会福利的最高利益。是什么东西促使你们研究路易的问题？不是国民不应有的渴望复仇的心理，而是必须通过处罚暴君来巩固自由和社会安宁。因此，任何审判他的方法，任何诉讼程序体制，只要是因循拖延，破坏社会安宁的，就是直接违背你们的目的。与其把路易的诉讼案弄成混乱的源泉和内战的开端，倒不如你们干脆不去关心他的刑罚。每分钟的拖延都会给我们带来新的危险，每次延期都会助长犯罪的希望，鼓励自由敌人的大胆妄为，增大这次会议中间的阴暗的不信任心理和严重的猜疑。公民们，焦虑不安的祖国祈求你们尽快地作出能使祖国安心的决定。还有什么怀疑在束缚你们的热忱呢？无论从人类友人的信念上，从哲学家和政治活动家的信念上或从最精细的而又求全责备的实践家的信念上，我都找不出来怀疑的理由。审判程序已达到了最高点。三号那天，被告已向你们声明，他再没有什么可为自己辩护的话了；他已承认，一切应有的手续都照办了，并已宣布不要求任何其他手续了。在他作了为自己辩护的发言之后，这对于他的案件说来是最好的时机。世界上没有一个法院会不心安理得地采用这种程序。某一个当场被逮住的不幸者，或者一个根据比这种证据要无力一千倍的证据而被控告仅仅犯了普通罪行的人，会在二十四小时内被判处刑罚。共和国的创始者们，根据这些原则，你们老早就能毫不迟疑地审判法国人民的暴君。有什么理由再次延期呢？你们想要弄到对被告不利的新的书面证据吗？不是的。你们想要讯问证人吗？我们当中任何人都没有这种想法。你们对于犯罪有怀疑吗？没有，这会意味着，你们怀疑起义是不是合法或者是不是有必要，你们怀疑国民所坚信不渝的东西，你们同我们的革命格格不入，你们不急于处罚暴君，而在对国民本身提起控诉。三号那天，为这一案件延期判决提出的唯一理由，就是必须安慰那些好像还不相信路易犯罪的议员们的良

心。这种没有根据的、侮辱性的和荒谬的假定，已被辩论本身推翻了。

公民们，在这里要紧的是回顾一下过去并提醒你们注意你们自己的原则，甚至你们自己的义务。你们对我刚才提到的这些利益的伟大，已感到惊讶，你们已经两次在庄严的法令里规定了对审判路易的最后期限；第二次的最后期限在三号那天已经满期了。在发布这些法令中的每一个法令时，你们都曾应许，这是最后一次延期；你们完全没有想到这是违背正义和智慧，而宁愿责骂自己表现了多余的宽大。那么你们当时错误了吗？没有，公民们，在最初的一瞬间，你们的看法是比较正确的，你们的原则是比较坚定的；你们越让自己陷入这个体系，你们浪费自己的毅力和智慧就越多，可能是不知不觉陷入迷误之中的人民代表的意志离开应当成为其最高调整标准的共同意志就越远。应当说，事物的自然过程就是这样的，人心的不幸倾向就是这样的。我在这里不能不举出一个惊人的实例来提醒你们；这个实例类似目前的情况，应当使我们受到教训。当路易从发棱回来以后受到第一批人民代表审判的时候，在制宪议会里掀起了一致反对他的愤怒喊声。他受到众口一词的斥责。但在这以后不久，看法就改变了，诡辩与阴谋就把自由和正义压下去了。从国民公会讲台上要求对国王按照法律从严发落的做法，都成了犯罪行为。现在再次要求你们处罚国王的侵害行为的人们，当时在法国各地都受到驱逐、流放、诽谤，也正是因为他们这一批人数极少的人忠于社会事业和自由的严格原则。当时只有路易一人才是神圣的，而控诉他的人民代表们都成了叛徒，破坏分子，甚至更坏的，成了共和党人。我还有什么可说呢！优秀公

民的鲜血,妇女和儿童的鲜血都因为他而洒在祖国的祭坛上。公民们,要知道我们也是人,我们要竭力吸取我们前辈的经验。

但是我不曾相信向你们提出的关于刻不容缓地作出判决的法令是必要的。这不是说,我是被那些认为这种方法可能损害国民公会的审判或原则的人所说服。不,甚至把你们只当作法官看待,也可以很容易用这样一种极为道德的考虑来证明这一措施的正确性,即设法使法官直到作出判决以前都不背离自己的良心以及证据,以使他们摆脱任何外部影响,能大公无私和不受贿赂。

英国法律对陪审员实行这种限制,动机正是如此。许多以智慧著称的民族所通过的法律也是如此。这种行为方式不会侮辱你们,也像它不曾侮辱英国和奉行这些规则的其他国家一样。但是我个人认为这种方式是多余的,因为我相信,这一案件的解决不会拖到你们都弄清楚的时候以后,并且你们对公共福利的热忱,对于你们说来是比你们的法令更有力量的法律。

不过,反驳上面引述的理由是困难的,但是为了推迟你们的审判,有人向你们说起民族的光荣和大会的尊严来了。民族的光荣——这是打击暴君和替受屈辱的人类复仇!国民公会的荣誉在于表现高尚的性格和使奴隶的偏见服从理智和哲学的有益原则;这个荣誉在于用教育全世界的伟大榜样来拯救祖国和巩固自由。我看到,随着我们轻视共和国规章的坚定性而陷入无益纠纷的深渊,随着我们演说家们从这个讲台上向人民宣讲君主专制的新教程,国民公会正渐渐趋于消灭。后代崇拜你们或者鄙弃你们,要看你们在目前场合表现的坚决程度如何;这种坚决态度也将成为外国专制君主对于你们采取大胆行动或者实行退让的标准;这种坚决态度对于我们说来将是奴隶或自由，繁荣或贫困的一种保证。公民们，胜利将要决定你们是叛徒或是人类的恩人，可是你们性格的高尚又会决定胜利。公民们，背叛人民事业和自己的良心，让祖国陷入由于这一案件的拖延而引起的种种混乱之中——这就是我们应当担心的唯一危险。严重的障碍使我们这么长久地停滞在前进道路的起点，现在是把这种障碍加以克服的时候了。克服了这种障碍之后，我们当然要坚决向着人民幸福的共同目标携手前进。那时，在这块自由圣地上常常肆虐的猖狂的欲念将要由对社会福利和祖国朋友们的神圣竞赛的热爱所代替，而公共秩序的敌人的一切计划将要被粉碎。但是，如果那种在开始时简直不敢想象，继而开始怀疑，最后竟公开说了出来的奇怪意见，在这里能够占据上风，那么我们距离这个目标该有多么遥远啊！

至于谈到我，从这个时候起我就看到了我的一切恐惧和怀疑都得到了证实。在最初一个时期，这一案件的进程本身可能引起的延期审判的后果，似乎使我们感到了不安，可是现在的问题不多不少是要使它无止境地延期；我们曾害怕每一分钟的拖延都可能引起的混乱，而现在却向我们保证共和国的不可避免的动荡。如果伪装深谋远虑，甚至借口尊重人民主权来掩盖致人死命的企图，唉，我们有什么法子好想！所有戴着爱国主义的假面具，并且在不久以前扼杀自由和制造我们一切灾难的暴君们，都懂得这种背信弃义的伎俩。应当注意的，不是诡辩的大言壮语，而是后果。

我大声疾呼地声明这一点：在这一审判暴君的案件中，我只看出今后要通过无政府状态把我们拖回到专制制度的手段。公民们，我呼吁你们作证；在最初，当审讯谈到末代国王路易的案件，谈到专门召开国民公会来审判他的时候，当你们离开自己的省区，满怀着对自由的热爱，满怀着崇高的热情（这热情使你们感到伟大人民信任的新证据，它还没有被任何外来影响所改变）的时候——我还有什么可说——如果那时，在这里谈起必须开始这一案件的时候，有人对你们说："你们以为过一两个星期，过三个月，你们就会结束对暴君的审判，那你们就错了。不是由你们来给他下判决，不是由你们来对他进行最终审判。我向你们建议把这一案件交给组成法兰西民族的四万四千个区去审理，使所有这些区都能对这个问题发表意见。你们接受这个建议吧！"你们对这个提出建议的人的自信态度是会发笑的，你们会把这个建议看作挑起混乱和内战的建议而加以拒绝的。但是现在人们斩钉截铁地说，多数人的情绪已经改变了；感染瘟疫的气氛的影响是这样强大，以致很简单的和很自然的思想，往往被最危险的诡辩给压下去了。你们让一切偏见、一切偏颇思想沉默吧。我们来冷静地研究这个奇怪的问题。

这样，你们想要召开基层议会，为的是让每一个基层议会都能单独研究自己旧日国王的命运，也就是说，你们想要把所有的县议会，所有的市区都变成混乱的舞台。在这里将要发生拥护或反对路易的斗争，也就是发生拥护或反对王权的斗争，因为在许多人看来，专制君主和专制政治之间的差别对他们说来是不大的。你们向我保证，争论是完全和平的和不受任何危险影响所左右的。而且还向我保证，首先是坏的公民、温和派、斐扬党人和贵族们不能到那里去，并且没有一个信口雌黄的和奸诈的律师打算欺骗心地纯洁的人，并煽起那些不能预见致命的宽大或草率的决定的政治后果的头脑简单者对于暴君命运的怜悯。但是，还有什么可说呢！

既然大会这样软弱无力，如果不使用更强烈的名词的话，就不会成为团结一切保皇党人和自由的敌人的最可靠的工具，就不会成为吸引他们来参加人民议会的最可靠的工具。要知道他们在你们选举的时期，在赋予奄奄一息的自由以若干力量的革命转折的幸运时期，曾经逃出人民议会。如果法律本身号召一切公民完全自由地讨论这一重要问题，那么为什么他们不去维护自己的首脑呢？谁能比这些阴谋分子，这些“正人君子”，也就是旧制度下的，甚至新制度下的骗子手们，更谨慎，更狡猾，更机灵呢？他们将何等巧妙地先说些反对国王的漂亮话，然后从中做出有利于国王的结论啊！他们将如何娓娓动听地宣布人民的主权和人类的权利，然后又恢复保皇主义和贵族政治啊！但是，公民们，人民将能出席这些基层议会吗？庄稼人能抛开自己的田地吗？手艺人能丢开维持他日常生活的工作来翻阅刑法典和在吵吵闹闹的大会上讨论判处路易·加贝的刑罚种类，以及别的不少同样超出他的思想范围的问题吗？我已经听到，由于这个建议而如何在人民和国民之间划出了差别。我认为这两个词是同义语，所以我曾指出，在我们这里是旧事重提，制宪议会有一部分人曾作过这个区分。我认为，“人民”这个词必须理解为全部国民，但从前享受特权的人和“正人君子”不在其内。这样，我认为所有“正人君子”，所有共和国的阴谋分子将能在大多数国民，即被轻蔑地称为老百姓的人缺席的基层议会里勾结起来，并能诱惑善良的人跟着他们走，甚至还能把自由的忠实朋友们骂成“吃人生番”、“破坏分子”和“叛徒”。我认为所谓诉诸人民，只是诉诸平等原则的所有暗藏敌人，而这些暗藏敌人的出卖和卑鄙勾当曾经使得武装起义成为必要；我认为这只能是反对人民在显示自己力量的时候，在表达自己意志的唯一时机，也就是在8月10日武装起义的时候所希望的和所做出的事情。因为力图煽起可能使专制政治或贵族政治复辟的混乱局面的人，比谁都更害怕产生自由的运动。但是上帝呀，这是什么荒谬的想法！把一个人的案件——我有什么可说呢？——而且是把他的案件的一半交给由四万四千个法庭组成的大法庭去审理。如果想要使全世界相信国王是高高骑在人类头上的人物，如果想要把保皇主义的可耻疾病弄成不治之症，那么再也想不出比召集二千五百万国民来审判国王更好的办法了。我还有什么可说呢？只是来解决国王的刑罚问题，把主权者的职能归结为量刑权限的想法，当然不是这个计划中最不成功的部分。这个计划的作者们显然想要避免某些可能提出的反对意见。他们懂得，在法国的所有基层议会里提起诉讼案的想法太可笑了，所以他们决定只把路易十六的罪行应该得到怎么样严格程度的惩处问题提交这些议会审理。但是他们这样做只是增加了荒谬的数量，而丝毫没有减少不方便的数量。的确，如果把路易的案件一部分交给主权者来处理，那么谁能妨碍它审理这个案件的全部呢？谁能反驳他关于再审案件、接受报告书、听取被告人辩护、准许赦免请求、从而处理全部案件的权利呢？莫非你们以为，仇视平等体制的口是心非的拥护者们不会提出这些理由，不会要求完全行使主权者的权利吗？于是，在每一基层议会里将要开始审判程序。但是，甚至审判程序缩小到刑罚的问题时，也必然会发生辩论。谁不认为，如果公会自己不敢解决这个问题，基层议会就会永久有权讨论这个问题呢？谁能指定结束这一重要案件的期限呢？结束案件的快慢将取决于在法国每一个区里所发

生的阴谋如何，取决于在基层议会里收集票数的快慢如何，取决于执政机关检查票数和向编造选民名册的国民公会移送选票是草率还是热心，是徇私还是公正。但是同外国的战争还未结束；所有专制君主——路易十六的同盟者或同谋者将集中自己的全部力量来反对新生的共和国的时候已经接近；他们将会遇到我国国民正在讨论路易十六的命运！他们将会遇到我国国民正在解决是否应当处死路易的问题，正在研究刑法典或讨论从宽还是从严处理路易的根据。他们将会遇到我国国民已因可耻的纠纷而弄得疲惫不堪。如果现在受到如此疯狂迫害的大无畏的自由友人们那时还活着的话，他们将会找到比就某一审判问题争论不休更好的东西；他们必须赶快去保卫祖国，他们不得不把已成为骗子手们的活动场所的议会讲台给予王权的天然朋友们——富人、自私者、卑鄙之徒和性格软弱的人、斐扬主义与贵族政治的一切捍卫者们。怎么样呢？如果说这时为自由而战斗的公民们，我们所有抛开妻室儿女而赶去援助自由弟兄们将要留在营房里或战场上，难道他们能够在你们城市里和你们大会上出席会议吗？可是谁比他们更有权解决暴政和自由之间的争论呢？难道说和平市民能够在他们不在场时解决这个争论吗？难道这件事情首先不就是他们的事情吗？不是我们常备部队的勇敢兵士们从革命的第一天起就蔑视路易要他们屠杀自己同胞的血腥命令吗？不是他们从那时候起就忍受宫廷、拉斐德和人民一切敌人的迫害吗？不是我们的光荣志愿兵在不久以前同他们一起用自己的崇高的自我牺牲精神，击退被路易联合起来反对我们的专制政治信徒们的进攻，从而拯救了祖国吗？替暴君或与他同类的人作辩护，这就等于斥责这些勇敢的人们，这就等于把他们交给专制君主和贵族们去报复。这些君主和贵族从来也没有停止过对他们的迫害，因为真正爱国者和人类压迫者之间的殊死战斗将要永远进行下去。因此，在最勇敢的公民将为祖国流血的时候，民族败类、最卑鄙的、堕落的人，所有这些狡猾的恶棍、所有傲慢的资产者和贵族，所有伪装爱国的旧日特权者，所有那些生来就在国王庇护下爬行而又压迫别人的人，以及那些抛弃了朴素和贫穷的美德的议会的把持者，就将为所欲为地摧毁自由英雄们的事业，把他们的妻室儿女交给别人做奴隶，并且厚颜无耻地决定国家的命运！因此，这就是极端的伪善和最无耻的欺诈行为竟用它们千方百计想要加以消灭的人民主权的名义掩盖起来的可怕计划。但是，难道你们没有看出，这个计划的唯一目的就是取消国民公会吗？在召开基层议会以后，阴谋分子和斐扬主义者将促使基层议会讨论有利于它们的背信企图的一切建议，它们将使人们甚至对于自然与罢黜国王问题有关的宣告成立共和国一举发生怀疑。难道你们没有看出，为审判路易所安排的狡猾做法，只是以另一种方式实行了不久以前瓜杰[①]向你们提出的召开基层议会审查议员选举的建议即实行了当时已被你们厌恶地否决了的建议吗？无论如何，难道你们没有看出，这样多的议会要取得完全一致的意见是不可能的，而在敌人兵临城下的时候，单是这种意见分歧就是最大的灾难吗？这样，对外战争的灾难上面又将加上自相残杀的内战，而野心勃勃的阴谋分子将在祖国的废墟上和卫国战士

① 瓜杰(1755—1794 年)，吉伦特派首领之一，曾任立法议会和国民公会议员，因阴谋组织反革命暴乱来反对雅各宾专政而被处死。——译注

的血淋淋的尸体上同人民的敌人订立城下之盟。

他们正是利用社会安宁的名义、借口避免自相残杀的战争，向你们提出这种狂妄的建议的！如果你们要迅速地处罚阴谋反对自由的国王，人们就担心要发生内战，担心要恢复国王政权；这就是说，为了消灭暴政，需要保留暴君，为了防止内战，需要立即燃起内战的火焰。残酷的诡辩家们！为了欺骗我们，他们一向就是这样议论的。路易、拉斐德和所有他的同谋者们不是借口和平与自由而破坏了国家的安宁，在制宪议会及其他地方诽谤并毁灭了爱国主义吗？

为了促使你们采取这一奇怪计划，他们向你们提出了据我看来是同样奇怪的抉择；他们向你们说："或者人民愿意暴君死，或者不愿意他死；如果人民愿意他死，那么，你们为什么反对诉诸人民；如果不愿意这样做，那么你们根据什么权利能够决定处死路易呢？"

我的回答是这样的：首先我不怀疑，如果你们把人民这个用语理解为国民的大多数，其中包括社会上人数最多、最不幸和最优秀的部分，即受自私自利和暴虐政治一切罪行压迫的部分，那么人民都愿意处死路易。这个国民大多数在它打破了你们旧日国王的枷锁，开始了革命并支持了革命的时候，就把自己的愿望表达出来了；这个大多数具有纯洁的性格，它有勇敢精神，但是它没有诡计，没有口才，它能使暴君们化为灰烬，但是往往受骗子手们的欺骗。这个大多数不能受经常开会的折磨，因为在大会上往往是由少数狡猾之徒控制着。当这个大多数在自己作坊里的时候，它就不能出席你们的政治性集会，当它辛辛苦苦抚育强壮的公民以便他们以后负起保卫祖国的责任的时候，它就不能来审判路易十六。我信赖大众的意志，特别是在它被拯救社会的迫切利益唤醒的时候。阴谋使我恐惧，特别是处在阴谋所引起的混乱当中以及在阴谋早已布置的天罗地网当中的时候。当鼓起勇气的贵族们大摇大摆的时候，当亡命之徒不顾法律惩罚而返回法国的时候，当一个万能的党派在法国境内散布流言蜚语来左右社会舆论，从来对于共和政体一字不提，从来不使人们了解末代国王路易的诉讼案的真情，而一味传播对于路易有利的观点，诽谤所有最积极主张对国王判罪的人的时候，阴谋就使我恐惧。我认为你们的计划只是竭力消灭人民所建立的一切，并使被人民击败的敌人联合起来。如果你们对于人民的最高意志有一点点敬畏，那么你们就尊敬它吧，就执行你们所承担的任务吧！把主权者委托你们迅速终结的案件送还给他——这意味着嘲笑他的主权。如果人民有空闲时间来审理案件或解决国家问题，那么它就不会让你们来关心他们的利益。向人民证明我们对它忠诚的唯一方法——这就是颁布正义的法律，而不是迫使它进行内战。你们有什么权利来侮辱人民，怀疑他对于自由的热爱呢？表示这种怀疑——这不是意味着造成这种怀疑和鼓励王权的一切拥护者们的大胆妄为吗？

你们自己来回答另一个抉择吧：或者你们认为在你们所争取召开的会议上将由阴谋占上风，或者你们以为对自由的热爱和理智将在这些会议上获得胜利。在第一种场合，我认为，你们的措施明明是为了推翻共和国和复活暴政；在第二种场合，出席会议的法国人将以愤慨的心情了解你们的企图，他们将轻视那些不敢执行所承担的神圣职责的代表们。他们将痛恨那些只是在谈到保存王权怪影的时候才想起人民主权的人们的卑鄙政策。他们对于他们的代表假装不了解自己的代表权的情况，将感到愤慨。他们会问你们："当最值得宽恕的罪人没有经过我们方面的任何干预便死在法律刀剑之下的时候，你们为什么同我们商量头号罪犯的刑罚呢？为什么犯罪行为应当由国民代表来决定，而刑罚则由国民自己来决定呢？如果你们有权决定这两个问题中的一个问题，为什么对于另一个问题便无权决定呢？如果你们有足够的勇气解决第一个问题，那么你们为什么这样胆怯，以致不敢着手审查第二个问题呢？难道你们对法律的了解比选举你们制定法律的公民还差吗？难道你们不懂刑法典吗？难道你们不能读一读刑法典里对阴谋分子所规定的刑罚吗？如果你们已认定路易蓄意破坏自由或国家安全，那么妨害你们判处路易以这种刑罚的障碍究竟是什么呢？莫非这个结论如此含糊不清，以致需要成千上万个的议会来重做呢？"

他们用什么理由劝说你们去做这种蠢事呢？他们说人民将要求你们偿还处死暴君的血债，他们想用这些话来恫吓你们吗？法国人民，你们听着吧，他们怀疑你们，说你们准备要求自己的代表偿还处死你们的凶手的血债，而不要他们向凶手索还杀害你们的血债！代表们，他们轻视你们达到这种程度，以致想通过恐怖的手法使你们忘掉美德。如果你们被轻视你们的那些人说服了，我对你们就再没有什么可说的了，因为大家都知道，内心恐惧便不能清醒判断问题，并且在这种场合，应当交给人民审判的，不是路易十六的案件，而是整个革命，因为为了奠定自由，为了坚持同一切专制君主和一切恶习作斗争，至少不应该拿无用的公式来证明自己的勇敢。

公民们，我知道你们对社会福利是很热心的，你们是祖国的最后希望，你们还能够拯救祖国。为什么有时我们要想，我们是生不逢辰呢？要知道，制宪议会大多数代表是善意的，在最初一个时期做了不少重要的工作，可是被阴谋分子通过恐怖和诽谤的手段引入了迷途。我发觉我们的革命由于同一个国王而变得难忘的两个时期，竟然如此相似，这使我不禁感到惊讶。

当逃跑的路易被送回巴黎的时候，制宪议会当时也害怕舆论。它害怕它周围的一切，但它一点也没有害怕王权，一点也没有害怕宫廷和贵族，它只害怕人民。当时它认为，为了保卫自己不受人民侵犯，任何武装力量在任何时候都不能认为人数是足够的。人民大胆地表示了要求惩罚路易的愿望；路易的信徒不断地指责人民；于是人民洒了自己的鲜血。

我同意，现在不是要宣告路易无罪：我们距离 8 月 10 日，距离废除王权的日子还是很近的；现在是要延期结束审讯路易的案件，一直拖延到外国人侵入我们领土的时候，并且要利用内战来拯救他。他们不想宣布他是不可侵犯的，但是想要使他不受处罚；现在不是要恢复他的王位，而是要等待事变。现在路易比自由的维护者们还有这样一个优先权，即敌人对他们的迫害比对路易本人更狂暴，这是任何人也不能怀疑的。现在他们受到比 1791 年 7 月更热心，更毒辣的辱骂；的确，雅各宾党人当时在制宪议会里没有受到现在在你们当中那样的诽谤。当时我们是叛徒，现在我们是煽动者和无政府主义者。拉斐德和他的同谋者们当时忘了把我们杀光；应当希望，他的后继者们将是同样仁慈的。这些伟大的和平友人们，这些大名鼎鼎的法律拥护者们后来曾被宣布为卖国贼，但是我们从这里什么也没有得到，因为他们从前的朋友，当时占多数的某些成员，就是在这里也竭力替他们复仇，对我们进行迫害。但是你们当中当然谁也没有察觉出这样一个值得你们注意的事实：那个在编造诬蔑言论并照例向公会所有成员散布以后不但提出了并且十分热情地叙述了把路易的案件移送基层议会审判的计划、同时在自己的演说中却照例对爱国主义谩骂了一通的演说家，就是这样一个人。他曾在制宪议会上为了辩护国王绝对不可侵犯的信条而把自己的票投给统治匪帮，他曾因我们敢于保护自由原则而攻击我们。总而言之，他就是在马尔斯校场大屠杀两天以后敢于提出关于设立委员会以便对于杀人凶犯刀下余生的爱国人士进行不许上诉的紧急审判的法令草案的那个人。我不知道，至今还坚持对路易判罪的自由的热情朋友们从那时起是否已成了保皇党，但是对我所说的这些人的性格和信念都已改变了的传闻，我是非常怀疑的。但是对我来说十分明显，同样的私欲和恶习（虽然带有不同的色调）一定会把我们带到同一的目的。当时阴谋分子给了我们一部短命的和有缺点的宪法；现在阴谋分子则妨碍我们制定一部新宪法，并诱使我们去毁灭国家。

防止这种不幸的唯一办法就在于完全揭示真相，在于向你们说明社会福利的敌人的破坏性计划。可是能不能顺利完成这个职责呢？在我们革命当中吸取若干经验的任何一个思想健全的人，能够希望一瞬间便消灭诽谤所造成的惊人恶果吗？严峻的真理怎样能够驱散卑鄙的伪善借以迷惑人们的轻信甚至爱国主义的魔力呢？我观察了我们周围所发生的事情，并发觉到我们的纠纷的真正原因；我清楚地看到，我已指出其危害性的那个计划将会毁灭祖国。某种悲惨的预感告诉我，这个计划将获得胜利。由于我同那些领导他们的人相识，我能在某种程度上预先说出以后的事变。有一点是没有疑问的，那就是不管这一致命措施结果如何，它是为它的拥护者们的特殊目的服务的。为了达到内战的目的，甚至不需要全部实现这个措施。推荐这种措施的人们指望人心动摇，这是这种热烈的和无休止的争论必定会引起的。那些不愿意路易死于法律的刀剑之下的人们，不反对看到路易成为人民愤怒的牺牲品；他们是不惜一切来激起这种愤怒的。

不幸的人民啊！人们甚至利用你的美德来毁灭你们。暴虐政治的绝妙艺术，就是引起你们的正当不满，然后又归罪于你们，不仅把暴政可能使你们作出的鲁莽行为，而且也把你们无意中产生的不满情绪的征象都算作你们的罪过。例如，背信弃义的宫廷在拉斐德的帮助下把你们像引入陷阱一样引到了祖国的祭坛上，以便把你们杀死在那里。啊，我还有什么可说呢！如果许多外国人甚至不通知有关的当局一声，就溜进你们的城里，如果你们敌人的间谍杀害我们内部纷争的对象的生命，甚至这一行为也要归罪于你们。那时他们就会发动共和国其他部分的公民来反对你们，如果可能的话，甚至会把全法国武装起来反对你们，以此来酬报你们拯救她的功劳！不幸的人民！你们为仁爱的事业做得太多了，以致暴君是不能把你们看作无罪的；他们为了安稳地实现自己的卑劣阴谋，很快就要把我们从你们眼前赶开。我们在离去的时候，留给你们的将是破产、贫困、战争和共和国的覆灭！如果你们怀疑这种阴谋的存在，那就是说，你们从来也没有考虑过这全部的一套，

没有考虑过在你们行列里和从你们讲台上发出来的诽谤,也就是说,你们不了解我们悲惨的和激烈的会议的历史。昨天有个人说,你们正在通过诽谤来解散国民议会,他是向你们说出了一个伟大的真理。除了这些争论,你们还需要别的证据吗?除了通过背信弃义的诋毁手段来加强诽谤用以毒化一切理智的严重的偏见以外,除了燃起仇视和纷争以外,他们现在还可能有什么其他目的呢?与其说审判是对路易十六进行的,倒不如说是对最热心的自由的维护者们进行的,这不是显而易见的吗?难道这是奋起反抗路易十六的暴政吗?不是的,这是反抗人数不多的被压迫的爱国人士的暴政。难道说他们害怕贵族政治的阴谋吗?不是的,他们害怕某些似乎想夺取政权的人民代表的专政。他们想要保存暴君,为的是让他来对抗没有权力的爱国人士。这些叛徒们!他们掌握全部的权力和整个国库,可是还指责我们专制;他们在共和国的每一个小村子里侮辱了我们;他们为了散布诽谤耗尽国库的财力;他们不顾社会信任,胆敢破坏通信秘密,来扣留一切爱国人士的信件,堵塞无辜者和真理的呼声。可是他们自己还叫喊别人在进行诽谤!他们甚至剥夺我们的表决权,可是他们硬说我们是暴君!他们把受极端背信行为侮辱的爱国者的哀呼看做是造反,可是他们自己却用狂暴和复仇的哀号充满这块圣地。

是的,当然存在着损害国民公会尊严,甚至借这个纠缠不休的案件解散国民公会的阴谋。这个阴谋,不是存在在那些坚决捍卫自由原则的人们那里,不是存在在为了自由而牺牲一切的人民那里,不是存在在追求幸福和真理的国民公会那里,甚至不是存在在那些偶然上了阴谋的圈套,而成了别人野心的盲目工具的人们那里。这个阴谋是存在在二十来个操纵指使一切的骗子手那里，还存在在那些人的手里，他们在讨论祖国最重要利益时不发一言，特别是在决定末代国王命运时拒绝表示意见，而他们的秘密和危险的活动正在引起使我们不安的一切混乱局面，并且正在制造我们即将面临的种种灾难。

如果我们不回到我们的原则上来，不找到我们灾难的根源，我们怎能逃出这个无底深渊呢？压迫者和被压迫者之间能有什么和平呢？在甚至不尊重发表意见自由的地方，能有什么意见一致呢？破坏自由的一切企图，都是侵害民族的行为。人民代表不应允许任何人剥夺自己保护人民利益的权利。这个权利只有在代表的生命被剥夺去的时候才能被剥夺。

为了使纠纷永久保存下去，并且在议会里取得统治地位，他们已经想出把议会分为多数派和少数派——这是侮辱和不许那些被称做少数派的人讲话的新方法。我不知道这里边有什么多数和少数之分。多数是善良公民的多数；多数不是经常不变的，因为这个多数不属于任何党派；每次自由协商时，这个多数就更新一回，因为它属于社会事业和永久理性；当议会承认这一或那一错误时（这是常有的事），那时少数就会变成多数。共同的意志不是在秘密会议上，不是在部长的桌子上形成的。少数处处都有一个永久的权利——为真理或为自己认为是真理的东西辩护的权利。

美德在世界上一向是少数。否则，难道世界上会有暴君和奴隶吗？汉普顿和悉尼是少数派，因为他们死在断头台上；克里提亚斯、恺撒、克罗狄乌斯是多数派，但苏格拉底是少数派，因为他饮了毒参酒；伽图是少数派，因为他挖出了自己的内脏。我知道这里有许多人，如果需要的话，他们能像悉尼和汉普顿那样为自由而尽力，即使这里只有五十来个这样的人，单是一想到这点就会使那些想把多数人引入迷途的卑鄙阴谋家们发抖。在等待这个时期到来的时候，我要求最低限度要首先处罚暴君。让我们团结起来拯救祖国，让这次辩论终于带有更无愧于我们和我们所保卫的事业的性质。让我们最低限度消除这一切损害祖国荣誉的悲惨事件，让我们不要花费比审判路易所必需的时间更长的时间来进行相互攻击，让我们学会合理地判断我们忧虑的对象。显然一切都在往破坏社会安宁方面发展。我们辩论的性质使社会舆论感到不安和激愤，而这种舆论对我们产生令人痛心的影响；人民代表的疑虑显然随着公民的不安而增长。任何的暗示，以及我们本来应该漠然视之的一点小小事故，都会使我们激动。心怀不良的人一味从事夸大或捏造，或者是天天编造各种旨在加深偏见的奇谈怪论。这样，最小的原因就可能为我们造成极可怕的后果。人民感情稍微激动的表现，本来是很容易制止的，现在却成了采取最危险手段和提出完全不符合我们原则的建议的一种口实。人民，至少是把我们从残忍无情的局面中拯救出来，你们应该等到我们制定了有益于人类的法律的那一天再来鼓掌吧！难道你们没有看出，你们在给他们诽谤我们所保护的神圣事业的借口吗？不要参加我们的辩论，以免触犯这些严厉的规则吧；你们看不到我们，我们的斗争也不会少进行几次。现在只有我们应当保护你们的事业；在你们的最后一个保卫者死去之后，如果你们愿意的话，你们就替他们报仇并且自己担负起争取自由的事业。你们要牢记不久前你们曾亲手在我们仍留在王位上的暴君的不祥住宅周围作为不可克服的障碍而扯起的那条带子。你们要牢记直到现在不带刺刀、只靠人民的美德支持的警察。

公民们，不管你们是谁，都来监视塔庙监狱吧；在必要时，制止狡猾的恶意行为，甚至伪装的爱国主义吧；粉碎我们敌人的阴谋吧！不幸的地方！暴君的专制政治这样长久地蹂躏了这个不朽的城市，难道还不够吗？莫非对于这个城市的监视将成为它的新灾难的泉源吗？他们不是想把这一案件无休止地拖延下去，以便对于推翻王位的人民永远保有诽谤的机会吗？

我证明过把路易-加贝的案件交给基层议会审理的建议是内战的导火线。如果我注定不能对拯救我的国家出一臂之力，那么我至少现在证明了我曾为防止威胁着它的灾难作出了努力。

我要求国民公会宣布路易是有罪的和应处死刑的。

关于革命法庭

重要的是正确弄清楚，你们对“阴谋分子”这个名词是怎样理解的，否则，最好的公民也有可能成为这个为了保护公民不上反革命分子圈套而设立的法庭的牺牲品。贵族法庭的活动总是要反对祖国的真正友人，它们总能在法律本身中找到把它应用于自由和平等的忠实友人的方法。在拉默特和拉斐德之流以后，曾有人不断地说：反革命分子就是无政府主义者和暴动者。他们还把这个名词套在真正清白的爱国人士头上。拉斐德分子、宪政主义者和他们的所有信徒们曾滥用法律条文来向法庭诬告自由的真正友人。在这里我不需要列举什么例子。如果你们把那种滥用法律的大门敞开着，那么你们刚才成立的法庭就会成为反革命的法庭。什么东西能让它成为革命的法庭呢？被选出的人的性质。如果国民公会误入迷途，那它会把新的武器交给祖国的敌人。我要求确定这样一点，国民公会、自由的友人对“阴谋分子”和“反革命分子”这两个名词的理解究竟是怎样。在连洁的草案里所反映出来的东西，需要加以修改和改正。草案这样说：“法律禁止任何侵害国家公共安全、自由、平等、共和国的统一和完整的行为，违反者处以死刑。”由于你们革命地宣告了，任何人想要恢复王权，就要判处他以死刑。我希望在法令里把这一点加以规定。要使这个法庭能够处罚一切著作……（会场中一部分人发出怨声）。很奇怪，当我提议限制公开出版反对自由、嘲弄主权和平等各项原则的著作，恰恰是那些被政府收买的人们的著作时，会场上却发出了抱怨的声音。所以限制这些著作，就是因为这些著作有意引起人民对暴君命运的同情，唤起人们盲目信仰王权，密告那些赞成处死暴君的人的看法，陷害自由维护者，挑起内战，说巴黎是一个应当引起各省猜疑的城市，并煽动共和国其他地区武装起来反对这个革命策源地。最后，我希望这个法庭处罚那些违反共和国法律和统一而利用自己的权力煽动军队叛乱的行政人员（会场里大部分人发出掌声）。

关于人权和公民权利宣言

在上次会议上我曾要求发言，以便对人权和公民权利宣言提出几条重要的补充条文。我首先提出几条为补充你们的财产理论所必需的条文；希望我的话不致吓坏任何人。只看重黄金的卑鄙之徒，我不想触动你们的宝藏，不管它是从什么肮脏地方得来的。你们应该知道，你们常常说起的那个土地法，只是骗子们为了恐吓糊涂虫们所捏造出来的幻想。当然，不用经过任何革命就可以向世界证明，财产的极端悬殊是许多灾难和犯罪的根源。但是我们坚决相信，财产的平等只是一种空想。至于我，我认为财产平等对于个人幸福还不如对于社会福利那么需要。迫使人们尊重贫穷，比起销毁财富要重要得多。法布里克乌斯的茅屋丝毫不需羡慕克拉苏斯的宫廷。至于我，我宁愿当亚立斯太提的儿子，在共和国创办的功臣子弟学校中受教育，也不愿做薛西斯的可能继承人，在污秽的宫廷中继承用人民的屈辱来装饰，并以社会贫困来炫耀的宝座。

我们要忠实规定所有权的原则；使这点成为更有必要的，是人类的偏见和恶习总是千方百计要给这条原则蒙上极浓厚的烟幕。

你们问人肉贩子什么是财产；他会指着一个他叫做船的而里面装着似乎还活着的人的长棺材，告诉你们说："这就是我的财产，我是按每头多少钱买来的。"你们向拥有土地和附庸的贵族，或者在失去土地和附庸以后认为宇宙陷入混乱的贵族提出这个问题，他关于财产的概念大体上也是这样。

你们向加贝王朝的人提出这个问题，他们会告诉你们，最神圣的财产，毫无疑问就是他们从古以来享有的压迫、凌辱、合法而独裁地压制法国境内二千五百万人的世袭权利。

在所有这些人的眼里，所有权不是建立在某种道德原则上。可是为什么你们的权利宣言也明显陷于同样的错误呢？在确定自由这种人类最高福利和天赋的最神圣权利时，你们公正地指出了，别人的权利是自由的界限；为什么你们不把这一原则应用于只是一种社会制度的所有权呢？难道自然的永恒法则不像人们的契约那样不可侵犯吗？你们增加了条文数目来保证行使所有权的无限自由，却未说一个字来确定这个权利的合法性质。因此，你们的宣言好像不是为了一切人，而只是为了富人、采购商、股票投机者和暴君们制定的。我建议你们改正这些缺点，把下列真理巩固下来：

"第一条　所有权是每个公民使用和支配法律保障他享有的那部分财产的权利。

"第二条　所有权也和其他权利一样，受到尊重他人权利的义务的限制。

"第三条　所有权不能损害我们周围人们的安全、自由、生存和财产。

"第四条　违反这个原则的任何占有、任何交易，都是不合法的和不道德的。"

你们也说到税收，说要规定一个只可能是根据人民自己或它的代表们的意志的不可争辩的原则；但是你们却忘记了人类利益所要求的一项决定。你们忘记了奠定累进税的基础。责令公民按照自己财产数目，亦即按照他们从社会获得的利益来参加社会开支的负担——难道说在社会课税方面还有任何别的更明显地从事物本质和永久不变的正义法则产生出来的原则吗？我向你们建议用下述内容的条文提到这一点：

"收入不超过其生存所必需的金额的公民应当不负担社会的开支；其余公民应当按照他们财产数额累进地负担这些开支。"

委员会也完全忘记了提醒关于把一切人和一切民族团结起来

的博爱义务，以及他们相互帮助的权利。好像委员会并不知道各国人民反对暴君的永久联盟的基本原则。好像你们的宣言是为一群被驱赶到天涯海角的人制定的，而不是为一个自然界赐予土地供其占有和生存的人的大家庭制定的。

我提议用下列条文填补这个大空白。这些条文只能给你们带来各国人民的尊敬。不错，这些条文里有这样的不便，它们可能使你们同国王完全闹翻。我觉得这种不便不会吓倒我；它也不能吓倒不愿同国王妥协的人们。下面就是我的四项条文：

“第一条　全世界的人们都是兄弟，而各国人民应当按照自己的力量互相帮助，就像同一国家的公民一样。

“第二条　压迫一个民族的人，就是宣布自己是一切民族的公敌。

“第三条　为了阻止自由获得胜利和取消人权而同某一民族进行战争的人们，不应当作为寻常的敌人，而应当作为杀人凶犯和叛乱强盗而受到一切人的惩办。

“第四条　国王、贵族、暴君，不管他们是怎么样的，都是起来暴动的奴隶，他们反对作为大地的主权者的人类，并且反对作为宇宙的立法者的自然界。”

公民们，如果你们有耐心再听我说下去，我还要向你们提出其他一些条文，不过这些条文已包含在人权宣言草案的其他条文当中。为了尽量发挥我的意见，请你们准许我宣读这个草案。我认为有义务在这个宣言的开头写入下列的绪言：

“国民公会中的法国人民代表，认为不是从正义和理智的永恒法则产生的一切人类法律，都只是愚昧和专制对全人类的侵害行为，深信忘却与轻视人的自然权利乃是全世界犯罪和灾难的唯一原因，所以决定在庄严的宣言中把这些神圣而不可剥夺的权利加以阐明，以便全体公民都能不断地把政府的决定同任何社会制度的目标加以比较，从而永远不受暴政的压迫和凌辱，以便人民经常看见自己的自由和幸福的基础，使文官行使其职责时有所依据，而立法者行使其使命时有所遵循。

“因此，国民公会在整个宇宙面前和不朽的立法者眼前宣布下述的人权和公民权利的宣言：

“第一条　维护自然的和不可剥夺的人权和发展人的一切才能，是一切政治团体的目的。

“第二条　人的基本权利是：关心保全自己生存的权利和自由的权利。

“第三条　这些权利同等地属于一切人，不管他们的体力和智力有什么不同。

“权利平等是大自然所规定的：社会不但不破坏这一平等，而且保障不滥用暴力使平等变成幻想。

“第四条　自由是人所固有的随意表现自己一切能力的权力。它以正义为准则，以他人的权利为限制，以自然为原则，以法律为保障。

“和平集会的权利、用出版或任何其他方法发表自己意见的权利，是人的自由的极明显后果。由于专制主义的存在或记忆犹新，故有表明这些权利的必要。

“第五条　法律只能禁止对于社会有害的行为；它只能规定对于社会有益的行为。

“第六条　凡是侵害不可剥夺的人权的法律，按其本质来说都是非正义的和暴虐的：它不是法律。

“第七条　所有权是每个公民使用和支配法律保障他享有的那部分财产的权利。

“第八条　所有权也和其他权利一样，受到尊重他人权利的义务的限制。

“第九条　所有权不能损害我们周围人们的安全、自由、生存和财产。

“第十条　违反这个原则的任何占有、任何交易，都是不合法的和不道德的。

“第十一条　社会有责任关心自己一切成员的生活，或者给他找工作，或者为不能工作的成员保障生活资料。

“第十二条　给予贫困者以必要的帮助，是富人对于穷人的神圣义务；履行这一义务的方法由法律规定。

“第十三条　收入不超过其生存所必需的金额的公民，不负担社会开支。其余公民应当按照他们财产数额累进地负担这种开支。

“第十四条　社会应当尽其一切力量来促进公共理智的进步，并使一切公民都得享受教育。

“第十五条　法律是人民意志的自由而庄严的表现。

“第十六条　人民是主权者，政府是人民的创造物和所有物，社会服务人员是人民的公仆。

“第十七条　任何一部分人民不得行使全体人民的权力，但是这部分人民所表达的愿望，应当作为参加形成公共意志的那部分人民的愿望而加以尊重。

“集会上的每一部分人民都应当享有充分自由表达自己意志的权利；每一部分人民都是不依附于一切既定权力而独立的，并能随意决定自己的组织机构和进行辩论的次序。

“人民随时可以更换自己的政府，并召回自己的全权代表。

“第十八条　法律对一切人都应当平等。

“第十九条　一切公民应当只是按照自己的德行和才能从事一切公共职务，除人民信任以外，没有任何其他权利。

“第二十条　一切公民都有参加选举议员和制定法律的平等权利。

“第二十一条　为了使这些权利不致成为想象，使平等不致成为幻影，社会应当向社会服务人员支付报酬，应当使靠自己劳动生活的公民能够出席法律号召他们参加的社会集会，而不致损害他们本人以及家庭的生活。

“第二十二条　如果政府的文官和职员是法律的传达人或执行人，每个公民都应当恭敬地服从他们。

“第二十三条　但是旨在反对人的自由、安全或财产的一切行为，不管是谁做出的，即使是用法律名义做出的，除了法律规定的情形和方式以外，都是专横的和无效的行为。尊重法律本身就禁止服从这样的行为；如果有人想用暴力来强迫人服从这样的行为，那么也准许别人用暴力予以抵抗。

“第二十四条　每个人都有权向社会政权的代表人提出请愿书。受理这样请愿书的人应当就请愿书的每一项目作出决定，但是这些人在任何时候也不能禁止、限制、谴责请愿书的提出。

“第二十五条　反抗压迫，是其他一切人权和公民权利的结果。

“第二十六条　当社会成员之一受到压迫时，也就是全社会受到压迫。

“当全社会受到压迫时，也就是社会各个成员受到压迫。

“第二十七条　当政府违犯人民的权利时，全体人民和每一部分人民的最神圣义务就是起义。

“第二十八条　公民得不到社会保障时，他就恢复独自保卫自己一切权利的自然权利。

“第二十九条　在上述两种场合，使反抗压迫的行动屈服于法定的方式，这就是一种最精巧的暴政。

“第三十条　在一切自由的国家里，法律应当特别保护社会自由和个人自由，使之不受当权者滥用权力的侵犯。

“任何规定，如果不假定人民是好的而公职人员是贪污的，就是有缺点的规定。

“第三十一条　社会职务不应当看成是优越地位或奖赏，而应当看成是社会义务。

“第三十二条　人民代表的违法行为，应当迅速从严惩处。任何人都无权认为自己比其他公民更为不可侵犯。

“第三十三条　人民有权了解自己议员的一切行为；议员们应当向人民提出自己管理事务的翔实的报告，并很尊敬地服从人民的判断。

“第三十四条　全世界的人们都是兄弟，而各国人民应当按照自己的力量互相帮助，就像同一国家的公民一样。

“第三十五条　压迫一个民族的人，就是宣布自己是一切民族的公敌。

“第三十六条　为了阻止自由取得胜利，以及为了取消人权而同某一民族进行战争的人，不应当作为寻常的敌人，而应当作为杀人凶犯和叛乱强盗而受到一切人的惩办。

“第三十七条　国王、贵族、暴君，不管他们是怎么样的，都是起来暴动的奴隶，他们反对作为大地的主权者的人类，并且反对作为宇宙的立法者的自然界。”

关于宪法

人生来就是为了幸福和自由的。但是他到处遭受奴役和不幸。社会的目的是保全他的权利和改善他的生活，但是它到处都在凌辱和压迫他。提醒社会注意人的真正命运的时候已经到来了；人类理智的进步已经为这一伟大的革命做好了准备，加速革命的责任就落在你们身上了。

为了完成你们的使命，需要做出与你们以前所见的完全相反的事情。

在这以前，管理的艺术不过是为了少数人的利益让多数人破产和受奴役的艺术，而立法不过是把这些侵害行为变成制度的一种手段。国王和贵族把自己的事情做得很好；现在你们应当动手做自己的事情了，那就是借助法律使人们成为幸福的和自由的。

赋予政府必要的力量以使公民永远尊重公民权利，并且要使政府自己永远不能侵害这种权利——照我看来，这就是摆在立法者面前的双重任务。头一个任务，我觉得是很容易的。至于第二个任务，如果考察我们的过去和现在而不弄清一切事变的原因，也许可以认为是不能解决的。

只要翻一下历史，你们就会看到，到处都是公职人员压迫公民，而政府则取消人民的主权。

暴君们谈论叛乱，而人民则抱怨暴虐政治，在极端的压迫促使人民恢复自己的毅力和独立性的时候，人民就敢于这样做。但愿人民能够永远保持这种毅力和独立性！但是人民的统治是短暂的，而暴君的统治则继续许多世纪。

我多次听到，在 1789 年 7 月 14 日革命以后，特别是 1792 年 8 月 10 日革命以后，人们是怎样谈论无政府状态的。但我肯定说，我们政治机关的病症，完全不是无政府状态，而是专制政治和贵族政治。不管人们怎么说，我认为，正是从这个受人诽谤的时代起，我们这里才出现了真正的法制和政府权力。尽管有混乱现象，但这种现象不是什么别的东西，正是灭亡的主权临死前的挣扎和背信弃义的政府对平等原则的抗拒。

从赫洛德起到加贝王朝的最后一个国王为止，无政府状态都在法国占统治地位。无政府状态如果不是那迫使自然和法则离开宝座，而让人们登上宝座的暴虐政治，又是什么呢？

社会灾难从来不是来自人民，而是来自政府。怎么可能不是这样呢？人民所关心的是社会福利；公职人员所关心的是个人利益。要做好人民，只需要尽先考虑自己本身，然后考虑所有其余的东西；而要成为一个好公职人员，则应当为人民而牺牲自己。

如果我要反驳荒谬的和野蛮的偏见，我就要说，权力和财富产生骄傲和一切缺点；劳动、温和、贫穷是美德的捍卫者。弱者的愿望只是以正义和维护良好法律为目的，弱者所尊敬的只是正直所产生的热情。最后我要说，公民的贫困不是什么别的东西，正是政府的犯罪。但是我只把自己的理论建立在一个有力的推论上，而没有涉及正义的法律或暴虐的法律问题。

建立政府是为了迫使尊重大众的意志。但是，掌握政权的人们有自己的个人意志，而任何意志都是力图取得优越的地位的。如果他们为了这个目的而使用付托给他的社会力量，那时政府就会变成自由的灾难。因此，任何宪法的第一项任务应该是保护社会的和个人的自由，使其不受政府本身的侵害。

但是立法者却忘记了这个问题；他们所有的人都只注意了政府权限的问题，谁也没有考虑过责成政府完成自己真正使命的方法。他们规定了许许多多的无穷无尽的预防人民起义的方法，并做了一切努力来鼓励人民代表的激愤。产生这种情况的原因，我已说过了。野心、实力和背信都成了世界的立法者。他们甚至奴役人类理智，让它堕落并使它成为人类贫困的同谋者。专制政治引起道德的败坏，而道德的败坏又支持了专制政治。在这样局势下，人们争先恐后地向最强有力的人出卖自己的灵魂，来使非正义合法化并参加暴虐政治。这时理智已经只是疯狂，平等只是无政府状态，自由只是无秩序，自然界只是幻想，提起人权只是造反。这时对于美德设有巴士底狱和断头台，对于荒淫无耻备有宫殿，对于犯罪设有暴君和凯旋车。这时有国王、神甫、贵族、有产者和平民，但是没有人民和人。

你们甚至试看一下某些在人民教育的胜利的迫使下对于真正

原则似乎表示某些尊重的立法者吧；当这些原则不符合他们的个人企图时，难道说他们没有运用自己的能力来规避这些原则吗？你们看吧，要知道这些立法者只是改变了专制的方式和贵族政治的彩色。他们庄严地宣布人民的主权，可是马上又给人民带上枷锁；虽然他们承认公职人员只是人民委任的代表，可是他们对待公职人员俨然像对待人民的领主和神像一样。大家都不约而同地把人民看作是鲁莽的和喜欢叛乱的，而公职人员则是最英明的和有德行的。我们不用到别的民族去找例子，在我们革命中和我们从前立法议会的行径中都可以找到惊人的例子。你们看吧，他们是怎样卑鄙地赞扬过王权，怎样不假思索地宣扬过对沉溺于荒淫无耻生活中的公职人员的盲目信任，怎样厚颜无耻地凌辱人民，怎样野蛮地杀害人民。但是，你们看吧，公民的忠勇是在哪些人方面；你们回想一下穷人的崇高牺牲和富人的无耻吝啬吧，回想一下兵士的高度忠诚和将军们的卑鄙叛变吧；回想一下人民的不可战胜的勇敢、崇高的忍耐和人民委任的代表们的卑鄙自私、背信弃义吧！

但是我们不要对这样大量的非正义现象感到惊奇。既然他们是从这样无底深渊中出来的，他们怎能尊重人类、珍视平等、相信善行呢？唉，我们是不幸的人们！我们在用还带有奴隶枷锁痕迹的双手建立自由的殿堂。我们从前的教育，如果不是不断培养自私自利和愚蠢的虚荣心，又是什么呢？我们的风俗习惯和我们的所谓法律，如果不是一种按照等级表来蔑视人们和根据数量既多又使人惊异的规章把人们分成等级的无耻和卑鄙的法典，又是什么呢？

轻视别人和受别人的轻视，为了当权而卑躬屈膝，时而是奴隶，时而是暴君；时而在自己领主面前屈膝，时而践踏人民——只要我们是“崇高的”或“有教养的”、“正派的”和“体面的”人们，是法律家和金融生意人、小吏或军人的时候，我们的命运就是这样的，我们的意向就是这样的。因此，这么多愚钝的商人，这么多自私自利的资产者对于手艺人还保有当时贵族对于商人和资产者本人所常表示的无耻轻视，这还值得惊奇吗？唉，贵族的骄傲啊！唉，良好的教育啊！不过这就是世界伟大命运的工作停滞不前的原因！这就是祖国的心脏被卖国贼绞痛的原因！这就是欧洲专制君主的嗜血同路人已经把我们的谷仓抢劫一空、把我们的城市烧毁、把我们的妻室儿女杀光的原因。已有三十万法国人流血牺牲，而且为了使普通的庄稼人不能和有钱的粮商一起坐在参议院里开会，使手艺人不能和著名商人或妄自尊大的律师一起在人民会议上投票表决，以及使聪明而善良的穷人不能在白痴和荒淫的富人面前保持人格的尊严，可能还会有这么多的法国人要洒流鲜血！号召领主称王称霸的狂人们啊！莫非你们以为，暴君会满足你们可耻的虚荣心和你们卑鄙的贪欲吗？莫非你们以为，已争得自由的并在你们过着舒服生活或者进行秘密阴谋时为祖国流血牺牲的人民，会让你们奴役他们、饿死他们、毁灭他们吗？不会的！如果你们不尊敬人道、正义、名誉，那你们至少也要关怀一下你们的财物。这种财物除了你们正在那样放肆扩大的社会贫困之外，就再没有更大的敌人了。但是什么道理能触动傲慢不逊的奴隶们呢？真理的法则在已经败坏的心灵里轰鸣，正像在墓穴里发出的声音一样，是不能唤醒死者的。

你们是珍视自由和祖国的，请你们关心拯救这个法律吧，并且因为保卫法律的迫切利益显然要求你们正是在必须迅速建立起伟大人民的宪法大厦时使用你们的全部注意力。请你们至少把宪法大厦建立在不可动摇的真理基础上。首先确立下面这个无可争论的原则：人民是有美德的，而它的代表们则是蜕化变节的；正是需要从人民的美德和主权中寻求对付政府的恶习和专制的侵害的保护手段。

现在我们来从这个不能推翻的原则中引出可以作为一切自由宪法的基础的实际结论。

政府的腐化是由于逾越它的权限和它们离开主权者而独立。请你们消除这个双重弊害吧！

请你们从减少公职人员的权力开始吧。在此以前，政治活动家只能想出两种方法来达到这个目的，他们做出了某种努力，与其说是为了保卫自由，还不如说是为了改变暴政的方式。这两种方法就是权力均衡和设立护民官的职位。

至于说到权力均衡，在当时的风气似乎要求我们这样对各邻国表示尊敬的时候，在我们过分的自卑感使我们赞美外国一切稍微有点像自由的制度的时候，我们可能醉心于这种制度。但是只要稍加思索，就不难察觉，这种均衡只可能是幻想或灾难，它会使政府毫无作用，甚至不可避免地会使相互竞争的各种权力联合起来反对人民。因为十分明显，这些权力宁肯自己互相冲突，也不愿呼吁主权者来解决它们的问题。英国就是这样的证人，在这里黄金和君权经常使得天平偏向同一方面，在这里反对派本身时而争取改革人民代表制度，显然只是为了和多数人一致行动而把改革推迟,它对改革大概也是反对的。这是一种使人惊异的政府。在这里,社会美德只是可耻的滑稽行为,自由的幻影消灭自由本身,法律把专制主义固定下来,人民权利是公然买卖的对象,甚至羞耻心也抑制不住贪污行为。

唉,我们同这种平衡暴君权力的安排有什么相干呢?需要彻底铲除暴政;人民不应该在领主间的争论中寻求喘息的机会,人民权利的保障应当是自己的力量。

由于同样的原因,我也不是设立护民官职位的拥护者;历史没有教会我来尊重他们。我不能把保卫这样伟大事业的工作托付给软弱而贪污的人。护民官的庇护是以人民受奴役为前提的。我不喜欢罗马人民到圣山上去向专制的元老院和高傲的贵族们恳求保护。我宁愿他们留在罗马并把所有的暴君从罗马赶跑。正像对于贵族一样,我憎恨并且更加蔑视那些野心的护民官和卑鄙的人民代表。他们向罗马显贵出卖自己的演说和自己的沉默,他们有时保护人民也只是为了同人民的压迫者在人民的自由上做买卖。

我能承认的唯一的人民护民官——这就是人民自己。我把人民护民官的权力交给法兰西共和国每个区。而这个权力很容易这样组织起来:它既远远离开人民直接管理的狂风暴雨,又远远离开宪政专制主义的背信的安宁。

但是在为保护社会自由不受公职人员过大权力的侵犯规定出办法以前,让我们从把这个权力减少到适当程度入手吧!

一、达到这个目标的头一条规则,是使公职人员的任期短暂;对于享有较广泛权力的人员,应当特别严格地运用这一原则。

二、要使任何人不能同时兼任几种职务。

三、要使权力分散，最好增加公职人员的数目，而不要把过大的权力委托给其中某一人。

四、要使立法领域和行政领域彼此仔细地分开。

五、要使各种不同的行政部门自己根据事务的内容，尽可能多地分开掌管，而不要集中在某一些人手里。

目前行政权组织中的最大缺点之一，就是部的每个主管部门都过分庞大，其中集中了许多本质上各不相同的管理部门。

像目前这样顽固地保持着的内务部，尤其像一个政治怪物。如果受革命运动支持的社会精神力量在此以前不能保护共和国，使之不受这一机构的缺点和个别人的过错的侵犯，这个怪物就能把新生的共和国吞没。

不过，你们无论何时都不可能使得行政权的体现者不是极有威势的公职人员，必须取消任何与他们的职责无关的权力和影响。

当他们还担任职务的时候，不要让他们出席人民会议和在那里投票表决。对于一般的公职人员，也要采用这条规则。

不要让他们染指国库。把管理国库的责任交给保管人和监督人，而这些人则不能参加任何别种权力。

把不需要存入总国库的一部分社会税收留在各省归人民掌管，并尽可能让开支在地方支出。

注意无论在什么借口下不要把大宗非常开支交给执政者们处理，尤其是不能供造成社会舆论之用。社会意识的一切制造厂只能提供毒物；我们在不久以前对此已有惨痛经验。这一奇怪制度的第一次考验，不应当使我们对它的发明人存很大信任。任何时候不要忘记，不是执政者应当使社会舆论服从自己和制造舆论，而是社会舆论应当裁判执政者。

但是有一个共同而有效的办法,可使各国政府的权力作有利于各国人民自由和幸福的削减。

这个办法就是采用在我提出的权利宣言里阐述过的下列原则:"法律只能禁止对于社会有害的行为;它只能规定对于社会有益的行为。"

要避免各国政府以前力求多管的狂热病,要准许个别的人和家庭去做对别人无害的一切事情,要使公社有可能自行处理在实质上不属于共和国管理范围以内的事情。总之,要把当然不属于社会权力以内的一切事情交给个人自由处理,这样就使野心和专横少得到一些养料。

特别要尊重主权者在基层议会上的自由,例如,要是废除那些可借口调整来限制和取消表决权的大量规章,就会从阴谋和执政内阁或立法议会的专制主义那里夺去一个极端危险的武器。道义责任的原则要求政府工作人员在一定时期和很短期限内提出有关管理工作的准确和详细的报告,要通过报刊公布这些报告并使之受到一切公民的讨论。因此,要把这些报告发到各省、各管理机关和各公社。

为了维护道义责任,必须规定归根到底是自由的最可靠保证的人身责任;这个责任就是对违背职责的公职人员的处罚。

如果受人民委任的人不向任何人报告自己的管理工作,人民就没有宪政;如果受人民委任的人只向另一些不可侵犯的受委任的人提出报告,人民也没有宪政。因为任意背叛人民和容许另一些人背叛人民都是取决于这些不可侵犯的被委任者的。如果代议政体的精神就在这里，那我坦白地说，我赞成让·雅克·卢梭对于这个政体所作的一切诅咒。但是，这个概念也和其他许多概念一样，需要说明，或者更正确地说，问题并不在于确定法兰西政体是什么，而在于建立这个政体。

在一切自由国家里，公职人员的渎职也像公民个人的犯罪一样，应当加以严厉和迅速的处罚；制止政府侵害行为的权力应当交还主权者。

我知道，人民不能充当常任法官，我也不要求这样。不过我更不希望看到人民委任的人成了凌驾于法律之上的专制君主。我提出的目标，可以借助我现在就要陈述的简单的措施来实现：

一、我希望由人民委任的一切公职人员，都可以由人民根据一定的规则罢免；人民罢免自己委任人员的不可剥夺的权利应当作为这种罢免的充分理由。

二、自然，被授权颁布法律的机关，要监督受委托来执行这些法律的人。因此，行政当局的代表人必须向立法团报告自己的管理工作。遇有违背职责的情形，立法团不能处罚他们，因为不能让立法团有侵夺行政权的机会，但它可以向那职责在于处理公职人员违职罪行的人民法庭控诉他们。立法团的成员不能因在会议上所发表的意见而受法庭的审判；他们只能根据他们可能被控诉的贪污或叛变的确凿事实而受到审判。他们的一般违法行为归普通法庭处理。

立法议会的成员和行政当局的代表人或者部长在任期届满以后，可以被交付自己的委任人进行庄严的审判。人民只能就他们继续保有或丧失人民信任的问题发表意见。宣布他们丧失人民信任的判决，将剥夺他们执行任何职务的权利。人民不能判处比这更严厉的刑罚。如果被委任人员犯有某种特殊的和正式的罪行，人民可以把他们支付相应的法庭。

这些规定也同样适用于人民法庭的成员。

不管限制公职人员权力的做法是多么重要，但是正确的选举公职人员也是必要的。自由正是应当建立在这种双层基础上。不要忘记，在代议政体下，没有比保证正确选举的法律更重要的法律了。

我看到，在这里流行着一种可怕的误解。我发觉，在这里为了追求空洞的形而上学的抽象概念，忘记理智和自由的基本原则。例如，有人希望每个公职人员的任命都由共和国各个地方的公民投票表决。这样，仅仅在自己居住地点有名的、有功劳而善良的人，就永远不能成为自己同胞的代表。而无论如何既不是最优秀公民又不是最文明的人的著名骗子手，或者由某个在全共和国占统治地位的大党所支持的阴谋家，却长期地和毫无例外地成为法国人民的代表。同时有人又用暴政规章来约束主权者，到处使人民对于集会感到厌恶，借助各种各样的手续使长裤党人远离会场。

民法典消灭了封建残余、什一税和教会法规的整个腐朽结构，大大缩小了法院专制的范围。但是，不管所有这些预防措施是怎样有用，如果你们不防止我所指出的第二种弊害亦即政府的专断独行，你们还是一事无成的。

宪法应当特别设法使负有相当重大责任的公职人员服从，使他们在实际上是依存于主权者，而不是依存于个别的人。

谁若不受人们管束，很快也就会放弃自己的职责，而做事无所顾忌则是犯罪的母亲和护身符；人民一旦被恐怖笼罩着，便总是受到奴役。

有两种责任：一种可以叫做道义责任，另一种可以叫做人身责任。

第一种责任主要在于对群众开诚布公。但是宪法规定政府的行为或决定要对群众公开，这是不是就够了呢？这是不够的，还必须使公开达到最大的广度。

全部国民有权知道自己的委任人员的行为。因此，如果可能，应该使被委任人员的大会在所有法兰西人出席的情况下进行讨论。能容纳一万二千观众的豪华壮丽的大厦，应当做立法团开会的地点。在这样广大证人面前，收买、阴谋、背信将不敢出现；那时就只会同公共意志商量，那时就只会倾听理智和社会利益的呼声。但是，容许几百观众挤在狭窄而不方便的会场里，特别是在一群佣仆们威吓立法团，以便阻碍通向真理的道路或者用他们在全共和国境内散布的背信弃义的谰言来歪曲真理的时候，能不能保证符合广大人民需要的对众公开的原则呢？如果被委任人员自己轻视那些看着他们的一小部分人民，如果他们要把在会场上的人和会场外面的人描绘成为两种截然不同的人，如果他们经常向阅读他们抨击文章的人指责那些目睹他们行为的人们，以便使对众公开不仅对自由无用，反而有害，那又会怎么样呢？

浅薄的人永远不会理解，立法团所在的场所对革命发生了什么影响，而骗子手们则不会同意这一点。但是人民福利的文明朋友们愤怒地看到了，第一届立法议会曾经吸引社会的注意力来反抗宫廷，但是当它要勾结宫廷来反对人民的时候，它便尽可能地躲

避这种注意力；这个立法议会在以某种方式藏在大主教背后颁布了军事法律以后，就把自己关闭在练马场大厦里，周围布满了刺刀，以便命令在马尔斯校场上殴打优秀的公民，拯救背信弃义的路易并破坏自由的基础。立法议会的继承者害怕离开这里一步；国王或旧警察官员要求在几天之内建立一个壮丽的歌剧场；可是在给人民代表机关准备新驻所之先，已经过了四年之久，真是人类理智的耻辱啊！我还有什么可说呢！甚至立法议会刚刚迁入的场所是否更有利对众公开的原则和更配得上我们的民族呢？不是的，所有会观察的人都已看到，立法议会利用同样阴谋气氛并在恶劣的部长庇护下，很巧妙地使这个场所适合于各代表逃避人民的视线。他们甚至创造了一件奇迹，终于发现了老早以前就开始寻求的既让人民出席而又避开人民的秘密办法；按照这个办法，人民可以出席会议，但是只是在为“正人君子”和记者们设置的极小地方来听发言，就是说，使人民缺席，同时又好像出席。后人对于伟大民族这样漠不关心地长久忍受这种同时威胁民族尊严、自由和幸福的卑鄙而粗暴的阴谋诡计，将会感到惊异。

至于说到我个人，那么我想，宪法不应当只规定立法团和政权机关的会议对众公开的原则，而是应当设法寻求使对众公开尽可能广泛的方法。宪法应当使代表们不能用任何方式限制听众的组成人员和任意变更人民所应得到的席位数额。宪法应当关心使立法议会设于居民群众的当中，并在无数的公民面前进行讨论。我还有什么可说呢！他们会用饥饿来把公民赶跑，因为他们甚至不考虑对于公民为了社会事业而牺牲自己养家活口的时间给予补偿。

这就是宪法应当维护的保卫自由的原则。所有其他的东西都只是欺骗、阴谋和专制。

要设法使人民能够出席公共集会，因为只有人民才是自由和正义的支柱，而贵族和阴谋家们乃是自由和正义的灾难。

如果贫困这个最严厉的法律迫使人民中最健康的和最众多的那一部分放弃权利，那么法律对于权利平等的原则表示假仁假义的尊重又有什么意义呢！

让祖国对于靠自己劳动过活的人因出席公共集会而花费的时间付给报酬吧，让它根据同样的理由也对于一切为社会服务的人员付给报酬吧，让选举规则，辩论程序尽可能地简化和紧凑吧，让一切集会都在对劳动人民最方便的日子里举行吧！

让辩论公开进行吧：对众公开是美德的支柱，真理的保证，是犯罪和阴谋所害怕的灾难。把黑暗和秘密投票留给罪犯和奴隶吧！自由的人们愿意人民是他们思想的证人。这个方法会教育公民和培养共和国的美德。这个方法适合于刚刚争得自己的自由并正在为巩固自由而斗争的人民。当这个方法不再适合于人民的时候，共和国也就不再存在了。

但是，我还要重复这一点，即人民在各种集会上要有完全的自由；宪法只能规定为驱逐阴谋和保存自由本身所必需的这些一般规则，任何其他限制都只是对人民主权的侵害行为。

要紧的是，任何时候都不许哪一个现存的政权来干涉会议的程序和辩论。

这样你们就会解决政治经济学的一个尚未解决的问题：使人民的美德和主权者的权力有了对付公职人员专横和政府趋向暴政

所必需的力量。

再说，不要忘记，宪法本身的巩固依靠一切规定，依靠人民的一切特别法律，而不管这些法律的名称怎样：宪法的巩固依靠风俗的善良，依靠对神圣人权的知识和理解。人权宣言是一切民族的宪法；其他法律依其性质是容易改变的并且是依存于这个宣言的。让人权宣言永远保存在一切人们的记忆中，让它在你们社会法典的开宗明义第一章放射光辉吧，让这法典的头一条成为一切人权的真正保障，让它的第二条规定侵害人权的一切法律都是暴虐的和无效的吧。在你们举行公开仪式时要庄严地拿出人权宣言，让它在人民的一切集会上，在人民代表出席的一切场所，引起人们的注意吧，让人们把它写在我们房屋的墙壁上吧，让它作为父母给自己子女的头一个训示吧。

可能有人要问我，我怎样能用这样可靠的对公职人员的预防措施来保证服从法律和服从政府。我要回答说，正是借助这些措施，我才更能保证这种服从。我剥夺了掌握政权和制定法律的人们为非作歹的力量，并把这全部力量交给了法律和政府。

公职人员所受到的尊重，与其说由于他所掌握的权力，远不如说是由于他自己对于法律的尊重；法律的威力与其说在于围绕法律的军事力量，远不如说在于法律符合正义和大众意志的原则。

当法律原则是社会利益的时候，人民自己就是法律原则的支柱，全体公民的力量就是它的力量。大众意志和社会力量有着共同的起源。社会力量在政体里犹如人体的手，它直接执行意志的命令，把所有可能威胁心脏或头部的一切东西推开。

当社会力量只帮助大众意志的时候，国家便是自由的和和平的；当它阻碍大众意志的时候，国家便是被奴役的或不安宁的。

社会力量与大众意志在下述两种场合发生矛盾：或者是在法律不是大众意志的时候，或者是在公职人员利用大众意志来破坏法律的时候。暴君们向来借口安宁、社会秩序、立法和政体所造成的那种可怕的无政府状态就是这样的；他们的全部伎俩就在于借助实力来离间和压迫公民中的每一个人，以使一切公民都服从他们用法律名义掩盖的卑鄙私欲。立法者们，你们要颁布正义的法律，公职人员们，你们要促使人们正确地执行法律；希望这将是你们的全部政策。这样，你们就会向全世界展示一个伟大的自由而善良的人民空前未见的景象！

第一条　宪法保障每个法国人享有前面宣言里所叙述的不可剥夺的人权和公民权利。

第二条　宪法宣布一切侵害人权的立法或政府文件，都是暴虐的和无效的。

第三条　法国宪法除共和国政府外不承认有其他合法政府；除建立在自由和平等基础上的共和政体外不承认其他共和政体。

第四条　法兰西共和国是统一的和不可分割的。

第五条　主权在实质上属于法兰西人民；所有公职人员都是受人民委任的人员，人民选举他们，也能罢免他们。

第六条　宪法除主权者的权力以外不承认其他权力，各种不同的公职人员所行使的不同部门的权力，只是主权者为了共同利益委托他们的社会职能。

第七条　由于共和国的人口众多和幅员广阔，责成法兰西人民划分为若干个区，以便行使自己的主权，但是人民的权利跟在统一的议会里进行讨论时一样有效和一样神圣。

因此，每一区都是独立自主的，既不能受某一法定政权的影响，也不服从它的命令，而侵犯某一部分人民的自由、安全或尊严的人民委任的人员都是犯有反对全体人民的叛乱罪行。

第八条　为了不使财产的不平等取消权利的平等，宪法要求靠自己劳动生活的公民响应法律号召在人民集会中担任社会工作时，其所花费的时间应该得到报酬。

第九条　人民代表执行职责的连续时间不得超过二年。

第十条　任何人都不能同时担任两个公职。

第十一条　行政的、立法的和司法的职能要分开执行。

第十二条　宪法不要求法律本身能够保障对于社会福利没有任何好处的个人自由；宪法准许公社在不属于共和国管理范围内调整自己的事务。

第十三条　立法议会和一切法定政权机关的辩论要公开进行：宪法要求的对众公开应当尽可能的广泛。立法议会应当在能容纳一万二千人的场所开会。

第十四条　每个公职人员都是对人民负责的人。

第十五条　要设立唯一职责在于处理公职人员渎职行为的法庭。

第十六条　立法议会议员在议会里发表意见不受任何法庭的追究；但在他们任期届满后，选举他们的人民要庄严地评判他们的行为。人民要就下列问题发表自己的意见：某一公民是否辜负了人民的信任。

第十七条　前两条规定的公职人员如被控犯有贪污与叛乱罪

行并有确凿事实，将由人民法庭审理，而一般的违法行为则由普通法庭审理。

第十八条　立法议会的全体议员和行政机关的一切成员，在其任期届满以后经过二年，必须提出关于自己财产状况的报告。

第十九条　如果某种立法文件或政府文件侵害人民权利，每一省可以把这个文件交给共和国其余部分审查；在另行规定的期限内召开基层议会，以便就这个问题宣布自己的意见。

第二十条　人权和公民权利宣言将悬挂在法定政权机关会场上最显眼的地方；在举行一切社会仪式时，将把它庄重地拿出来；它将是国民教育的主要课程。

关于改组革命法庭

必须同庇特[①]和科布尔卡[②]派遣来的毒化我们城市和我们各省的特务进行经常的斗争。我从山顶向人民发出信号，告诉他们：这就是你们的敌人，向他们开枪吧！

我看到了革命法庭被吹毛求疵的形式手续束缚住了手脚。为了审判杀害法兰西人民的凶犯休斯钦，法庭竟花费了好几个月的时间。假如暴政能够复活一昼夜，那么反对暴政的人们就会在这个期间内统统被消灭掉！现在自由也应当采用这样的手段；自由

① 庇特·威廉(1759—1806年)，英国内阁总理，十八世纪法国资产阶级革命的死敌。——译注

② 科布尔卡(1737—1815年)，奥地利将军，曾参与欧洲联盟反对革命法国的勾当。——译注

手中掌握有惩罚的利剑，这把剑终于应当把人民从最残酷的敌人那里解放出来。谁不动用这把利剑，谁就是罪犯。

法庭是为了促进革命发展而设立的，可是由于自己犯罪性的动作迟缓而使革命倒退，这是万万不应该的。必须让法庭永远对于犯罪提高警惕。这个法庭必须由十个人组成，这十个人只应担任侦查犯罪和运用刑罚的工作。增加陪审员和法官的人数是无益的。因为这个法庭只是处理一种犯罪，即叛国罪，只是运用一种刑罚，即死刑；对于这种犯罪行为让人们去选择刑罚，那是荒谬的，因为对这种犯罪行为应该只有一种刑罚，并且也正在运用这种刑罚。

公安委员会责备自己的地方可能很多，但是巴黎警察的过错也不少。因此，巴黎警察也和公安委员会一样需要改组。

公安委员会也和革命法庭一样，在它的形式和组织方面都是有缺点的。委员会的人员过多了，姑不论这种情况会破坏人们对委员会委员的爱国精神的信念，单是这一情况就会妨碍委员会的行动。

另外还有一种不便，这种不便往往对于推动工作造成很大的损害。治安委员会负有责任消灭任何种类的阴谋，而公安委员会也具有几乎同样的职能。前者往往拘留住后者所要缉捕的人，这样就发生管辖权的冲突，往往给国家利益带来损害。公安委员会释放的或宣告无罪的人，治安委员会却把他关在监狱里并判处刑罚。因为两个委员会是根据不同的文件进行审判的，这一委员会对于另一委员会作为判决根据的某一点闭口不谈，这就永远为阴谋活动大开方便之门。

概括地说：革命法庭要改革，并根据新的形式迅速改组；它要在一定的而且永远是很短促的期限内对有罪的人判处刑罚，对无罪的人予以释放；要设立几个革命委员会来共同审理经常侵害自由的许多犯罪案件；要有警察的一般监督；要改选只由十个委员组成的公安委员会，每个委员的责任将有明确规定；要明确划分公安委员会和治安委员会两者职能之间的界限。

关于革命政府的各项原则

各位人民代表们，胜利麻痹懦弱的人们，可是使坚强的人们得到鼓舞。

我们让欧洲和历史去颂扬土伦的奇迹，我们自己则去为自由争取新的胜利。

共和国的捍卫者们奉行恺撒的原则。他们认为：只要还剩下什么要做，就等于什么也没有做。我们还有很多危险，需要我们鼓起全部劲头来工作。

战胜英国人和卖国贼，对于我们英勇的共和国兵士来说，是轻而易举的事；有一个同样重要然而更加困难的工作，这就是通过不懈的努力来粉碎我们自由的一切敌人层出不穷的阴谋，并使社会繁荣所应当凭借的原则获得胜利。

你们责令治安委员会担负的最主要责任就是这样。

我们先谈一谈革命政府的原则和必要性，然后我们再指出在政府成立时使它瘫痪的原因。

革命政府的理论，也和产生这种理论的革命一样，是新鲜的东西。无论是在没有预见到这种革命的政论家的书籍里，或者是在满足于滥用自己权力而很少关心法制的那些暴君的法律里，都找不到这种理论。因此，“革命政府”这个名词对于贵族政治说来，只是惊恐或诽谤的对象，对于暴君说来只是耻辱，对于多数人说来只是一个哑谜。为了至少使善良的公民接近社会利益的原则，需要把这个名词向一切人们加以说明。

政府的职能在于把国民的精神力量和物质力量引向所既定的目标。

立宪政府的目标是保持共和国；革命政府的目标是建立共和国。

革命，这是自由反对自由敌人的战争；宪政，这是胜利与和平的自由的制度。

革命政府所以需要非常行动，正是因为它处在战争状态。它所以不能服从划一的和严格的规章，是因为它周围的情况是急剧发展和变化无常的，特别是因为它必须不断采取新的和迅速见效的手段来消除新的严重的危险。

立宪政府主要是关怀公民自由；而革命政府则是关怀社会自由。在立宪体制下，保护个别人免遭社会权力的蹂躏，差不多就够了；在革命体制下，社会权力本身被迫自卫，来击退向它进攻的一切派别。

革命政府对于善良公民应当给予充分的国家保护，而对于人民敌人只有让他死亡。

这些概念足够说明我们称做革命的法律的起源和本质了。认为这种法律是横暴或暴虐的人们——是颠倒是非的有意装糊涂的或居心险恶的诡辩家；他们希望和平与战争服从同一制度，健康与疾病服从同一制度，或者确切地说，他们只希望暴政复辟和祖国灭亡。如果他们号召逐字逐句遵守众所周知的宪法规定，那么，这只是为了不受拘束地违反这些规定。这是一些卑鄙的杀人犯，他们希望不冒什么危险就把共和国扼死在摇篮里。因此他们竭力用他们自己也不遵守的那些模糊不清的规定把共和国的手脚束缚起来。

这只宪法大船建造起来，不是要永远留在造船厂里；但是难道应当在风狂雨骤的时候把它推到海里去让逆风任意摆布吗？反对造船的暴君和奴隶们是希望这样的，但是法国人民命令你们等待风平浪静。人民的一致愿望，把贵族和联邦主义的号叫都压了下去，命令你们首先要击退一切敌人，把人民解放出来。

神殿建筑起来，不是要做玷污神殿的渎神者们的庇护所；而宪法制定起来，不是要鼓励那些力求消灭宪法的暴君们的阴谋。

如果革命政府应当比普通政府在自己行动方面更加坚决，更加自由，难道说这个政府因此就是不正义的和不合法的吗？不是的。这个政府所依靠的，是一切法律中最神圣的法律即拯救人民，是一切权利中最无争论的权利即必要性。

这个政府也有自己的从正义和社会秩序那里继承下来的规则。它同无政府状态或混乱毫无共同之处。相反，它的目标是遏止无政府状态和混乱，以便奠定和巩固法律的王国。它同专横毫无共同之处。这个政府应当遵循的，不是个别人的爱好，而是社会利益。在能够严格适用通常的和一般的原则而不侵害社会自由的一切场合，革命政府就应当坚持这些原则。阴谋分子的厚颜无耻或背信行为应当是衡量政府力量的标准。革命政府对于坏人越厉害，对于好人就应当越亲切。周围情况要求政府采取必要的严厉措施越多，它就越应当少采用那些无益地限制自由和侵害私人利益、然而对社会毫无好处的措施。

它应当在两种暗礁之间迂回前进，这两种暗礁就是：懦弱和鲁莽蛮干，温和主义和过火行为。温和主义貌似稳健，正如虚弱貌似童贞，而过火行为貌似刚毅，正如浮肿貌似健康。

暴君们总是尽力把我们沿着温和主义道路拉回到奴隶制；他们有时也想把我们抛向相反的极端。两种极端是一致的。不管你落到目标的这方面或那方面，目标都是一样不能达到。没有一个人像普遍统一共和国的不及时宣扬者那样与联邦主义的信徒格格不入。国王们的友人和人类的总检察官彼此是很融洽的。穿袈裟的狂信者和宣扬无神论的狂信者彼此有很大相似之处。男爵民主主义者是科不伦茨城侯爵的兄弟们，有时戴红尖顶帽的人们比可能设想的更近似穿红后根鞋的人。

因此政府也就应当是很慎重的，因为自由的一切敌人都在磨拳擦掌，不仅要利用政府的错误，而且甚至利用政府最英明的措施来反对自由。如果政府打击所谓过火的东西，他们就竭力称赞温和主义和贵族政治。如果政府追究这两种怪物，他们就竭尽全力来推向过火行为。让他们有可能把善良公民的热诚引向迷途，是很危险的事情；对被他们欺骗的善良公民泼冷水并进行迫害，那就更危险了。如果有前一种弊害，共和国就有抽搐死亡的危险；如果发生后一种弊害，它就必然会因衰弱而灭亡。

应当做什么呢？追究背信阴谋的罪恶的策划者，支持爱国主义，甚至在迷失方向时也要支持他们，启发爱国人士并不断提高人民的觉悟，使他们理解自己的权利和崇高使命。如果你们不掌握这一原则，你们就会失掉一切。

如果需要在爱国热诚过分、公民感情缺乏或温和主义的无力之间进行选择的话，那是不需要踌躇的。苦于血气过剩的强壮身体比尸体具有更多的能力。

主要的是，我们在希望使爱国主义健全发展时要谨防扼杀爱国主义。

爱国主义就其本质来说是炽热的。谁能冷冰冰地爱祖国呢？爱国主义是大部分普通人们具有的情感，这种人很少能按照行为的动机来断定公民行为的政治后果。什么样的爱国者，甚至受过教育的爱国者，能永远不犯错误呢？唉，如果容许真诚的温和者和胆小者存在的话，那么为什么不让被高尚情感一时诱离正轨的真诚的爱国者存在呢？从而，如果认为在革命活动中超出智慧所划定的明确界限范围的人们是犯罪的，那就会同坏公民一起受到一切自由的真正友人、你们自己的朋友和共和国的一切拥护者们的冷遇。

暴政的狡猾密使们在欺骗了他们以后，自己就会成了他们的公诉人，甚至法官。

谁能区别所有这些色彩？谁能在各种过火行为之中划定分界线呢？人们热爱祖国和真理，而国王和骗子手总是要尽力消灭这种热爱。他们不愿意同理智和真理发生任何关系。

在提到革命政府的责任时，我们曾指出威胁政府的暗礁。政府的权力越大，它的行动越自由、越迅速，它就越应当以善良的意图为指南。当革命政府一旦落到不纯洁或背信弃义的人们手中，自由就会被毁灭;政府的名称会成为反革命本身的借口和辩护理由;它的毅力会成为烈性的毒物。

因此,法国人民的信任与其说关联到作为机关的国民公会本身,不如说关联到国民公会所表现的性质。

人民把自己全部权力交给你们,是期待你们的治理,犹如对于祖国敌人是严厉一样,对于爱国人士是慈善的。人民责成你们同时表现出威力和灵敏,这是为镇压敌人、而主要是为维持你们所需要的内部团结以便完成你们的伟大计划所必需的。

法兰西共和国的建立不是儿戏。它既不能是异想天开或听天由命的结果,也不能是一切私人要求和革命原则互相冲突的偶然后果。英明也和威力一样指导了宇宙的创造物。当你们向那些从你们当中选出的人们提出不断关怀祖国命运的重大任务时,你们也责成自己用自己的力量和信任来支持他们。如果人民代表不用自己的知识、毅力、爱国主义和善意来支持革命政府,政府怎会有力量来抵抗欧洲和一切自由的敌人从四面八方进攻革命政府的力量呢?

我们的敌人只要在我们之间散布仇恨就能战胜我们。如果我们轻信他们的背信诽谤,我们就要遭殃!如果我们破坏我们的联盟,而不巩固这个联盟,如果个人利益和受侮辱的虚荣心的声音压倒祖国和真理的声音,我们就要遭殃。

我们要培养自己的共和国美德并向古希腊罗马时代的榜样学习。弗弥斯托克利比指挥希腊舰队的斯巴达将军还英明些。但是当这位将军不喜欢弗弥斯托克利为拯救祖国而提出的意见,举起手杖来打他时,弗弥斯托克利只是反驳将军说:“你打吧,但是请你听从劝告”,因而希腊战胜了亚细亚的暴君。斯奇庇奥丝毫不逊于另一位罗马将军,然而他在打败了汉尼拔和迦太基人以后,以在自己对手的统率下服务为荣。唉,伟大心胸的美德!狭小心胸的一切惊惶和奢望同你比较起来,显得多么渺小。唉,美德!难道说建立共和国不像和平管理共和国那样需要你吗?唉,祖国!难道说你对于法兰西人民代表的权利还不及希腊和罗马对于自己将军的权利吗?我还有什么可说呢!如果在我们当中,革命管理的职能不再是重大的责任,而是野心的对象,那么共和国就已经完蛋了。

需要使国民公会的威信受到整个欧洲的尊重。暴君们在运用自己政策的一切手段并不惜花费大量财富,以求贬低和消灭公会。应该使国民公会坚决作出决定维护自己的管理,而不让伦敦内阁和欧洲宫廷来管理。因为,如果国民公会不去管理,暴君们就要实行统治。

他们在这次同共和国进行的狡猾而邪恶的战争中拥有各种各样的优势。一切恶习都帮助这些暴君作战,而帮助共和国的只有美德。美德是纯朴、平凡、贫乏、往往是愚昧,有时甚至是粗暴的;美德是不幸的人们的命运,是人民的财富。恶习却用各种宝库装饰起来,用一切淫荡的魔力和背信弃义的诱惑力武装起来。伴随着这些恶习的,还有被用来犯罪的一切危险的才能。

暴君们在以多么巧妙的手段利用我们的热情和软弱,甚至我们的爱国主义来反对我们啊!

如果我们不赶快把他们在我们中间散布的不和的种子压下去,这些种子可能何等迅速地生长起来啊!

由于五年间的叛变和暴政,由于太没有远见和轻信,由于某些刚勇的行为很快受到懦弱懊悔的抑制，致使奥地利、英国、俄国、普鲁士、意大利有时间在法国境内建立了与法国政府对抗的秘密政府。他们也有自己的委员会、自己的国库、自己的职员。这个政府取得我们使自己的政府失掉的力量；这个政府拥有我们早就缺乏的团结一致的。我们认为可能超过我们的政策，具有我们还未充分感觉其必要性的首尾一贯和协调的行动。

因此，外国宫廷早已向法国派来了他们所雇用的狡猾恶棍。他们的特务仍然布满在我们的军队中间，土伦的胜利就是这一情况的证明。为了战胜叛变，曾需要兵士的百倍勇敢，将军们的无限忠诚，人民代表的全部英勇。他们在我们行政机关，在我们区议会里协商，他们钻进我们的俱乐部，他们甚至出现在我们国民代表的圣地，他们现在并且将来还要永远根据同样计划指导反革命。

他们围绕我们徘徊，他们侦探我们的秘密，他们鼓励我们的私欲，他们甚至企图指导我们的观点，他们利用我们的决定来反对我们。如果你们软弱无力，他们就赞美你们的小心谨慎。如果你们小心谨慎，他们就责备你们软弱无力；他们诉诸你们的勇敢和大无畏，诉诸你们的正义和残酷。如果你们宽恕他们，他们就公然使用奸计；如果你们威吓他们，他们就带上爱国面具暗中破坏。昨天他们杀害了自由的卫士，今天他们参加这些卫士的隆重葬仪和要求对他们表示崇高的尊敬，为的是等待时机毁灭类似他们的人。如果需要挑起内战，他们就开始宣扬一切荒谬妄诞的迷信勾当。如果内战的火焰已因法国人血流成河而熄灭，他们就背弃自己的神圣称号和自己的上帝来重新煽起内战的火焰。

曾有过这样的事情：英国人和普鲁士人到我们的城市和乡村

来，用国民公会名义宣扬某种毫无意义的教义，被剥夺神职的神甫们也领导人群以宗教名义进行反叛活动。由于憎恨和狂信而作出不慎行为的爱国人士已经开始遭到杀害。在许多地方由于这些可悲的纠纷已经流了血，好像我们同欧洲的暴君进行斗争所要流的血还嫌太少似的。唉，可耻！唉，人类理智的薄弱！伟大民族竟变成了最可轻视的暴政仆从们手中的玩物！

外国人有时好像是社会安宁的主宰。金钱有没有都是由他们决定的。人民有无面包吃是按照他们的愿望的；是否有人停在面包房门前要看他们的颜色。他们指挥自己雇用的杀人凶手和间谍来包围我们。我们知道这一点，我们看到这一点，可是他们却依然存在。法律的矛头显然难于接近他们。甚至现在惩罚有势力的谋叛分子，比从诽谤之中救出自由的友人要难些。

我们刚刚揭穿法兰西敌人所引起的虚伪哲学的极端，爱国主义刚刚在这个讲台上把他们称做“超革命分子”，里昂的卖国贼们，暴政的一切信徒们立即就把这个名词用在替人民和法律报了仇的热心而高尚的爱国人士身上。他们一方面恢复迫害共和国友人的旧制度；另一方面，他们呼吁对双手染满祖国的鲜血的恶棍表示宽大。

但是他们的犯罪行为有增无已：外国密使的渎神队伍每天都在募集，法兰西到处都有他们，他们现在在等待并且将来永远会等待对他们的破坏阴谋有利的时机。他们增强起来，他们盘踞在我们中间，他们修筑新的碉堡和新的反革命炮垒，同时豢养他们的暴君则在集结新的军队。

背信弃义的密使同我们交谈，和我们亲热，这些家伙都是嗜血成性的仆从们的兄弟和同谋者。那些仆从们把我们谷仓抢劫一空，占据了我们的城市和他们的老爷所买下的现在成了我们的舰队，砍杀我们的兄弟，惨无人道地杀害被他们俘去的我们的公民、我们的妻子、我们的子女和法兰西人民的代表。我还有什么可说呢！干出这种万恶勾当的怪物，比起秘密撕裂我们内脏的卑鄙坏蛋，残忍程度还差千倍，可是这些坏蛋却仍然健在，他们还在为所欲为地使用奸计。

他们只要有领袖就能联合起来，他们正在你们中间寻找领袖。他们的主要目的，是引起我们中间的冲突。这一致命的斗争会产生贵族政治的希望，会使联邦主义的阴谋诡计得逞，会替吉伦特党报仇，会对惩治这一党派恶行的法律报仇。这一斗争会因山岳党的极大忠诚而惩治山岳党。因为他们是在攻击山岳党，或者更正确地说，是在攻击国民公会，在公会里制造不和，并破坏它的工作。

至于我们，我们只是要同英国人、普鲁士人、奥地利人和他们的同谋者进行战争。我们要对付诽谤和诬蔑，把它们消灭；我们只会憎恨祖国的敌人。应当产生恐惧的，不是爱国人士和受难人们的心灵，而是外国强盗的巢穴，因为在他们巢穴里正在进行分赃和畅饮法兰西人民的鲜血。

委员会注意到，对于惩治大罪犯说来，法律不够迅速。外国人、联合起来的国王们的著名代理人、沾满法国人鲜血的将军们、杜木里埃、休斯钦和拉马尔列尔的前同谋者早就被关起来了，但是没有受审。

谋叛分子的人数很多：他们的人数显然在增长，而受审的例子却是很少见的。处罚几百名无名小卒和次要罪犯，不如处死一个阴谋的魁首对自由有益。

革命法庭的爱国主义和正义,一般说来是值得称赞的。这个法庭的法官们自己向治安委员会指出了有时使法庭的工作发生困难和增加错误的原因;法官们请求我们修改一项法律,这项法律令人想起它颁布时的倒霉时代。我们建议委托委员会在这方面向你们提出若干修改地方。这些修改将都是为了使审判工作对于无辜者更加有利,而对于犯罪和阴谋更加难逃法网。你们在上一个法令里已经责成委员会注意这一点。

我们向你们建议立即加速审判那些被控告同反对我们的暴君们阴谋勾结的外国人和将军们。

只是对祖国的敌人采取威吓方法,是不够的,还需要帮助祖国的保卫者们。因此,我们要在你们的正义面前请求作出一些有利于为自由而战和受难的兵士的决定。

法国军队不仅是暴君们的灾难,它还是民族和人类的荣誉。我们善良的军人迎着胜利前进的时候,高喊"共和国万岁!"他们在敌人炮火下牺牲的时候也说"共和国万岁"。他们临终时所说的话是自由的颂歌;他们最后的叹气是为祖国而祈祷。如果所有官长都同兵士一样,欧洲早就被打败了。对于军队采取的每一良好行动都是民族的感激的行动。

给祖国卫士们和他们的家属发的补助金,在我们看来太少了。我们认为这种补助金可以毫无困难地增加三分之一。共和国广大的财政资源容许采取这种措施:祖国需要这一措施。

我们也觉得,残废的兵士、为祖国而牺牲的人的寡妇孤儿,由于法律所要求的手续,由于要经过许多请求,有时由于某些次要行政人员的冷淡或恶意，而碰到了妨碍他们行使法律所保证的优先权的困难。我们认为，排除这些障碍的手段就是给他们指派法律规定的服务辩护人，以便他们维护自己的权利。

根据所有这些理由，我们向你们建议发布下列法令。

国民公会命令：

第一条　革命法庭的公诉人立即使吉特里赫、休斯钦、被法律处罚的将军之子、德布留利、比伦、巴尔切列米以及被控诉同杜木里埃、休斯钦、拉马尔列尔、古沙尔同谋的所有将军和武官受到法庭审判。公诉人主要地要使被控叛变和与勾结起来反对共和国的国王们同谋的外国人、银行家和其他人们受到审判。

第二条　治安委员会应在极短期限内报告改进革命法庭组织的方法。

第三条　前颁各项法令给为祖国作战受伤的祖国卫士们或他们的寡妇孤儿所规定的补助金和奖赏，要增加三分之一。

第四条　成立一个委员会，负责便利他们行使法律所赋予的权利。

第五条　这个委员会的委员由国民公会按照治安委员会的提名任命。

关于政治道德的各项原则

各位人民代表们，不久以前，我们谈到了我们对外政策的原则；现在我们打算谈一谈我们对内政策的各项原则。

法国人民的代表们好像被敌对党派的活动所吸引，进行了长久的摸索以后，后来终于表现出骨气并建立了政府。民族幸运中这一突然的转变，向欧洲宣告了在国民代表机关中所进行的复兴。但是应当承认，在此刻以前，在那样狂暴的情况下指导我们的，是对幸福的热爱和对祖国需要的理解，而不是正确的理论和明确的行为规则，我们甚至没有时间来确定这些东西。

现在已应该明确规定革命的目的和确定我们想要达到的限度，已应该了解那些把我们同目的隔离开来的障碍，了解我们为达到目的所应当采取的手段——这是一个简单的，而很重要的思想，这一思想显然是在任何时候都没有被注意到。唉，卑鄙的和贪污的政府怎么敢实现这个思想呢？随便哪个国王、目空一切的元老院，恺撒、克伦威尔都必须得首先用宗教的外衣掩盖自己的计划，同一切恶行妥协，向一切党派讨好，对于正直人士的党派则加以摧残，为了满足自己背信的野心而压迫或欺骗人民。如果我们不需要完成巨大工作，如果问题只是在于党派或者新贵族的利益，那么我们就会像某些不仅愚昧而且下流的著作家一样，相信法兰西革命的计划已经整个写在塔西佗和马基雅弗利的书籍里，并且到奥古斯特、提贝里乌斯或亚斯帕西阿努斯的历史书里，或者甚至在某些法国立法者的历史书里去寻找人民代表的责任，因为一切背信或残酷的暴君都是彼此相似的。至于我们呢，今天我们来向全世界宣布你们的政治秘密，以使祖国的一切朋友都能同意理智和社会利益的呼声，以使法兰西民族和它的代表们在世界上所有能得悉你们的真正原则的国度里都受到尊重，以使经常互相倾轧的阴谋分子按照可靠而明白的规则受到社会舆论的裁判。

为了把自由命运交给永恒的真理，而不是交给注定死亡的凡

人，就应当预先采取预防的措施，这样就使政府忘掉人民利益或者政府落在坏人手中的时候，公认原则的光辉会按照事物的自然进程拆穿这些坏人的叛变行为，而任何新的派别只要一想犯罪就会自趋灭亡。

能达到这一点的人民是幸福的！因为不管有人为人民准备了什么新的侮辱，成为自由保障的社会理智所凭借的事物秩序会给人民以一切帮助。

我们追求的目的是什么呢？这就是和平地享受自由与平等，这就是永恒正义的王国，这里的法律不是刻在大理石上和石头上，而是铭记在一切人们的心上，甚至铭记在忘却法律的奴隶和否认法律的暴君的心上。

我们希望有这样的秩序，在这种秩序下，一切卑鄙的和残酷的私欲会被抑制下去，而一切良好的和高尚的热情会受到法律的鼓励；在这种秩序下，功名心就是要获得荣誉和为祖国服务；在这种秩序下，差别只从平等本身中产生；在这种秩序下，公民服从公职人员，公职人员服从人民，而人民服从正义；在这种秩序下，祖国保证每一个人的幸福，而每一个人自豪地为祖国的繁荣和光荣高兴；在这种秩序下，一切人都因经常充满共和感情和希望得到伟大人民的尊重而成为高尚的人；在这种秩序下，艺术成了使他们高尚的自由的装饰品，商业成了社会财富的泉源，而不仅是几个家族的惊人富裕。

我们希望在我们国内：以道义代替自私，以正直代替名声，以原则代替习惯，以责任代替体面，以理智的权力代替时髦的暴政，以轻视恶习代替轻视不幸，以高尚代替无耻，以胸襟宽宏代替虚荣心，以热爱荣誉代替热爱金钱，以好人代替排场，以功绩代替阴谋，以才能代替乖巧，以老实代替浮华，以幸福的魔力代替淫荡无度，以人的伟大代替贵族的渺小，以高尚的、强大的、幸福的人民代替荒淫的、轻率的、不幸的人民。就是说，我们希望用共和国的一切美德和奇迹代替君主国的一切荒谬东西。

总而言之，我们希望实现自然的愿望，完成人类的使命，履行哲学的诺言，证实在犯罪和暴政的长期统治下将来的必然归宿。要使曾在奴隶国家中占显著地位的法兰西胜过任何时期所有存在过的自由人民的荣誉，成为各民族仿效的榜样，成为压迫者的灾难和被压迫者的安慰，成为宇宙的装饰品，并使我们在用自己鲜血巩固我们的事业以后，至少能够看见普遍幸福的曙光……这就是我们的野心，这就是我们的目的。

什么样的政府能够实现所有这些奇迹呢？只有民主的或共和的政府。这两个名词是同义语，尽管在通常使用时有差别，因为贵族政治并不比君主政体更共和。民主国家并不是经常集合在一起的人民独立管理一切社会事务的国家，更不是成千上万的人民党派借助个别仓促的和矛盾的措施来解决整个社会命运的国家。像这样的政府任何时候也没有存在过，如果有这样的政府，也只会重新引导人民返回专制政治。

民主国家乃是这样的国家：在那里，主权的人民受自己制定的法律领导，自己去做所能做的一切事情，并借助自己的代表去做自己所不能做的一切事情。

你们应当在民主政府的原则中寻找你们的政治行为规则。

但是，为了在我们中间建立和巩固民主政治，为了达到宪政法律的和平统治，需要结束自由反对暴政的战争并顺利地度过革命风暴——这就是你们规定的革命体制的目标。因此你们还应当使你们的行为同在共和国内发生的剧烈的事变相适应，而你们的管理计划则应当是革命政府的精神与一般民主原则结合的产物。

民主政府或人民政府的基本原则是什么，也就是支持和推动政府的主要动力是什么？这就是美德。我说的是公共美德，这种美德曾在希腊和罗马做出了那么伟大的奇迹，并且这一美德将要在共和的法国做出更令人惊异的奇迹。我说的美德，就是热爱祖国和祖国的法律，而不是什么别的东西。

但是，因为共和政体或民主的实质是平等，所以应当得出这样的结论：热爱祖国必须包括热爱平等在内。

这样一点也是对的，即这种高尚的情感必然会把社会利益放在一切个人利益之上。由此可见，热爱祖国还必然会包含或产生一切美德，因为一切美德如果不是使人能作出这种牺牲的心灵力量，又是什么东西呢？例如，守财奴或名利奴怎能把自己心爱之物贡献给祖国呢？

美德不只是民主的灵魂，而且它也只有在这种政体下才能存在。在君主政体下，我只是知道有一个人能够热爱祖国，而他为了爱祖国甚至并不需要美德。这个人就是专制君主。这是因为在自己国家的一切居民中，只有君主一人有祖国。难道他不是主权者，至少是事实上的主权者。难道说他没有占据人民的地位吗？祖国如果不是一个以人作为公民和主权者的国家，又是什么呢？

由于同一个原则，在贵族政治的国家里，“祖国”一语只是对于窃据主权的贵族家庭才有某种意义。

只有在国家真正是它的一切国民的祖国，并且所有公民都是关心它的事业的保卫者的地方，才会有民主。这就是自由人民比其他一切人民优越的根源。如果说雅典和斯巴达战胜了亚洲暴君，而瑞士人战胜了西班牙和奥地利的暴君，那么不需要为此寻找什么别的原因。

但是法国人是世界上头一个号召一切人们实行平等和享有充分公民权利而且已经确立真正民主政治的人民。按照我的意见，这就是所有那些勾结起来反对共和国的暴君将被我们战胜的真正原因。

根据我们刚才阐述的这些原则，现在应当做出重要的结论。

由于共和国的灵魂是美德和平等，由于你们的目标在于建立和巩固共和国，你们的政治行为的基本规则就应当是把你们的一切行为用来支持平等和发展美德，因为立法者的最主要的关怀应当是巩固管理原则。由此可见，凡是能够激发热爱祖国、纯洁风俗、提高理智、指导热情、促进社会利益的一切，你们都应当赞成和建立起来。凡是能够使热情集中于自私的卑鄙目的，使人偏好小事轻视大事的一切，你们都应当摒弃或者加以制止。在法国革命的各机关中不道德的东西，便是在政治上无用的；能使人腐化堕落的东西，便是反革命的。软弱、恶习、偏见是王权的道路。由于我们常常摆不脱我们旧日的习惯，并且不知不觉地倾向于人类的弱点、倾向于虚伪的概念和冷漠的情感，我们应该着意防止的绝不是过多的刚毅，而是过多的柔弱。可能，我们应当避开的最大绊脚石，不是高度的热情，而是厌倦善行和畏惧自己的勇敢。

你们要不断提高共和国政府不可摧毁的毅力，而不要使它软弱下去。不消说，我不是在这里替某种过火措施来作辩护。在滥用政府最神圣的英明原则时，应当考虑种种情况，寻求必要的时机，选择必要的手段，因为准备作出伟大事业的本质是完成伟大事业的能力的不可分割的一部分，正如英明是美德的一部分一样。

我们不打算按照斯巴达的类型建立法兰西共和国；我们既不想把严厉风气赋予共和国，也不想把寺院腐败风气赋予共和国。我们已向你们阐述了人民管理的道德原则和政治原则。因而你们有了一个指南针，它能够在一切私欲的风暴中和围绕你们的阴谋的急流旋涡中指导你们前进。你们有了一块试金石，可用它来试验你们的一切法律，以及向你们提出的一切建议。不断地把它们同这个原则作比较，你们将来就能避免大集会中通常碰到的绊脚石，避免意外的危险和草率的、不合理的矛盾的措施。你们就能使你们的一切行为具有世界上最优秀人民的代表所应当表现的适当、一致、明智和尊严。

需要详细谈谈的，不是从民主原则引出的容易理解的结论，这一简单而有益的原则本身就值得加以阐述。

共和国的美德，可以从人民和政府这两方面来探讨。这个美德对于人民和对于政府都是必不可少的。如果单是政府没有美德，希望还可寄托在人民的美德上。但是如果人民本身败坏了，自由就没有了。

幸而，与贵族的偏见相反，美德是人民所固有的。当民族逐渐丧失自己的性格和自由，离开民主而走上贵族政治或君主专制的时候，这个民族就真正败坏了；这就是政治社会由于衰颓而灭亡。当经保持了四百年的荣誉之后，食欲最后把道德和莱喀古士的法律一起赶出斯巴达的时候，阿吉斯为了恢复这些法律和道德白白地死去！狄摩西尼徒劳无益地反对菲力浦。菲力浦从蜕化的雅典的恶习中找到比狄摩西尼更善于辞令的律师。雅典的人口还像米太雅第和亚立斯太提时代那样多，可是再没有雅典人了。如果布鲁图杀死了暴君，那有什么重要呢？暴政仍然活在人们心中，而罗马还只是在布鲁图的心中存在。

但是当人民依靠勇敢和智慧的最大努力，打碎专制的枷锁作为战利品而献给自由的时候，当它借助自己道德气质的力量逃出死亡而恢复全部青春毅力的时候，当这个不是过于敏感的就是骄傲的、不是无畏的就是驯服的人民，不为任何难攻的堡垒或者暴君纠合起来进行顽抗的庞大军队所阻滞，却在法律面前自动停止不前的时候，那么如果他不能很快地力求达到自己命运的高峰，这只能是管理他们的那些人们的罪过。

同时，还可以说，为了爱护正义和平等，人民不需要很大的美德；他只要爱护自己就够了。

但是公职人员必须为人民的利益而牺牲自己的利益，为了平等而牺牲权力的骄傲。必须使法律对执行法律的人特别严格。政府需要特别注意自己，要使它的个别部分符合它的整体。如果存在着代表机构，即人民建立的最高政权，这个政权就应当监视所有公职人员并不断地管束他们。这个政权如果不是由它的美德管束，将由谁来管束呢？这个社会秩序的根源愈高，它就应当愈纯洁，因而必须使代表机构在自己内部使一切个人热情服从有利于社会的共同的热情。当代表们不仅由于义务，而且由于荣誉甚至由于利益而热爱自由事业的时候，他们是很幸福的。

我们从这一切当中得出下列的伟大真理：真正人民政府的本性，就是信任人民和严格要求自己。

如果你们只是在风平浪静的情况下驾驶共和国这艘船，我们的理论说到这里就够了，但是风暴在猖狂发作，你们所处的革命状况就要求你们执行另一种任务了。

法国革命基础的高度纯洁，革命目标的崇高，正是我们的力量和我们的弱点所在。它之所以是我们的力量，就是因为这使我们拥有真理对于欺骗的优势、社会利益对于私人利益的优势；它之所以是我们的弱点，就是因为这会把一切坏人团结起来，把所有那些在内心企图掠夺人民的人们，希望肆无忌惮地掠夺人民的人们，厌弃自由如同厌弃个人最大灾难的人们，以革命为职业而以共和国为战利品的人们都团结起来反对我们。因此就有这样多的怀有野心和贪欲的人们发生叛变。他们从出发的时候起就离开了我们，因为他们从旅程开始起就别有目的的。仿佛有两个在彼此争论对自然界的统治的敌对的神，在人类历史这一伟大时代打起仗来，以便坚决不移地决定世界的命运，而法兰西就成了这一可怕斗争的表演场所。

一切暴君们从国外来包围你们，而暴君的一切友人们则在国内进行阴谋活动；在犯罪行为没有失败以前，他们将一直进行阴谋活动。必须镇压共和国的内外敌人，不然就会与共和国同归于尽。在目前情况下，你们政策的第一条，应当是依靠理智来管理人民，借助恐怖来统治人民的敌人。

如果在和平时期，人民管理的工具是美德，那么在革命时期，这个工具就同时既是美德又是恐怖：没有美德，恐怖就是有害的，没有恐怖,美德就显得无力。恐怖是迅速的、严厉的、坚决的正义,从而它是美德的表现,与其说它是特殊原则,毋宁说它是从祖国在极端困难时期所采用的民主一般原则得出的结论。

这里有人说,恐怖是专制政体的工具。这样说来,你们的政体不像专制制度吗?是的,在自由的英雄手中闪闪发光的宝剑很像暴政信徒用来武装自己的利剑。当专制君主借助恐怖统治自己愚昧臣民的时候,作为君主,他是对的;你们用恐怖使自由的敌人驯服,作为共和国的创立人,你们也将是对的。革命政体就是自由对暴政的专制。难道力量建立起来是为了保护犯罪,而不是为了打击傲慢不逊的人们吗?

自然界为一切物质和精神的生物规定了关心自卫的法则,犯罪者为了获得权势杀害无辜者,而无辜者则竭力从犯罪者手中挣脱出来。

如果暴政单是统治一天,第二天就不会有一个爱国者存在了。把专制君主的狂暴叫做公平审判,而人民的公正审判则叫做野蛮或造反,这种现象到什么时候才会结束呢?为什么人们对压迫者温和,而对于被压迫者严厉呢!非常自然,谁不憎恨犯罪行为,谁就不能热爱美德。

但是,不使犯罪行为遭到毁灭,就必须使美德遭到毁灭。有一些人叫嚷要对保皇党徒宽大。对恶棍们仁慈!不,要对无辜者仁慈,要对弱者仁慈,要对不幸者仁慈,要对人类仁慈!

社会保护只是为了和平公民的。在共和国里,除了拥护共和政体的人们以外没有公民。保皇党徒、谋叛分子对于共和国说来,只是外国人或者直截了当说是敌人。难道说自由对于暴政所进行的可怕战争不是统一的吗？难道说国内敌人不是国外敌人的同盟军吗？在内部折磨祖国的杀人犯吗？收买人民代表良心的阴谋家、出卖良心的卖国贼、被收买来造谣玷污人民事业、毁灭社会美德、挑起内乱火焰和利用道义上反革命来准备政治上反革命的下流作家们——所有这些人难道比他们所服务的暴君罪过轻一些或者危害性小一些吗？谁凡是把自己的有害温和置于这些恶棍和国民审判的惩罚刀剑之间的人，谁就好像是扑到暴君信徒和我们兵士的刺刀之间来的人一样；他们的一切虚假感情，在我看来只不过是同情英国和奥地利的叹息罢了。

可是他们对于什么人能表示温和呢？是对于被自由敌人的利剑或者国王杀人犯或联邦主义杀人犯的匕首杀害的二十万英雄，即民族的精华吗？不是的，这些人只是平民、爱国者；为了有权得到自由敌人的关怀注意，最低限度也必须变为背叛祖国二十次的某一将军的寡妻；为了求得他们的宽大，几乎要求提出牺牲几万法国人的证明，正像罗马的将军为了求得凯旋仪式，必须杀死一万敌人一样。在我们这里，有人听人谈论暴君们残酷杀害自由的保卫者，妇女们受到残忍摧残，我们的儿童被杀死在母亲怀抱里，以及我们的被俘人员由于自己激动人心的和崇高的英勇行为而遭受可怕折磨的事情向来无动于衷，而对我们迟迟才处罚几个对祖国犯有血债的怪物，却说是可怕的屠杀。

在我们这里，对于那些为了伟大事业而牺牲自己弟兄、自己儿女、自己丈夫的勇敢女公民的贫困毫不关心，而对于谋叛分子的妻子却给以最慷慨的安慰；她们往往能够为所欲为地贿买审判官，反对自由，替自己的亲友和同谋者的案件辩护；谋叛分子的妻子几乎成立了特权团体,成了人民的债权人和恤金领取者。

我们是怎样天真地再一次上了甜言蜜语的圈套！贵族政治和温和主义是怎样还借助他们给我们规定的可怕规则来管理我们!

贵族政治用自己的阴谋来保护自己,比爱国主义用自己的功绩来保护自己做得好得多了……在我们这里,他们想要利用法官的狡猾手段来统治革命,他们把反对共和国的阴谋案件,当作私人的诉讼案件一样对待。暴政是杀人的,而自由是保护人的。可是用来审判谋叛分子的法律,就是他们自己制定的法典。

当问题涉及拯救祖国时,以证人的供词为基础的证据不能代替宇宙的证明,而以文件为基础的证据,不能代替亲眼目睹。

拖延审理诉讼案件,等于不处罚犯罪;处罚不坚决,就是鼓励一切犯罪者。但是在我们这里,有人抱怨审判太严厉,抱怨把共和国的敌人拘禁起来。他们在暴君的历史上寻找例子,因为他们不愿意从人民的历史中找出这种例子,或者不愿意从受威胁的自由的精神那里寻找例子。在罗马,当执政官揭穿阴谋并立即通过处死卡提利纳的同谋者的方法把阴谋镇压下去的时候,他竟被控告违反诉讼手续。被谁控告呢？被野心家恺撒控告,因为恺撒想以这帮谋叛分子来扩大自己的党羽,还被皮索、克罗狄乌斯和所有不良的公民们控告,因为他们害怕真正罗马人的美德和法律的严厉。

惩罚人类的压迫者是仁慈,宽恕他们是野蛮。暴君的残暴只能由残暴产生,而共和国政府的残暴则是由热心为善所引起的。

因此,让那些敢于把只应涉及人民敌人的恐怖用来对付人民的人倒霉吧！让那些把爱国主义不可避免的错误同背信弃义的有意错误或者同谋叛分子的侵害行为混淆起来,因而不是对危险的阴谋家，而是对和平的公民进行迫害的人倒霉吧！但愿敢于滥用自由的神圣名义或滥用自由委托给他的严厉武器来使爱国者伤心或丧命的人夭亡吧！这类的滥用行为是有过的，这一点绝不能怀疑。当然，这种滥用行为被贵族夸大了。但是如果在全共和国内哪怕有一个被自由敌人迫害的善良人，政府也有责任很关心地去找出他来，并替他进行全民的报仇。

但是从假热诚的反革命分子对爱国人士所进行的这一切迫害中，应不应当得出结论说，需要放弃从严处罚呢？相反，贵族的这些新罪行恰好证明有从严处罪的必要。如果不是在追究他们时所表现的软弱，什么能证明我们敌人的蛮横无理呢？软弱多半是由于最近为了安慰他们而宣扬的宽大主义所引起的。如果你们能听从这种东西，那么你们的敌人就会达到自己的目的并且从你们自己手里得到对他们一切罪恶行为的奖赏。

把爱国主义所取得的几次胜利看做是我们一切危险的终结，这种看法是多么轻率呀！你们看一下我们的真实情况，你们就会晓得，你们比任何时候都更加需要警惕和毅力。政府的行动处处遇到暗藏的敌意。外国宫廷的致命影响虽然更加隐蔽起来了，但是这种隐蔽丝毫也没减少这种影响，也没有使这种影响较为无害。很明显，受过惊恐的犯罪者经常地并且很巧妙地尽力掩盖了自己的意图。

法国人民的内部敌人分成两个派别，好像是两支队伍一样。他们在颜色不同的旗帜下，并沿着不同的道路前进，但是前进的目标是一个：这个目标就是瓦解人民政府，颠覆国民公会，也就是让暴政取得胜利。这两个派别当中有一个把我们推向软弱，另一个则把我们推向各种极端。一个想把自由变成纵酒狂欢的女人，另一个则想把自由变成娼妓。

二等角色的阴谋分子，以及有时甚至受人欺骗的善良公民，不是靠近这一方面，就是靠近那一方面。可是领袖们都是忠于国王或贵族的事业，并始终勾结起来反对爱国人士。骗子手们即使在彼此进行战争的时候，他们相互之间的仇视也远不及对正直人们的仇视来得深。祖国是他们的猎获物，他们为瓜分祖国而互相厮杀，但是总是勾结起来反对祖国的卫士。

给一些人送一个温和派的绰号，给另一些人送一个与其说是正确的不如说是讽刺的**超革命派**的称号。这个称号无论如何不能适用于那些因热诚和愚昧而可能偏到健全革命政策对方去的善良人士，它也不能确切地说明那些被暴政收买在虚伪而有害的借口下来败坏我们革命的神圣原则的背信弃义者的特征。

假革命分子可能更多地站在革命的这方面，而不是那方面。按照情况，他有时温和，有时充满爱国热情。第二天他有什么思想——这取决于普鲁士、英国、奥地利甚至莫斯科的委员会。他反对一切坚决的措施，但当他无力阻碍这些措施时，他就竭力使这些措施走向极端；他对无辜者是严厉的，而对犯罪者则是宽大的，他甚至控诉那些没有富到能收买他的沉默、也没有足够的势力来赢得他的忠心的犯罪者，但是他小心提防不因保护受到诽谤的美德而败坏自己的名誉。有时候他也揭穿已被人揭穿的阴谋，他也撕下已被发觉的甚至已经砍了头的卖国贼的假面具，但是他颂扬还活着的和享有信用的卖国贼。他总是急于赞成在当时占优势的意见，他煞费心机地使别人任何时候都不能看清他的面目，尤其是任何时候都不能触动他。他准备随时采取大胆措施，只要这些措施能引起更多的不便；他诽谤那些纯粹具有优点的措施或者给这些措施加进一些有害的修改；他说真话很谨慎并且只是为了取得说谎不受处罚的权利；他也做一点点好事，而坏事却做了不知有多少。他对那些实际上无任何意义的重要决定十分兴奋，可是对那些能给人民事业带来荣誉并能拯救祖国的决定却漠不关心。他像所有伪君子一样，崇拜爱国主义的外表形式，恪守外表的宗教仪式，尽管他宣布自己是伪君子的敌人——这种人宁肯带破一百顶红帽子，也不愿做一件好事。

你们发现这些人同你们的温和派有什么差别呢？这都是同一个主子的仆从，或者如果你们愿意的话，这是为了更好地掩盖犯罪行为而假装闹翻了的同谋者。不要按照他们说话的差别，而要按照结果的相同来判断他们。用自己狂妄的言论侮辱国民公会的人，和以败坏为目的而欺骗国民公会的人——难道说他们之间不一致吗？那些用自己不公平的严厉惩罚来使爱国主义本身感到恐惧的人，是呼吁实行有利于贵族和叛逆的大赦。那些号召法国征服世界的人只有一个目的，即号召暴君们来征服法国。那些已经有五年宣布巴黎为全球之都的伪善的外国人，只是把卑鄙的联邦主义分子断言巴黎必遭毁灭的咒语译成另一种行话罢了。宣扬无神论只是为了宽恕迷信和非难哲学，而对神宣战只是为了转移视线，保护王权。

还有什么其他同自由作斗争的方法吗？

也许是，按照第一批贵族政治捍卫者的例子来颂扬奴隶制度的愉快和君主政体的恩惠、国王的超自然天才和不能比拟的美德吧？

也许是，宣布人权和永恒正义的原则是徒劳无益的吧？

也许是从坟墓里挖出贵族和僧侣的尸体，或者要求高等资产阶级对自己双重遗产的不可剥夺的权利吧？

不！为了借助无耻的模仿来歪曲庄严的革命正剧，借助伪善的温和或者假装的怪癖来败坏自由事业，最方便的办法是带上爱国主义的假面具。

因此，贵族才加入人民的团体；反革命的骄气才把自己阴谋和匕首藏在破烂衣服里；狂信者才打碎自己的祭坛；保皇党才歌颂共和国的胜利；往事不堪回首的贵族才温存地拥抱平等，以便把它窒死在自己的拥抱中；沾满自由卫士鲜血的暴君才在他们的坟墓上撒上鲜花。

如果所有的人心都没改变的话，可是却有多少人的脸上带上假面具了！有多少卖国贼参与我们的事业只是为了破坏这个事业！

如果你们想要考验他们，那就要求他们提供实际帮助，而不是宣誓和说空话。

当需要行动的时候，卖国贼就高谈阔论起来；当需要讨论研究的时候，他们就要首先行动；在太平时候，他们反对任何有益处的改变；在动乱时候，他们就大谈全面改革，要把一切都翻个身。如果你们想要制裁叛逆，卖国贼就向你们提醒恺撒的仁慈；如果你们想要营救爱国人士免受迫害，卖国贼就对你们引证布鲁图的坚决作为效仿的榜样。当某人还给共和国服务的时候，卖国贼就说他是贵族出身，一旦他叛变了共和国，卖国贼们就再也不提这件事了;当和平有利的时候,他们高谈胜利的荣誉;当需要战争的时候,他们赞扬和平的愉快;当需要保卫自己领土的时候,他们想要到山南海北去惩罚暴君;当需要收回我们的要塞的时候,他们就要去突击教堂和天空,他们把奥地利人置诸脑后来同伪君子进行战争;当需要我们的同盟者衷心支持我们的事业时,他们就来大骂世界上一切政府并且会向你们建议审判莫卧儿大帝;当人民前往卡皮托里庙宇感谢诸神赐与胜利的时候,他们就唱起关于我们从前不幸遭遇的悲歌。如果问题是要取得新的胜利,他们就在我们中间散播仇恨、纠纷、迫害和悲观失望;当需要实现人民主权并把人民力量集中在巩固的与受尊重的政府手中时,他们却认为管理原则侵害人民主权;当需要为受政府压迫的人民求得权利时,他们却只讲尊重法律和服从政权。他们找到了帮助共和国政府的优越手段。这就是瓦解政府,使它完全丢脸,同曾促使我们取得成就的爱国人士进行斗争。

如果你们在寻求给自己军队供应粮食的办法,如果你们在设法取得由于吝啬和恐惧而隐藏起来的粮食,卖国贼就要装成爱国者抱怨社会贫困并预言将发生饥荒。防止坏事的愿望对于卖国贼说来是成为扩大坏事的原因。北方在母鸡吃粮食的借口下把所有的母鸡都宰了,使我们没有鸡蛋吃了。在南方发生了毁灭桑树和橙树的事情,理由是丝绸是奢侈品,而橙子是多余的东西。

伪善的反革命分子为了败坏革命事业而干出的某些滥用职权的行为,甚至是你们永远也想象不到的。在最迷信的各地方,有人传播了一种使居民恐慌万状的谣言,说将要杀死十岁以下的一切儿童和七十岁以上的一切老人。这种谣言在从前的布勒塔尼和来因及摩泽尔各省传播得最厉害，这难道是你们能够相信的吗？这是斯特拉斯堡刑事法庭前任公诉人的罪行之一。这个人的残酷行为使得关于卡里古拉和埃拉迦巴路斯[①]的一切传说都像是活灵活现的。但是这即使在看到证据时也是不能相信的。他的残暴行为达到这种程度，他竟要求妇女任意为他摆布；甚至有人断言，他对于自己的婚姻也采取这类方法。为了在哲学的幌子下来执行只有通过对社会理智实行暴力的方法才能达到的反革命计划，在瞬息间布满全共和国的许多外国人、神甫、贵族和各式各样的阴谋家，他们是从哪里冒出来的呢？这个卑鄙阴谋真不愧是联合起来反对自由的外国宫廷的天才和共和国一切内部敌人的腐化堕落的创作！

因此，阴谋分子总是在伟大人民美德经常所创造的奇迹里掺进自己犯罪诡计的卑鄙勾当，掺进暴君所指示的、后来作为他们自己荒谬宣言目标的卑鄙勾当，为的是使愚昧无知的人民陷入耻辱的泥坑里，带上奴隶的锁链。

唉，自由敌人的恶行，对于自由说来算得什么呢！难道说被浮云遮蔽的太阳会因此而不再是活跃自然界的星辰吗？难道说被海洋抛在岸上的污秽的泡沫使得海洋的壮观有所减色了吗？

在背信弃义的人们手中，医治我们灾难的一切药物都成了毒药。不管你们做什么，不管你们说什么，自由的敌人们都会用来反对你们，甚至我们现在所说的这些真理也会被他们所利用。

例如，通过猛烈攻击宗教偏见的方法到处散布内战种子以后，

① 埃拉迦巴路斯（204—222 年），罗马皇帝，以残酷和野蛮而著名。——译注

他们将尽力采用健全政治为了要你们注意信仰自由所曾指出的那些方法，来武装盲目信仰和贵族政治。如果你们对阴谋诡计听之任之，那么它早晚会惹起可怕的和普遍的反作用；如果你们制止阴谋，他们将设法又从这当中找寻空子，以便告诉人们说，你们袒护神甫和温和派。

即使这种计划的制定人是尽可能无耻地暴露自己招摇撞骗行为的神甫，那也不足为奇。

如果被真实的但未经深思熟虑的热诚的引诱的爱国人士，在某处受到自由敌人们的阴谋欺骗，自由敌人就会把全部罪责推到爱国人士身上，因为他们的奸诈教义的全部实质在于通过毁灭共和主义者来毁灭共和国，正像通过消灭保卫国家的军队来征服国家一样。这里可以认清自由敌人特别喜爱的原则之一，这个原则就是应当认为人算不了什么。这是来自国王的一条规则，这个规则就是需要把自由的一切友人都交给自由的敌人。

必须指出，一心追求社会福利的人们注定要作一心追求自己个人幸福的人的牺牲品。这是由于两种原因：头一个原因是阴谋分子利用旧制度的恶习实行进攻；第二个原因是爱国人士只用新制度的美德进行防卫。

这种国内情况，显然是值得你们十分注意的，特别是如果你们考虑到这样一些情况：你们必须同时同欧洲的所有暴君作斗争，你们需要拥有一百二十万军队，而政府必须经常借助毅力和警惕性来克服我们的无数敌人在五年内给我们造成的一切灾难。

医治所有这些灾难的药物是什么呢？除了发展共和国的主要手段——美德之外，我们不知道别的东西。民主政治亡于两种极端：执政者的贵族主义或者人民对它自己建立的政权的轻视，这种轻视会导致每一党派、每一个人都取得社会权力，并由于极端混乱而使人民走上消灭政权或者由一人独裁的道路。

温和分子和假革命分子的共同任务，就是不断地使我们时而陷于这一极端，时而陷于另一极端。

但是人民代表能够避免这两种极端。因为要成为正义的和英明的，始终是取决于政府；政府如能具有这些品质，它便一定能得到人民对它的信任。

不错，我们一切敌人的目的是解散国民公会。大不列颠的暴君和他的同盟者向自己的国会和自己的臣民保证要剥夺你们的毅力和你们所获得的社会信任，这是对于他们的一切特务发出的主要指示。

但是，拥有伟大人民信任的伟大国民公会只有它自己才能毁灭自己——这是在政治上应当认为很平凡的一个真理。这一真理，就是你们的敌人也不是不知道的。因此，你们对他们将尽一切力量，以便在你们当中煽起一切能帮助他们的破坏性的阴谋诡计得逞的激情一事，是毋需怀疑的。

如果他们不能在国民代表机构的不明智行为中找到进行罪恶空谈的借口，他们能采取什么手段来反对国民代表机构呢？因此，他们必然希望拥有两种代理人：一种人将设法用自己的言论贬低国民代表机构，另一种人在国民代表机构内部，企图使它受骗，以便损害它的名誉和共和国的利益。

为了顺利地攻击国民代表机构，最好的办法是开始内战来反对各省没有辜负你们信任的代表们，和反对治安委员会。因此，看来像是钩心斗角的人们对他们进行了攻击。

在应当解决共和国和暴君们的命运的紧要关头，除了使国民公会的政府陷于瘫痪和消灭它的一切手段之外，还有什么事情是他们所乐意干的呢？

我们绝不认为在我们当中哪怕有一个人竟卑鄙到愿意为暴君的事业服务，可是我们更不愿犯下不可饶恕的罪行——通过罪恶的沉默欺骗国民公会和背叛法国人民！因为对于专制君主是灾难的真理，幸而对于自由的人民说来总是力量和救星。诚然，对于我们的自由说来，还存在着一个危险，也许是它还必须经受的唯一的一个严重的危险。这个危险就是已有的这样一个计划：借恢复狭隘的党派精神而把共和国的一切敌人联合起来，迫害爱国人士，使之意气颓丧，消灭共和国政府的忠诚人员，使最重要的社会服务机构陷于崩溃。自由的敌人们曾想要在人事方面欺骗国民公会，曾想要使国民公会对他们所极力扩大的弊害看错原因，以使这些弊害变得不可救药；曾竭力使公会充满惊恐，以便把公会引入歧途或者使它瘫痪；曾力求在公会里散布不和，特别是使派到各省和治安委员会的代表们发生争吵，曾想要煽动代表们破坏中央政权的措施，以便引起混乱和恐慌，曾想要在他们回来以后，刺激他们，以使他们成为阴谋的不自觉的工具。外国人利用人的一切欲望，甚至利用受欺骗的爱国主义。

起初谋叛分子采取了单刀直入的办法，诽谤治安委员会。当时他们公然希望治安委员会支持不住自己沉重的担子。可是法国人民的胜利和幸福捍卫住了委员会。从这时候起，谋叛分子便采取了赞扬治安委员会的办法，想使它陷于瘫痪状态并消灭它的劳动果实。所有这些旨在反对委员会办事人员的毫不连贯的高谈阔论，所有这些已被国民公会否决而现在又大吹大擂重新提出的用改革名义作掩盖的破坏计划，这种对治安委员会应当铲除的阴谋分子的颂扬，这种使善良公民所感受的恐惧，这种姑息谋叛分子的宽大做法——这种造谣和阴谋的主要策划人就是被你们从你们中间赶走的那个人。这一整套造谣和阴谋的目的就是反对国民公会并力求实现法国一切敌人的愿望。

正是从这一套造谣和阴谋在诬蔑文章里宣布出来，并借助公开行动实现的时候起，贵族和保皇党就开始抬头，爱国主义重新又在共和国各处受到迫害，国民政权又遭到阴谋分子几乎已经放弃的反抗。但是这些间接攻击只有这样一种不利，即它们分散了那些负有你们所委托的重大责任的人们的注意力和精力，并且时常诱使这些人不去注意关于拯救社会和消灭危险阴谋的伟大措施。这些攻击还可以看做是有利于我们敌人的转移注意力的方法。

但是让我们放心吧：要知道这里是真理的尊严处所，要知道共和国的创始人、替人类复仇者、暴君的铲除者都在这里。

在这里，要消除弊害，只需把它指出来就够了。我们只需用祖国的名义在国民公会的美德和荣誉面前控诉那种教人产生虚荣心或教人软弱的劝告就够了。

我们要争取郑重讨论使公会不安的一切问题，以及能影响革命进程的一切东西。我们将恳求公会不许任何私人利益和暗藏利益在这里取得大会共同意志的威信和理智的不可摧毁的权力。

现在我们只向你们建议用自己正式的赞同来把应当作为你们内部管理和共和国稳定的基础的道德真理和政治真理固定下来，

正像你们已经把你们对待外国人民的原则固定下来一样。这样你们就能团结一切善良的公民，消除谋叛分子的愿望，保证自己向前迈进，粉碎国王的阴谋和诽谤，使自己的事业和称号在各国人民眼中增添光彩。

请把你们将热心保卫爱国主义、公正处理犯人和忠于人民事业这一新的保证交给法国人民吧！

请命令把我们刚才阐述的政治道德原则用你们的名义在共和国内外宣布吧！

关于重新改组革命法庭

没有比你们想给自由卫士造成的而又可能使他们不明真相的情况更加困难，更加不便的了。因此，我要谈一下，虽然要求延期的自由是毋庸争论的，虽然也可能用冠冕堂皇的理由证明这个自由是正当的。但是很明显，这个自由却不会因此而不使拯救祖国的工作受到威胁。

在共和国里暴露出来两种截然不同的意见。其中一种主张严厉而无情地惩罚破坏自由的犯罪。抱这种意见的，是那些因祖国敌人罪恶地一心想要复活旧的阴谋和制造新的阴谋而受到惊吓的人们。

另一种意见是贵族的卑鄙和罪恶的意见，他们从革命一开始就不断地直接或间接要求赦免谋叛分子和祖国敌人。

在两个月内，你们曾要求治安委员会制定一项比它今天向你们提出的法律更加完备的法律。在两个月内，国民公会处在杀人凶犯的威胁下。当自由显然达到辉煌胜利的时候,祖国的敌人便越来越猖狂地进行阴谋勾当。在两个多月的时期内,革命法庭向你们指出阻碍国民审判进行的障碍物。全共和国向你们指出新的阴谋和布满共和国的不可胜数的外国特务。这就是治安委员会向你们提出你们刚才听到的法律草案时所处的环境。让大家来研究这项法律吧,你们一下子就会看到,这个法律里没有一项规定不是自由的一切友人们从前已经同意的,没有一个条文不是以正义和理智的各项原则作为依据的,没有一个条文不是为了造福爱国人士和压制蓄意反对自由的贵族的。

此外,大家都知道,由于陪审员人数不足而不能执行自己的职责,革命法庭每次开庭都要浪费几小时。我们要向你们建议增加人数,我们要向你们建议根除在这一法庭的组织方面大家公认的两三个缺点,可是人们用延期的办法来阻止我们。我肯定说,对于这一法律,也像对于其他极重要的、曾经为国民公会通过的那些法律一样,所有在这里的人都能很容易发表自己的意见。

为什么我罗列了所有这些理由呢?为了妨碍延期吗?不是的。我只是要对于真理作出应有的评定,我只是要向国民公会警告威胁它的危险。公民们,你们要知道,凡是定出界线的地方,凡是出现意见分歧的地方,在那里就有某种仇视祖国利益的东西。如果在同样热爱社会福利的人们之间有产生不和的借口,那是反常的现象。如果人们联合起来反对一个致力于造福祖国的政府,那也是反常的现象。公民们,有人想要在你们中间制造不和。公民们,有人想要把你们吓倒!让它去吧!但愿他们记得,我们曾经保卫这个大会的一部分人免遭穷凶极恶的和假装热忱的人们的刺刀屠杀，我们为了追究社会凶犯而甘受私人凶犯谋害。我们不怕死，但愿公会和祖国得救。对于社会利益所需要的那些措施过于严厉的阴险暗示，我们并不惧怕。因为只有谋叛分子和自由与人类的敌人才害怕这种严厉。

……………………………………………

我请求立即逐条讨论这个法案。我简略地说明我请求的理由。首先，这个法律比起委员会为了拯救祖国已向你们提出的那些法律并不显得较模糊或者较复杂。同时我要指出，国民公会早已毫不迟延地讨论法律和颁布法律，因为它早已不再受党派的影响，因为它的绝大多数对于社会福利早已有坚定的一致意见。因此，我要说，缓期实现共和国幸福的要求，在目前来说是反常的。当你洞察到那些威胁着祖国的和祖国卫士（不管他们在哪里和担任什么职位）所遭受的危险，你就会倾向于迅速打击自己的敌人，而不会倾向于只会有利于贵族的拖延。因为贵族正是要利用这种拖延来腐化社会舆论和制造新的阴谋。

如果设想爱国人士的忠诚会压倒欧洲暴君和他们的卑鄙走狗的努力，那就错了。因为这些人们的残暴行为是以犯罪和不断在这个会场里发泄诽谤的形式来表现的，他们不让你们得到丝毫平静，他们只有在他们不再存在的时候，才会不对你们施加自己的诡计和无耻的阴谋。凡是对祖国充满热爱的人，都会欣然赞成能够击败祖国敌人的手段。

我请求公会不要理睬缓期讨论的建议，马上讨论向公会提出的法律草案，如果需要的话，哪怕讨论到晚上九时也好。

……………………………………………

整个条文是为爱国人士的利益而规定的。陪审法庭是共和国的良心。把人交付革命法庭审判。如果不了解他的行为，可是有对他不利的物证，他就要被判定有罪；如果没有物证，就传唤证人。

………………………………………………

你们刚才听到的演说，证明必须对于库通所说的话加以更详细的和清楚的说明。如果我们有权只为祖国的利益而牺牲自己的话，现在就已到了行使这个权利的时候。

可以证明这种发言是正确的东西，不是那老一套的、也许是预先规定好了的遁词，也不是那种在和谐和爱国情感的伪装下总是有助于时辍时续的分裂国民代表机关的做法的演说。库通所讲的话至今完全有效，他完全证明了所提出的申诉是没有根据的。

公民们，当各式各样的沙伯、阿贝尔、丹东、拉克鲁亚对于社会道德所造成的创伤还在流血的时候，难道说当时询问"败坏社会风俗"一语有何意思是适时的吗？谁这样快地忘掉了他们的罪行呢？谁没看到还保存看他们的体系呢？谁不知道，国民公会为了拔掉腐化堕落所蔓延的深根，为了平复邪恶所造成的灾难，为了认清和击败那些扩大灾难的人们和长久逍遥法外的人们，还需要自己的全部智慧和毅力。

至于昨天提出的另一个建议，只能是荒谬的，但是需要把这个建议同每天所说的和所做的全部东西加以对照。这个建议的目的是在于使人相信委员会提出的草案侵害国民代表机关的权限，但是这种说法是彻头彻尾的撒谎。

刚才这位发言者在辩论时企图把委员会同山岳党分开。国民公会、山岳党、委员会——这是同一个东西。任何一位衷心热爱自由并准备为祖国牺牲的国民代表都属于山岳党。

公民们,当渎神党派的领袖们,以及各式各样的布里索、维里奥、杨梭乃、瓜杰和其他恶棍——法兰西人民永远以厌恶态度讲出这些人的名字——领导了这一崇高公会一部分的时候,当这些恶棍们利用阴谋,在人员方面和事务方面欺骗了公会的时候,很自然,在国民公会中知道这些毁灭自由的诡计的那一部分人,就必须竭尽全力来打倒恶棍和消灭他们的阴谋。那时,在这一暴风雨中成为他们避难所的山岳党的名称便成为神圣的了,因为这个名称所指的就是与迷误进行斗争的那部分国民代表。但是从阴谋被揭穿,制造阴谋的恶棍受到法律惩罚,以及正直、公平的审判和善良风俗提到日程上来,从这个大会的每一成员都愿意献身祖国的时候起,在公会里就只能有两个党派:好人和坏人、爱国人士和伪善的反革命分子。

这一真理应当由我来宣布,因为谁也不会说我在这里存有偏心。谁曾是我所说的那种迷误的主要对象呢?如果革命没有发生,谁会是诽谤和剥夺的主要牺牲品呢?我敢大胆说,这会是我。不,我错了,这不会是我,而是一个骗人的怪影,人们把它当作我而指给我们某些被引入迷途的同事看,指给法兰西看,指给世界看。

如果我有权向公会全体讲这番话,那么我想我也有权向著名的山岳党讲这番话,我对山岳党当然不陌生。我想这种从我内心发出的尊敬是完全值得出自别人口中的尊敬的。

是的,山岳党人,你们永远是社会自由的支柱,但是你们同阴谋分子和渎神的人们,不管他们是谁,都毫无共同之处。如果他们企图欺骗你们,如果他们坚决主张和你们一样,那么他们并不因此而不同你们的原则背道而驰。山岳党是爱国主义的高峰;山岳党人是真正爱国者,是明智而崇高的人。假如有几个因为比别人更伪善而更受轻视的阴谋分子竭力把这个山岳党的一部分人拉拢过去,并在这里充当党的领袖,那是侮辱祖国的行为,杀害人民的行为。

……………………………………………

如果我们同事当中有些人由于我们的意图和我们努力的目标受到诽谤,因而误入迷途,那是奇耻大辱……

我以祖国的名义要求继续发言的权利。我没有指出布尔敦的名字。那个自己指出自己的人是痛苦的!

……………………………………………

但是,如果他愿意承认自己是我所应该描写的那样,那么我也没有权力妨碍他们那样去做。是的,山岳党是纯洁的,它是伟大的,而阴谋分子是不属于山岳党的。当需要的时候,我将把他们的名字指出来。白天甚至夜间的每一瞬间,都有阴谋分子尽力用最虚伪的概念,最可怕的诽谤来迷惑山岳党中的忠诚的人,也有阴谋分子对于清白的和值得尊敬的成员不断地施展布里索、沙伯、丹东之流以及所有其他狡猾的外国阴谋领袖们曾想用来陷害整个国民公会的那些奸计。

例如,当国民代表(他们由于出差和根据对他们没有任何侮辱性的一般社会秩序的理由而被召回)从各省回来的时候,这些阴谋分子便拉拢他们,向他们的思想中灌输诽谤的毒素,激起他们的野心;如果他们当中有懦弱的、经不起诱惑的人们,阴谋分子就把他们变成国民公会所建立的政府的敌人。如果他们当中某些人还想起反对自由的老办法,同情已经垮台的某一党派,那么阴谋分子就会更加卖力去拉拢他们。

你们将会看到,只要建立起一个党派来,共和国的一切阴谋分子、各种各样的骗子手和淫佚放荡之徒就必然会加入。因为,必须告诉你们这一点,只要一个人暴露了与公会原则相矛盾的原则,所有自由的敌人就会来依附他。

但是这些阴谋分子尽力掩盖自己的计划,如果他们的企图没有得逞,他们就矢口否认所说过的话,并力图用表示尊重和忠于国民公会和治安委员会的虚伪保证来掩盖自己的行为。以后他们往往继续不变地进行自己的计划,并且照旧扩大他们所滚起来的雪球,如果这个雪球从山岳党的高峰上滚下来,它只会扩大得更快。

必须在这里指出一个特点,这个特点能证明我们所说的一切话绝不是空洞的和想象出来的。三号那天,在你们提出那项曾受到国民公会某些议员大力诋毁和自由敌人阴谋反对的法律之后,竟有人不能掩盖自己的不满,他们想要引起纷争,激起风潮,以便破坏政府的力量,使政府丧失社会的信任。从这个会场走出的时候,他们遇到了爱国人士,这些爱国人士当中有两个政府通信员。自由的敌人利用这一良好机会,侮辱了他们。"你们在这里做什么,骗子手,"——自由的敌人对他们说。——"代表们,我们没有侮辱你们,我们是爱国者。"——"你们是骗子手,是治安委员会和公安委员会的特务,它们有两万名特务包围我们。"——"代表们,我们是没有能力来防御你们的,但是我们也和你们一样是爱国者。"他们却用殴打来回答爱国人士。有三百名证人能证明这一点。

这就证明,自由的敌人还尽力贬低国民公会的声誉,他们不惜用任何代价来破坏公会的安宁。如果受害的爱国人士进行自卫，你们要明白，他们一定要从坏的方面去解释这个问题：第二天他们会对你们说，人民代表被忠实于治安委员会的人们所侮辱了。也许在群众号叫声中提出的这种控诉，会使他们没有机会申诉。这就是所发生的事情。如果你们想起国民公会某些议员所讲的奇谈怪论，你们就不会感到奇怪了。这些议员在走出会场时，公然按照拉克鲁亚的榜样宣称，单是一想到国民审判，他们就感到汗毛淋淋。

有人向我上面所提到的那些人们报告说，治安委员会有攻击他们的意图。这个人是谁呢？是谁对他们说，有不利于他们的证据吗？难道说委员会只是威胁他们吗？难道说委员会曾经对国民公会的议员表示过不尊敬吗？公民们，如果你们知道全部情况，那么你们就会明白，我们应该受到责备的，是太懦弱，而不是别的。如果风俗更纯洁，爱祖国的心情更炽烈，宽宏大量的责难者们会奋起反对我们并责备我们对祖国的敌人太不坚决了。

现在轮到你们用自己的毅力来支持我们的勇敢和鼓舞我们的热忱了。力图用反对政府本身的阴谋来诱使我们离开我们艰难工作的人们，只是对勾结起来反对我们的暴君们有利。

至于旨在反对全部真正爱国主义的诽谤体系，它很快就要完蛋，因为不断地揭露真相乃是时间的不可分割的属性。如果公会里受到我所提到的某些人伪善的爱国情感欺骗的某些无可责难的议员相信向他们灌输的阴暗思想的话，那么这些议员很快就会知道真相，人们对他们的态度也将同对那些被恶棍（他们已受到国民审判所惩罚）引入迷途的无可责难的人们一样。

祖国只面临着一种危险,你们应当保卫祖国免受这种危险。你们只是不要让暗藏的阴谋分子用某种突然袭击来破坏社会安宁和你们的安宁。如果实际上并没有骚动,那并不是说,他们不曾企图引起骚动,而是始终忠实于自由事业的人民没有理睬自由敌人的挑拨行为:他们善于判断这些挑拨行为。因此,自由敌人的失望达到了极点。他们显然已下定决心要不惜采取一切手段。

关于只是涉及我们的那些危险,请你们信赖我们对于蔑视这种危险所作的努力,但是你们要关怀祖国,不要容许破坏你们的原则。你们对于我们的信任一旦消失,你们就要防范祖国发生纷争。目前让祖国的敌人们,让奥尔良的友人们掌握政权,也许会比看到公会受屈辱和分裂还好一些。

如果我所阐述的真实情况得到了解,我们将敢于继续自己的工作。但是你们要注意,既然人们已经做了一切事情来使我们的道路变得很复杂,我们现在就需要得到鼓励。在同阴谋反对我们的国王们和大地上的一切怪物作斗争时,只要在自己近旁没有敌人就够了。请你们帮助我们,不要让人们把我们同你们分开,因为我们只是你们当中的一部分,没有你们,我们就算不了什么。为了负起你们交给我们的巨大的、几乎超人的重担,请给我们力量。让我们违背我们共同敌人的意愿,永远公正和团结起来吧!

共和国二年热月八日的演说

公民们,让别人给你们描述迷人的情景吧。可是我要向你们报告有益的真理。我不打算实现背信弃义的人们造谣说的那种荒唐的惨相。但是如果可能的话,我希望仅仅用真理的力量来熄灭不和的火焰。我要在你们面前保卫你们受到侮辱的威信和被侵犯的自由。我也要保卫自己。这一点不应当使你们惊奇;你们不像那些同你们进行斗争的暴君们。受侮辱的无辜者的感叹声不至搅扰你们的听觉,你们也知道,这个问题对于你们说来并不是无关痛痒的。

在我们以前所进行的革命虽然改变了国家面貌,但是这种革命只是改换朝代或者政权由一个人手中转移到多数人手中罢了。法兰西革命是第一个建立在人权理论和正义原则基础上的革命。其他革命所要求的只是功名富贵。我们的革命要求美德。愚昧和暴力使其他革命走上新的专制。我们的革命是以正义为出发点,所以这种革命只能留在正义的怀抱里。由于事物的力量和自由友人们反对经常发生的阴谋的斗争而在不知不觉中建立起来的共和国,可以说是超越了一切党派,但是它遇到了围绕共和国所组成的党派的强大力量,也遇到了掌握在各党派手中的一切影响的手段。因此,从共和国一诞生起,为它而斗争的一切正直人士便不断地受到迫害;问题在于各党派的首领和他们的爪牙为了保全自己的优越地位不得不披上共和国的外衣。里昂的普列西和巴黎的布里索都叫嚷说:“共和国万岁!”一切阴谋分子甚至比任何人都更愿意接受一切公式和一切爱国口号。一位以同革命作斗争为职业的奥地利人,一位扮演爱国主义角色的奥尔良人都站在同一个行列里:他们两人都难以与共和党人区别开来。他们不反对我们的原则,而是歪曲它们;他们不侮蔑革命,而是借口为革命服务而竭力玷辱革命的名誉;他们讲些反对暴君的空话,但是替暴政制造阴谋;他们

赞扬共和国，但是诽谤共和党人。自由的友人力图用真理的力量推翻暴君的威力，而暴君则力图借助诽谤消灭自由卫士；他们甚至把真理原则的权力叫做暴政。当这一体系占上风的时候，自由就要消逝，只有背信弃义会成为合法的，而美德会成为犯罪的；因为依照事物的秩序，凡是人们集会的地方，处处都有暴虐的影响或者理智的影响。如果理智的影响被看成是犯罪而被驱逐，暴虐就占统治地位；如果善良公民不能讲话，恶棍便必然要横行无阻。

在这里，我需要开诚布公，你们也需要倾听真理。不要以为我到这里来是为了提出某种指责；有更重要的东西要我关怀，我不想来履行别人的义务。有那么多直接威胁着我们的危险，以致这一目的只能具有次要的意义。我来是为了消除严重的误解，我来是为了熄灭这一可怕的不和的火焰。有人想要用这个火焰烧毁这一自由殿堂和整个共和国，我来是为了揭穿那些在使祖国走向毁灭的弊害，这种弊害只有你们的无可责难的正直才能制止。如果我对你们也说到我所受到的迫害的话，你们不要把这当作我的罪过。你们同迫害我的那些暴君毫无共同之处。受压迫的无辜人们的号叫是你们所理解的；你们不轻视正义和人道，你们也知道，这些阴谋关系到你们的事业和祖国的事业。

这一卑鄙恐怖和诽谤的体系是建立在什么基础上呢？我们应当对谁是可怕的呢，是对共和国的敌人还是对共和国的朋友呢？谁应当害怕我们呢，是暴君和骗子还是正直的人们和爱国人士呢？爱国人士觉得我们可怕！我们把他们从制造阴谋反对我们的那些党派手中救了出来；我们在每天保护爱国人士，使他们免受那些还敢于压迫他们的伪善阴谋分子的陷害；我们在追究那些希望延长他们的灾难，借助混淆是非的假话使我们陷入迷途的恶棍们。国民公会觉得我们可怕！如果没有它，我们成了什么？是谁冒着生命危险捍卫了国民公会？当卑鄙的党派在全法兰西众目睽睽之下企图消灭国民公会的时候，是谁献身于捍卫公会的斗争？当被人唾弃的暴君的走狗们用国民公会名义宣扬无神论和不道德行为的时候，当另有许多人对于自己同谋者的罪恶行为保持了犯罪的沉默，显然只是等待着信号一发就去屠杀人民代表的时候，当美德本身被大胆犯罪行为的可怕势力吓倒而默不作声的时候，是谁为国民公会的荣誉而献身呢？阴谋分子首先要打击的是谁呢？西蒙在卢森堡制造阴谋来反对的是谁呢？是谁作了肖美特和伦幸所预定的牺牲品呢？杀人凶犯的匪帮在打开监狱以后，首先往哪里去呢？什么是反对共和国的武装暴君们的诽谤和侵害的对象呢？难道说在英国运给自己住在法兰西和巴黎的同谋者的货物里没有对付我们的匕首吗？他们杀害我们并且把我们形容成为多么狰狞可怕！他们责备我们过分严厉的地方在哪里呢？谁是牺牲品呢？是阿贝尔、伦幸、沙伯、丹东、拉克鲁亚、发布尔·德各兰钦和他们的几个其他同谋者。莫非因为他们受处罚而责骂我们吗？要知道，任何人都不敢保护他们。但是，如果我们仅只揭露了那些只有一死才能拯救国民公会和共和国的恶徒，那么除了他们的同类以外，谁能害怕我们的原则，谁能预先责备我们不公平和暴虐呢？不，我们没有过分严厉，我请现时还存在的共和国为此作证，我请受到尊敬的，不愧为伟大人民代表机关的国民公会为此作证，我请还被恶棍们关在牢狱里受苦难的爱国人士为此作证；我请我们自由的敌人的新罪行和联合起来反对我们的暴君们的冥顽不灵为此作证。人

们说我们太严厉了，可是祖国却责备我们过于宽大。

难道说是我们把爱国人士投入牢狱，是我们到处造成恐怖吗？这是那些控诉我们的恶徒们干的勾当。难道说是我们忘却贵族的罪行和包庇卖国贼，而向和平公民宣战，把难于根绝的偏见或没有特别意义的行为说成为犯罪行为，以使到处都是有罪的人，在人民当中激起对于革命的恐惧心情吗？这是那些控诉我们的恶徒们干的勾当。难道说是我们追求旧观点，追求卖国贼的蛊惑结果，因而用武力威胁国民公会的大多数人，在人民团体中索取六百名人民代表的头颅吗？这是那些控诉我们的恶徒们干的勾当。难道已经忘记，我们曾经扑到他们和他们的背信弃义的敌人当中去……

你们了解我们敌人的行为。起初他们攻击了整个国民公会；这个企图没有成功。于是他们就攻击治安委员会；这个企图也没有成功。从若干时候以来，他们对治安委员会个别委员宣了战。看来他们只是想要控诉一个人，可是他们所追求的是同一的目的。欧洲暴君们敢于驱逐法国人民的代表，这当然是极端鲁莽的举动，但是，自称为共和党人的法国人竭力执行暴君们所作出的死刑判决，乃是极其可耻的事情。不是有人曾散布一种注明某些国民公会议员为牺牲品的卑鄙名单，并说这些名单是出于治安委员会之手，然后又说是出自我的手吗？不是有人曾敢于捏造从来没有过的委员会会议和残酷决定，以及同样虚幻的捕人事件吗？不是有人曾竭力要某些无可责难的人民代表相信他们已必死无疑，竭力要所有因迷误而失足的人民代表相信他们将遭到阴谋分子的下场吗？不是这种诽谤传播得这样巧妙和无耻，以致国民公会的许多议员都不敢在自己家里过夜吗？是的，事实是不容怀疑的，在治安委员会里也有这些诡计的证据。从各省出差回来的议员们，你们能给我们揭露许多其他的诡计。执行人民代表职务的代理议员们，你们能告诉我们，阴谋是如何欺骗你们，刺激你们，引诱你们加入毁灭性的联盟的。背信弃义的人们在夜间集会上和宴会上对于被邀请的人们散布仇恨和诽谤的毒素，他们在这些夜会上和宴会上，在可疑的聚会中所说的、所做的是什么呢？这些阴险计划的制定者所追求的是什么呢？是拯救祖国、维持国民公会的尊严与和睦吗？他们都是谁呢？什么事实能证实他们所想制造的关于我们的可怕概念呢？如果这不是肖美特、阿贝尔、丹东、沙伯、拉克鲁亚之流，又是什么人被委员会控诉了呢？难道想要保卫阴谋分子的纪念吗？难道想要为他们的死亡复仇吗？如果因为揭露几个卖国贼而控诉我们，那么就让他们也控诉曾控诉过他们的整个公会吧！让他们控诉处罚他们的审判机关，控诉赞成处死他们的人民吧！究竟谁在侵害国民代表机关——是对代表机关的敌人进行追究的人，还是包庇他们的人？从什么时候起，对犯罪的处罚使得美德发生恐惧呢？

但是最初完全推到治安委员会身上的专政计划和反对国民代表机关的侵害行为的理由就是这样的。这一骇人听闻的控诉，不知由于什么厄运忽然只是落到议员中的一个人身上？一个人企图使国民公会用自己的双手逐渐消灭自己，来为这个人行使无限的权力扫清道路的奇怪计划！让别人觉得这些指责可笑吧，我只觉得它们残酷。一些怪物企图剥夺国民公会对我的尊重，剥夺我不是靠强力或欺骗夺来的、而是被迫争取来的对人的劳绩的最光荣奖赏——这些人至少应该对社会舆论说明他们是如何卑鄙地处心积虑要杀害祖国的一切友人的。成为你尊敬和热爱的人们眼目中的恐惧对象，这对于有情感的和正直的人说来，是最可怕的折磨！使人受这种折磨，是最骇人听闻的犯罪行为！但是我呼吁你们对用来支持这种荒谬诽谤的残酷奸计表示无比愤怒。

为了扩大恐怖和诽谤的体系，到处都加强了压迫。龌龊的走狗们放肆进行不公正的逮捕。破产性的财政计划威胁了所有的微薄资产，使许多忠实于革命的家庭失望；用一致商定的提案使贵族和神甫惊恐；对国家的债权人和公职人员停止付款；他们从治安委员会那里骗得一项决议，借口提出账目而恢复对于8月10日公社社员的迫害。在国民公会里他们硬说，山岳党处在威胁之下，因为有些议员在大厅的这一部分会场开会时，认为自己处在危险中。为了吸引整个国民公会参加这一问题，忽然开始了关于一百七十三名被捕议员的讼案，并控诉我对所有这些我完全未参与的事件都有罪过。他们说我要牺牲山岳党，又说我要消灭国民公会里另一部分人。在一个地方把我形容为六十二名被捕议员的迫害者，在另一地方又责备我保护他们，说我支持沼泽派（这是我的诽谤者的用语）。应该指出，阿贝尔派证明我属于温和派的最有力的论据，是我反抗驱逐国民公会的大部分议员的行为，特别是我关于提议不经过预先报告便对六十二名被捕议员颁布控诉法令这一问题的意见。

唉，当然，当我冒着侮辱社会舆论的危险，并只考虑祖国的神圣利益，而独自一人阻拦那些一旦获胜、其信念会将我带上断头台的人们的匆促决定的时候，当我在另一些情况下因为要求对那些曾匆匆忙忙指摘过我的人们遵守严格公道的原则，而受到伪善党

派的猛烈攻击的时候，我当然完全没有想到，对我的这类行为需要加以注意。如果在一个国家里，这样的行为会受到注意，对正直人们所必须尽的职责倍加颂扬，那么我对这个国家就不会产生好的印象，但是我更没有想到，有一天我会被指责为是那些我曾对之尽过职责的人们的刽子手，被指责为是那个我曾忠实服务过的国民代表机关的敌人；我更没有料到，我会同时既被指责为希望保卫它，又被指责为希望消灭它。不管怎样，任何东西，任何时候既不能改变我的感情，也不能改变我的原则。至于被逮捕的议员，我现在宣布，关于他们的最近一个法令完全与我无干，我至少认为这个法令在目前的情况下是极不寻常的东西。自从我对于他们做了我的良心所提醒我做的一切事情以后，我丝毫没有过问过他们。至于其他的人，那么我关于其中有些人已坦率地说出了自己的意见。我认为我已尽了我的职责。其余都是编造的谎话。至于国民公会，我的主要的义务，也和我的主要愿望一样是对它的无限尊重。我不愿意为犯罪作辩护，不愿意为某些人们毁灭性的迷误作辩护，既不愿意蒙蔽果敢的自由卫士的荣誉，也不愿意破坏革命史册上任何神圣名字的幻想。我肯定说，所有人民代表的心地都是纯洁的，都应当重新得到信任和应有的职位。我只承认两个党派：好公民党和坏公民党。爱国主义不是党的事情，而是心的事情。它既不表现在大胆勇敢上，也不表现在既不承认原则，也不承认理智和道德的一时冲动上。爱国主义更不表现在忠于党派利益上。这么多的叛变使得我心情为之黯淡。我认为必须呼吁用一切正直和崇高的感情来支援共和国。我理解到，我们不管在哪里遇见了正直的人，不管这个人是做什么的，就应该向这个人伸出手并把他紧抱

在自己怀中。我相信在革命中常有的与犯罪意图毫无共同之处的致命情况。我相信阴谋的卑劣影响，特别是诽谤的毁灭性的威力。我看到世界上到处有蠢人和骗子，但是骗子的人数是较少的，犯罪行为和世界的不幸必需归罪于他们。这就是说，我不会把布里索和吉伦特的罪恶行为归罪于那些有时受他们欺骗的正直人士；我不会把丹东这个谋叛分子的罪行归罪于所有那些曾相信过丹东的人；我不会把阿贝尔的罪行归罪于那些真诚爱国而有时超出理智范围的公民。如果谋叛分子不具备在若干时期内取得正直人士信任的足够狡猾的伪装伎俩，那就不成其为谋叛分子了。但是有一些可据以区分欺骗的牺牲品与同谋者，区分迷误与犯罪的可靠特征。能发现这种差别的是什么呢？是理智和正义。唉，在人类事务中是多么需要它们啊！

恶人因为我们同世界上的压迫者们进行了斗争而说我们嗜血。这就是说，如果我们加入他们的渎神联盟来使人民破产和毁灭祖国，我们就是仁慈的了。

可是，如果有享有特权的阴谋分子，如果有神圣不可侵犯的共和国敌人，我同意永远对他们保持沉默。我已完成了自己的任务（我不想履行别人的义务；现时有更重要的事情要我关心）；问题是要挽救社会道德和保卫自由的原则，问题是要拯救祖国的一切宽宏大量的友人们免受压迫。

指责他们侵害国民代表机关吗？但是他们在哪里会找到另一个支柱呢？在同你们的一切敌人进行斗争以后，在他们为了保护你们的生存和你们的尊严而使自己遭受一切党派的攻击以后，如果他们不在你们的怀抱中寻找避难所，要到哪里去寻找呢？

有人说，他们所力求的是最高权力；他们已经得到了这个权力。但是，这意味着国民公会已不存在；意味着法兰西人民已经灭亡！糊涂的诽谤者们！你们是否看到，你们荒谬的夸张言论是一种侮辱，这种侮辱不是加给个别的人，而是加给镇压和惩罚国王的不可战胜的民族呢！至于我，如果你们不相信你们是共和国一切敌人进攻的真正目标，那么我就会讨厌在你们面前进行个人自卫，来反对一切暴政中最卑鄙的暴政。唉，他们为什么要迫害我呢？如果这种迫害不是他们反对国民公会的阴谋的一部分的话。难道说你们没有看到，他们力图把你们孤立于民族之外，是当着全世界的面宣布你们是借助恐怖实行统治和被法国人暗中斥责的专政者吗？

难道说他们不是把我们的军队叫做“公会寇群”，把法国的革命叫做“雅各宾行为”吗？当他们装出一副样子，给成为一切党派侮辱目标的弱小个人赋予夸大的和荒唐的意义时，如果不是要在你们中间制造不和，贬低你们声誉，甚至否认你们的存在，就像不信神者否认他所害怕的那个神的存在一样，那么他们的目的会是什么呢？

但是专政一词具有魔力作用：它毁灭自由，凌辱政府，消灭共和国，使那些被说成是由一人掌权的一切革命机关丧失威信，它把人民审判描绘成为一人野心的产物而引起人们对它的憎恨，它把普遍憎恨以及狂信与贵族的一切打击的锋芒都指向一个目标。

共和国的敌人把罗马高级官员的一种名称做了多么可怕的使用呀！如果他们的博学对于我们是这样可怕，那么他们的宝库和阴谋会成为什么呢？我不消去说他们的军队了，但是请容许我把约克公爵和一切自高自大的作家们首先奖给我的这一可笑头衔的证书交还给他们。不相信能保全自己王位的国王们竟攫取向别人分配王位的权利，真是太可耻了。我了解到，某一个可笑的王子，那种还被人称作国王的肮脏动物和神圣动物的杂种会在自己的卑鄙行为中寻求快乐并以自己的耻辱自豪。我了解到，比如乔治的儿子可能哀悼法兰西的王笏，正如大家所怀疑的，他曾渴望谋取这个王笏。我衷心惋惜这一个现代的丹塔尔。我甚至意识到，我看见了有失体面的人民代表，他们会把这一光荣称号换成乔治或奥尔良仆从的称号，这不是我的祖国的耻辱，而是已被祖国惩罚的卖国贼的耻辱。但是要使感觉到这种神圣称号尊严的人民代表，要使真正的法兰西公民能够降低到愿意保存他曾促使消灭的那种罪恶和荒谬的荣誉，要使他力图钻到可耻的王位，遭受公民的死亡[1]——这只有那些腐化堕落，甚至无权相信美德的人们才会觉得是可能的。我还有什么可说呢？——美德吗？当然，这是一种自然的热情，但是这些只怀有卑鄙而残忍的私欲的可用钱收买的家伙们，这些从来不把爱国情感同任何一种道德思想联系起来的，正如以前我们的仆从们紧跟在自己的老爷后面那样在革命时追随某些有势力的和野心的人们，追随某一被人鄙弃的王子的卑鄙阴谋分子们，他们怎会知道这种热情。但是敏感的和纯洁的人们，我要使你们相信，美德是存在的。这种温柔的、绝对的、不可遏止的热情，这种胸怀宽厚的苦恼和愉快，这种对于暴政的深刻厌恶，这

① 是一种剥夺公民一切权利的刑罚。——译注

种对于被压迫者的同情，这种对于祖国的神圣热爱，这种对于人类更加崇高的和神圣的热爱，是存在的。没有这种热爱，伟大的革命就不过是消灭另一种犯罪的巨大犯罪而已。这种宽宏大量的野心，要在地球上建立世界第一个共和国的野心，是存在的；这种清白人们的利己主义，希望在纯洁良心的宁静中和社会幸福的赏心悦目的景象中寻求非凡的快乐的利己主义，是存在的。你们感觉到，这种利己主义此刻是怎样在你们的心中炽燃着，我也在我的心中感觉到它。但是，难道我们的卑鄙诽谤者们能够理解这一点吗？难道先天的盲人能够有光明的概念吗？天性没有给他们心灵。他们有某种权利不但怀疑灵魂不死，而且也怀疑灵魂的存在。

他们把我叫做暴君。如果我是暴君，他们就会在我面前卑躬屈节，我就会赏给他们金银，我就会保障他们有进行一切犯罪活动的权利，他们就会感谢我；如果我是暴君，那么被我们征服的国王就不会揭发我（他们对于我们的自由表现多么温存的关注呀！），而是会给我以罪恶的支持，我会同他们勾结在一起。如果他们遇到灾难，他们不期待受他们庇护的、向他们出卖我们国家荣誉和自由的党派的援助，还期待什么呢？人们是在骗子的帮助下走向暴政的。而同他们作斗争的人们是什么下场呢？是坟墓和永垂不朽。哪个暴君庇护我呢？我所属的党派在哪里呢？这就是你们自己！从革命一开始就粉碎许多博得信任的党派，消灭许多博得信任的卖国贼的那个党派在哪里呢？这就是你们，这就是人民，这就是原则。这就是我所忠于它的和一切犯罪分子所共同反对它的党派。

他们迫害你们，迫害祖国，迫害祖国的一切友人。我仍旧要自卫。有多少别的人们已经暗中被镇压了？如果我还不得不在这里回答这类诽谤，那么当时谁还敢为祖国服务呢？爱国主义和自由的最自然的后果，他们却认为是野心意图的证据；革命老战士的道德影响，现在却被他们同暴政等量齐观。你们这些诽谤真理威力的人们，你们自己就是最可鄙视的暴君。你们这些希望真理在法国人民代表口中没有力量的人们，你们要做什么呢？真理当然有自己的权力，有自己的愤怒和自己的专制，它有动人的严厉的词句。这种词句在无辜人们的心上和在罪恶者的良心上都能发生强有力的反响，谎言仿效这种语句，至多不过像萨里莫涅仿效天上的霹雳一样。但是你们把这点归罪于自然吧，把这点归罪于同情和热爱真理的人民吧！在地球上有两种权力：理智的权力和暴政的权力。到处都是一个权力占统治地位，另一个权力就被驱逐。把理智的道德力量宣布为犯罪的人们，就必然力图复活暴政。如果你们不愿意保卫原则的人们在自由与阴谋这一困难斗争中取得某些势力，这就意味着，你们愿意胜利属于阴谋方面。如果保卫人民事业的人民代表不能无代价地取得别人的尊重，那么这不就是说不许再为人民服务，这不就是说共和国已经消灭，而暴政已经复辟吗？什么样的暴政会比通过惩治人民卫士来惩治人民的暴政更丑恶呢？因为甚至在专制制度统治下，友谊难道不是世界上最自由的东西吗？但是你们却让我们对于友谊负犯罪责任，你们是嫉妒友谊吗？不是，你们所重视的，只是暴君对于为他们服务的那些人们所挥霍的黄金和不能持久的幸福。你们败坏社会道德并庇护一切犯罪，就是给他们服务；忘却原则和腐化堕落是阴谋分子的保障，而社会良心则是自由卫士的充分保障。你们永远站在真理的这一方面或那一方面，你们给他们服务，你们轮流宣传贵族背信弃义的温和主义和假民主分子的狂暴行为。你们是无神论和恶习的顽固宣扬者，你们给这一狂暴行为服务。你们想要消灭国民代表机关，你们用自己的行为玷辱它，或用自己的阴谋扰乱它的安宁。谁更有罪过——是借助暴力来侵害国民代表机关安全的人，还是借助诱惑和背信来侵害它的公道的人？欺骗国民代表机关就是背叛它，鼓动它采取违背它的意图和原则的行动就是力图消灭它，因为国民代表机关的威力是建立在美德本身和国民信任上面的。我们很重视国民代表机关，我们在为国民代表机关存在的安全进行斗争以后，现在来保护它的荣誉和原则；难道说是这样走向专制的吗？但是把不断受迫害的公民说做是暴君，这是多么残酷的嘲弄啊？经常保卫本国利益的人是什么人呢？共和国庆祝过胜利，可是它的卫士们从来没有过。我，受他们指责的我，是谁呢？是自由的奴隶，是共和国的活的殉道者，是犯罪的敌人和牺牲品。所有的骗子都在侮辱我；对于别人说来是最无所谓的，最合法的行为，对于我说来却是犯罪行为。只要某一个人同我结识，他马上就要受到诽谤；他们宽恕别人的罪恶行为，而我却因热心而受责备。剥夺我的良心吧，我是最不幸的人，我甚至连公民权利都享受不到。我还说什么呢？甚至不许我履行人民代表的义务。

我要在这里说出全部实话并指出共和国的真正创伤。社会事业重新带有奸诈的和威胁的性质。现在竟以空前的厚颜无耻实现着阿贝尔和发布尔·德各兰钦之流的共同计划。反革命分子受到庇护：那些以阿贝尔主义拥护者的姿态来诽谤革命的人公开这样做；另一些人则做得比较谨慎。爱国主义和正直遭受这两种人的迫害。他们想要消灭革命政府，以便使祖国成为那些在把它撕成碎块的恶棍们的牺牲品，并用两种不同的方法来达到这一卑鄙目的：在一个地方公然诽谤革命机关；在另一地方则竭力通过滥用职权的行为激起对这些机关的憎恨，虐待贱民或者老实人，天天把爱国人士关进监狱并用尽一切力量帮助贵族；这就是所谓宽大，所谓人道！这是不是我们所建立和保护的革命政府呢？不是的。革命政府是一个正义的、以迅速而沉着的步伐行进的行列，是自由对犯罪所发出的电击。它不是骗子手和贵族的专制。这不是可违背神的和人的一切法律的自由的犯罪行为。没有革命政府，共和国就不能巩固，就会被各党派扼杀在摇篮里。但是如果这个政府落在叛徒手中，它本身就会成为反革命的工具。于是为了消灭革命政府，他们就力图改变它的自然属性。诽谤它的人和用压迫行动败坏它的声誉的人都是一丘之貉。我不想说明这些滥用职权的行为的一切原因，但是我要向你们指出其中一个原因，单用这个原因就足以向你们说明所有这些致命的后果了；这个原因就是你们当中所建立的值得尊敬的政权机关的下级职员过于腐败了。在这个委员会里有一些人，他们的一般忠勇精神不能不令人重视，不能不令人起敬，但是这只是更加证明必须消灭那些滥用职权的行为，这种行为是背着这些人干出来的，他们会首先起来反对的。有害的政策才企图赋予我所说的职员们以某种主权的威望，但那是徒劳无益的。我不会尊敬骗子，我更不赞成这样一条王朝规则：乞求骗子们的帮助是有益处的。只有手脚干净的人才可以使用自由的武器。我们不要求助于恶习，而要改善国民监督。真理对腐化堕落的政府来说，只能是一种障碍；对于我们的政府来说，真理乃是支柱。至于我，当想到革命敌人、从前的保皇主义宣扬者、从前的贵族和流亡者忽然成了革命家并变成公安委员会的职员，并且为共和国的产生和共和国的成绩而对祖国的友人们进行报复的时候，我就不寒而栗了。如果我们那样的好心肠，竟付钱给伦敦或维也纳的间谍来酬劳他们帮助我们建立共和国警察，那就太奇怪了。可是我不怀疑，这样事情是时常发生的。这并不意味，这些人没有逮捕过恶迹昭彰的贵族来给自己取得爱国者的称号。一个外国人为了牺牲爱国人士并消灭共和国，杀害几个对祖国犯下罪行的法国人，又有什么了不起呢！

这些重要的理由已促使我去揭穿这些人的罪行（尽管毫无成效），此外还有一个理由是与我已开始叙述的阴谋有关的。我们知道，这些人由于使革命政府受到耻辱，并且对暴君们命令伤害的爱国人士进行诽谤，而从革命敌人那里取得报酬。例如，当他们背信弃义行为的受害人开始抱怨的时候，他们向他们辩解说："这是罗伯斯比尔的意思，我们不能违抗。"当我揭穿阿贝尔的卑鄙追随者时，他们也说这样的话；他们声称自己是我的朋友，后来却指责我是温和主义者。这些人是和迫害爱国主义的反革命分子同样的货色。公民的荣誉和国民公会的尊严，掌握在这些人手中还有多久啊！但是我刚才举出的这个情况，只是对我进行的更广泛的迫害做法的一部分。他们发挥暴君们所提出的诬蔑我专制的指责，硬说我违法乱纪，犯了种种严重错误，并责备我不该采取为拯救祖国所必需的一切严厉措施。

他们对贵族说："他一个人使你们受到剥夺"；同时又对爱国人士说："他想要拯救贵族"；他们对神甫说："他一个人迫害你们，如果没有他，你们本会平安无事，称心如意"；他们对狂信者说："他一

个人要消灭宗教”；他们对受迫害的爱国人士说：“这是他命令迫害你们或者他不愿意你们妨碍他”。有许多抱怨产生的原因是我不能消除的，他们就把这一切抱怨都推在我的身上，说：“你们的命运都决定于他一个人”。被派到社会各个岗位的人们天天都重复这些话，这些话钻到了革命法庭上，钻到了祖国敌人为自己赎罪的地方。他们说：“这就是不幸的被判刑的人，可是谁是迫害他们的罪人呢？罗伯斯比尔！”他们尤其竭力证明，革命法庭是一个我个人建立的并且完全服从于我的血腥法庭，它为的是不仅杀害一切正直人士，而且也要杀害一切欺骗者，因为他们想要引起对于我的普遍仇视。在各监狱里都发出了这个呼声；暴政的密使在各省里同时执行了这一剥夺计划。还不止于此：最近提出了财政计划，在我看来，这些计划是要使财产少的公民陷于绝望的境地，并增加不满意者的人数。我曾屡次要治安委员会注意这个问题，但是徒劳无益。结果怎样呢！他们传播消息说，似乎这些财政计划是我制定的，为了证实这个消息，他们捏造说，似乎在治安委员会里设有一个财政委员会，是由我来领导的，能够相信这番话吗？但是因为他们主要地是要在国民公会的舆论中来陷害我，于是他们硬说，只有我敢设想，国民公会可以容忍不符合公会资格的人留在自己的行列里。他们对每一个从各省出差回来的议员说，对召回他负责的唯一的人就是我。他们向我的同人们准确地报告了我所说过的一切东西，特别是报告了我没有说过的东西。一切都是我做的，我要求的，我命令的，因为不要忘记我的独裁者的称号。当这种怨恨、复仇、惊恐、受刺激的自尊心的风暴已经成熟的时候，他们就认为风暴该要爆发了。凡是认为有理由害怕我的人们，就公然希望我

的死将保证他们的得救和胜利。当英国和德国的文章报道我被捕的消息时，送报人在巴黎城里叫喊这个消息。其余的事情，听我讲过话的全体同人们所知道的，要比我知道的更清楚，他们知道为了准备一部像卢维小说再版获得成功，而应该作的一切尝试。有许多人受到突然的访问，这些访问的目的是劝说他们驱逐我。最后，他们肯定说，在国民公会里已达成协议，要向我提出控诉。这种心情已众所周知；一切都证明，只有国民公会无可责难的正直才迫使诽谤者放弃了自己的犯罪行为，或者最低限度也把犯罪行为推迟了。但是这些诽谤者是谁呢？首先我能回答，在一个已经受到应有处罚的著名阴谋分子的文件中曾发现一个保皇党的宣言，这个宣言似乎是目前重新开始的全部诽谤的来源。从这个宣言里就可以看到对社会的各种敌人发出的下列呼吁："……如果这个阴险的煽动者不再存在，如果他因为自己的野心诡计而失去头颅，民族就会自由；每个人就能公开宣布自己的思想；巴黎在自己内部就永远不会看见这样多的、在革命法庭判决的假托名称下随便宣布的杀人事件。"我可以补充说，这一段话是勾结在一起的各国元首和国王所豢养的外国报纸发出号召的结果，这些元首和报纸显然是用这种方法每天向国内的一切阴谋分子传递口令。我只是从一个最受尊敬的作家那里引叙这个片断。

因此，我可以回答说，这一诽谤计划的创始人首先是约克公爵、庇特和反对我们的一切暴君们。还有谁呢？唉，在此刻此地，我不敢说出他们的名字。我不能决定完全揭开掩盖这一违法乱纪的深刻秘密的帷幕，但是我能肯定地说，在这一阴谋的主谋者当中有那个腐化堕落的和蛮横无理的体系的信徒——这个体系是外国人为了消灭共和国所想出的最好办法——。在他们当中还有无神论和荒淫无耻的卑劣宣扬者，而这个体系就是这些宣扬者的靠山。

很值得注意的情况是，巩固了已经动摇的社会道德基础的你们的法令成了共和国敌人疯狂进攻的信号。正是从这个时候起开始凶杀行为和比凶杀行为更罪恶的新的诽谤中伤。暴君们承认，他们应当补救决定性的失败。隆重宣布你们的真理原则的做法，一天工夫便把许多年来阴谋的结果粉碎了；暴君们庆祝胜利了；法兰西人民陷于饥饿和比饥饿还丑恶的无神论的境地。人民能够忍受饥饿，但只是不能忍受犯罪；人民能够牺牲一切，但是不能牺牲美德。暴政还没有给人的本性带来这种侮辱——为了人性使道德成为耻辱，使荒淫成为本分；即使最卑鄙的谋叛分子也承认法兰西人民在自己荣誉和威力中的美德。暴政向人们要求的，只是他们的财产和生命；谋叛分子甚至向我们要求我们的良心；他们用一只手给我们送来一切灾难，用另一只手夺去我们的希望。伴随一切犯罪而来的无神论，给人民带来悲痛和绝望，并为国民代表机关招致猜疑、轻视和耻辱。受到恐怖压迫的正当愤懑，暗中使得一切人内心不安。可怕的不可避免的喷发已经在火山里沸腾起来了，可是小哲学家们无忧无虑地忘记了自己同大恶棍们坐在火山顶上。共和国的情况就是如此，无论人民是否会同意忍受暴政，人民是否会愤怒地把暴政的枷锁抛弃掉，反正自由是要毁灭的。因为人民若是实行反抗，就会使共和国受到致命的伤害，若是忍耐，就会不配为共和国的人民。

因此，我们革命的一切奇迹中使后代最难理解的，将是我们怎样能够逃避这种危险。你们应受永久的感谢，你们拯救了祖国，你

们的法令本身就是革命，你们用同一个打击击中了无神论和神甫的专制，你们使暴君们的命定时刻的到来提早了半个世纪，你们把一切心地纯洁和宽宏大量的人们都吸引到革命事业上来了，你们向世界显示了革命事业的全部美丽光辉。

唉，法兰西人民全体起立来向自然界创造者献上他所应得的尊敬的那一天，是永远幸福的！所有能够赏心悦目的事物是多么动人的结合在一起呀！唉，应受尊敬的老人呀！唉，祖国儿童的崇高热情呀！唉，青年公民天真的和纯洁的快乐呀！唉，受感动的母亲的热泪呀！唉，纯洁和美丽的超人魔力呀！唉，单是由于意识到自己力量、自己荣誉和自己美德而感到幸福的高尚人民的伟大呀！最高神灵呀！你用万能的手造就宇宙的那一天，是否比人民摆脱犯罪和迷误的桎梏而不辜负你的眷顾和自己命运的那一天，放出更能使你悦目的光彩呢？

这一天在法国留下了安宁、幸福、智慧和仁慈的深刻痕迹。看到世界上最优秀人民的这一崇高的会议，谁会相信在地球上还存在犯罪呢？人民在场时，一切个人的恶习都销声匿迹，但是当人民回到自己家里，阴谋分子又出现了，而骗子又开始活动起来了。从这时候起，他们开始了更厚颜无耻的活动，并企图对所有那些破获过最危险阴谋的人们暗下毒手。在人民欢腾之中，有人竟用狂怒的表示来回答人民的动人祝贺，试问能够相信这种情形吗？国民公会议长在同集合的人民谈话时曾受到侮辱，而这些侮辱他的人就是人民代表，试问能够相信这种情形吗？单是这一事实就能说明后来发生的一切。心存敌意的人们所做的第一个企图，就是尽力贬低你们宣布的伟大原则和抹杀关于国民节日的动人回忆。他们赋予所谓叶喀德琳娜·秋[①]案件的性质和庄严的目的就是这样的。心存敌意的人们善于从以某些糊涂的伪君子的名义为隐蔽的政治阴谋中获得利益，而他们要社会注意的，只是神秘的闹剧和供进行下流的或幼稚的讽刺的丰富题材。真正的谋叛分子滑过去了，可是巴黎和全法国到处都充满了圣母的名字。在那同一瞬间可以看到出现了许多配得上《先人厩申》报[②]的令人厌恶的诋毁文章。这些文章的目的是贬损国民公会和革命法庭的作用，恢复宗教的争论，开始对怀有某种迷信回忆的懦弱的或轻信的人们进行残酷而疯狂的迫害。其实，许多和平公民，甚至爱国人士都因为这一案件而遭受逮捕，而有罪的人却仍然在逍遥自在地图谋不轨。因为计划正是要拯救他们、折磨人民和增加不满意者的人数。为了达到这一目的，还有什么坏事没有做尽呀！公开宣扬无神论，忽然对宗教仪式使用暴力，以最下流的形式进行勒索，借口取缔迷信而迫害人民；起初由于囤积，然后由于借口取缔囤积而反对一切合法商业而造成的饥饿；监禁爱国人士——所有这些都是为了这一目的。同时国库延期付款，用狡猾计划使国家的小债主陷于绝望境地，使用暴力和诡计来迫使他们认购严重损害他们利益的债券，所用的名义却是那个谴责了这种伎俩的法律。一切压迫公民的机会都不放过，而一切压迫照例是以社会福利作为幌子。他们为贵

① 法国一个自称为圣母和先知者的半疯狂的女人。她对罗伯斯比尔十分崇拜，把他说成是新的救世主。罗伯斯比尔的敌人，诬告她进行反革命阴谋，并把她交付法庭审判，企图以此来打击罗伯斯比尔。罗伯斯比尔费了很大的力气才解决了关于她的案件。——译注

② 《先人厩申》报，是1790—1794年中由雅各宾左派阿贝尔创办的一家报纸，也是当时销行最广的报纸之一。——译注

族服务，但是使得贵族不安心；他们故意恫吓贵族，为的是增多不满意者的人数并鼓动贵族采取某种反对革命政府的绝望举动。他们高声宣布，艾罗、丹东、阿贝尔是治安委员会的牺牲者，必须消灭这个委员会来替他们报仇。他们想要宽恕军事长官，迫害公社的公职人员并扬言要帕石重新担任市长。同时国民代表公开谈论这件事；同时他们竭力使自己的同人们相信，只有使委员会委员毁灭，他们才能得救；同时革命法庭的陪审员们可耻地设下一个有利于国民公会所控诉的谋叛分子的圈套，他们到处说需要反抗压迫，说有两万九千名爱国人士倾向于推翻现政府。这就是外国报纸坚持使用的语言。这些外国报纸在一切危机时刻，总是确切地报道了在我们当中准备进行的阴谋。它们的出版者显然是同谋叛分子有勾搭的。犯罪分子必须要引起叛乱。因此，目前他们在巴黎从共和国各地收罗了曾在肖美特和阿贝尔时期给共和国制造过苦难的恶徒们，即你们在自己法令里命令交付革命法庭审判的那些人们。

他们激起对革命政府的憎恨，来造成它的垮台。他们收集政府所发布的一切命令，并把对政府表示不赞成的一切举动都推到他们想要利用秘密的和普遍的诽谤来害死的那些人身上。他们希望消灭革命法庭或者是由谋叛分子来组织法庭，号召贵族援助他们，使祖国的一切敌人能够逍遥法外，并使人民把自己最热心的保卫者看成是造成从前一切灾难的罪人。谋叛分子说过，如果我们能够成功，我们就应当用自己最宽大的态度同现存的事态构成鲜明的对照。这句话包含着阴谋的全部内容。什么犯罪行为要由丹东、发布尔、德穆伦负责呢？宣扬对于祖国敌人的仁慈和制造阴谋来保证对自由致命的赦免。如果我刚才所说的那一阴谋的主谋者们是属于把丹东、发布尔和德穆伦送上断头台的那些人们之列的，他们会说什么呢？第一批谋叛分子做了什么事情呢？阿贝尔、肖美特和伦辛竭力使革命政府变成讨厌的和可笑的，而喀米尔、德穆伦则用讽刺的作品攻击政府，发布尔和丹东则施展诡计来保护德穆伦。一些人诽谤，另一些人替诽谤找借口。同样的事情今天在公开地继续进行着。到底是由于什么注定的情况，从前大声疾呼反对阿贝尔的人们，现在却维护他的同谋者呢？为什么那些曾经自称是丹东的敌人的人却又步他的后尘呢？为什么那些从前公开指责过国民公会某些议员的人们，却和他们结成联盟来反对他们想要陷害的爱国人士呢？卑鄙的家伙们！他们想要使我带着耻辱走进坟墓！他们想要使我在世上只留下一个暴君的恶名！他们是怎样背信弃义地滥用了我的信任！他们是怎样假装接受善良公民的一切原则！他们伪装的友谊是多么淳厚和温存！但是，忽然他们面色变得阴暗了，在他们双眼里闪出了野蛮的快乐；这是发生在他们以为已采取一切措施制服我的那一瞬间！现在他们又来奉承我；他们的话比任何时候都客气。三天前他们准备像揭发卡提利纳一样来揭发我，现在他们又把卡托的美德算在我身上。为了恢复罪恶的诡计，他们需要一些时间。他们的目的多么残忍！但是他们的手段是多么卑鄙！你们根据一件事实来判断这一点吧！因为我的一位同事不在，我被临时委派去监管公共警察局，这个局附设在社会治安委员会下面，是不久以前匆忙组成的。

我的短期管理工作仅限于作出大约三十件决定，其中有关于释放受迫害的爱国人士的，也有关于收押某些革命敌人的。可是能否设想,“公共警察”一语竟成了把公安委员会的一切行为、法定政权的一切错误、我的敌人的一切犯罪行为都推在我头上要我负责的借口。也许没有一个被逮捕的人、没有一个受害的公民没有听到他们这样说到我:“这就是给你造成不幸的罪人;如果他不存在的话,你就会有幸福和自由!”我怎么能够描写或者猜到他们为了使人们憎恨我或害怕我,而在国民公会里或在公会外暗中对我进行的一切诽谤呢?我仅指出这样一点,六个星期以前,由于诽谤的性质和力量,使我既不能做好事,也不能阻止做坏事,我迫不得已决然辞去治安委员会委员的职务。我发誓,甚至这样我也只是遵循自己的理智和祖国的福利。我把人民代表的称号置于治安委员会委员的称号之上,并且把我的人格和法兰西公民的称号置于一切之上。

不管怎样,我的专政停止至少已经有六个星期,我对于政府已经没有任何影响。是否已更多地保护爱国主义呢?是否党派已变得较为衰弱?是否祖国已变得较为幸福呢?我是希望这样的。但是我的这种影响一向只限于在国民代表机关面前和社会理智面前保卫祖国的事业。既已准许我同威胁你们的党派作斗争,我就希望彻底粉碎他们所施行的,而我认为对巩固共和国是唯一障碍的腐化堕落和无秩序的体制。我想,共和国只有在不可动摇的道德基础上才能得到巩固。一切力量都联合起来反对我,以及奉行同样原则的人们。

对于许多人的轻视和反抗取得胜利以后,我曾向你们提出一些伟大的原则,这些原则都铭记在你们心中,并粉碎了反革命无神论者的阴谋。你们确认了这些原则,但是这些原则的命运却是这样:由正直的人们宣布,而由坏人运用或破坏。在最高物体节日的前夕,借口某种空洞的理由,他们想要延期举行庆祝。从那时起,他们就不断使有关节日的一切成为笑柄;从那时起,他们就不断助长那种能使受过你们惩罚的谋叛分子的主张活跃起来的东西。不久以前他们消灭了伟大革命时代的一切纪念物的遗迹,消灭了令人想起曾替你们报了诽谤之仇并建立了共和国的道德革命的遗物。我发现许多人丝毫不想奉行不可动摇的原则,不想沿着在祖国敌人放在我们道路上的两种暗礁之间铺设的正义道路行进。如果需要我隐瞒这些真相,那就给我毒药吧。我的理智,而不是我的心已经怀疑这个由我计划缔造的美德的共和国。我想,我猜透了对专政的这一奇怪指责的真正目的;我想起了布里索和罗兰在享有几乎无限权力的时候,已在欧洲传播了这种指责。共和国的军队、财政和内政现在都掌握在什么人手中呢?都掌握在迫害我的联盟手中。不可动摇原则的一切朋友都没有势力,但是对于我们的敌人说来,这还不够,还需要铲除不顺眼的监视人。单是有这一个监视人存在,就使他们感到恐惧,他们背着自己的同事在暗中拟定了夺取他的生命和保护人民权利的计划。唉!我毫不惋惜地把我的生命交给他们。我有着过去的经验,我也看到将来。祖国的哪一个友人会愿意忍受那种不再准许他为祖国服务和保护被压迫的无辜者的时刻呢?在阴谋总是胜过真理、正义就是虚伪,而最卑鄙的私欲、最荒谬的恐惧在人的心中取代了人类神圣利益的地位的时候,活着有什么意义呢?目睹这可怕的一大群卖国贼或多或少巧妙地把自己卑鄙的心灵用美德,甚至用友谊的假面具掩盖起来,而让我们的后代去揣测我国敌人中谁最卑鄙,谁最残忍,这该多么难堪呀！当我看到革命的洪流把许多恶习同公民美德混杂一起的时候，我承认有时害怕后代会因为我跟那些钻进人类真诚友人里面的败类有可耻的接近而把我看做沾有污点的人。而当我看到我国各式各样的维列斯[①]和卡提利纳的狂怒在他们和一切正直人们中间划出一条鸿沟的时候，我又感到满意。我在历史上看到了，自由的一切卫士都遭受诽谤，但是压迫他们的人们也都完蛋了。

好人和坏人虽然都要从地面上消失，但是消失的条件却各不相同。法国人，不要容许你们的敌人胆敢用自己有害的主张损害你们的理智和削弱你们的美德。不，肖美特，不，死亡绝不是长眠。

公民们要从墓壁上擦去用渎神的双手所写的这个箴言，因为它使自然界蒙上阴暗的色彩，使受压迫的无辜者心灰气馁，并使死亡受到侮辱，最好在墓壁上写道："死亡是永垂不朽的开始。"

不久以前我答应给人民的压迫者留下严厉的遗训。我愿意现在把它宣读出来，那就是：我给他们留下可怕的真理和死亡。

法国人民的代表们，已到恢复你们应有的骄傲和崇高性格的时候了！你们所以存在，不是为了让别人管理你们，而是为了管理享有你们信任的人们；他们向你们所应表示的尊敬不在于无意义的恭维，不在于利禄熏心的阁员们向国王褒奖你们，而是在于真理，主要的，在于深刻尊重你们的原则。他们对你们说，在共和国里一切都好；我否认这一点。为什么三号那天向你们预言将有那么多可怕风暴的人们，昨天却只看到一些浮云呢？为什么不久以

① 维列斯（纪元前一世纪），罗马帝国大法官，曾大肆掠夺西西里。——译注

前向你们说“……我向你们声明，我们是在火山上行走”的人们，现在却认为是在玫瑰花中行走呢？昨天他们曾相信有阴谋存在；我声明，我现在仍然相信有阴谋存在。要你们相信建立共和国是一件轻而易举的事情的人们是欺骗你们，或者不如说，他们任何人也欺骗不了。英明的制度在哪里，证明这些野心言辞正确的复兴计划在哪里？难道他们只是干了这样一件重要事情吗？我还有什么可说呢？难道他们不打算让那些培养他们的人受到剥夺吗？今天赞扬他们，因为他们认为自己还软弱；就是说，如果明天强大起来，就会重新使他们受到剥夺。过了四天他们说道：不公正现象将被纠正。为什么这些现象不受处罚地存在了四个月呢？给我们带来灾难的一切罪人怎样能够在四天之内被改造好或者被赶走。他们以学究式的轻浮态度向你们说了许多关于你们胜利的话，这种轻浮态度可能使人以为，这些胜利并没有花费我们英雄们的鲜血和劳力。如果不用那么高傲的词句来叙述，这些胜利会显得更伟大些。我们将不是用漂亮话，甚至不是用武功，而是用我们法律的英明，我们决策的高尚和我们性格的伟大来征服欧洲。为使我们的军事胜利有利于我们的原则，为了预防对于胜利的危险或者为了保证享受胜利的果实，已做了什么呢？你们要注视胜利，注视比利时。我警告你们，你们对付英国人的法令经常被违背，而受到我们言语侮辱的英国，却受到我们武器的宽恕。我警告你们，杜木里埃在比利时所演出的慈善滑稽剧，现在又重演了，人们沾沾自喜地在敌人的土地上栽植无果实的自由树，而不去摘取自由的果实，他们为了庇护被征服的奴隶们而损害胜利的共和国。我们的敌人在退却并给我们留下内部的纠纷。你们要想一想战役的终结；你们要担心内部派别；你们要防备他们用远在外国的手来帮助阴谋。他们在将军当中散布了不和；他们庇护军事贵族；迫害忠诚的将军们。军事行政当局取得了令人怀疑的权力，开始破坏你们的法令，以便摆脱必然的监督。这些真理可以作为碑铭。

我们内部状况是十分危险的。应当建立合理的财政制度。现时存在的财政制度，是琐碎的、浪费的、困难的、昂贵的并且实际上完全不受你们的最高监督的。对外关系完全受到忽视。几乎所有被外国利用的没有公民感的一切败类，都是公开背叛共和国，并且采取直到现在没有受到处罚的厚颜无耻的态度。

你们应该充分注意革命政府。如果它一旦被推翻，那么自由马上就要消灭。不要诽谤政府，而是唤醒政府遵守它的原则，精简它的机构，削减庞大编制的人员，特别是清洗人员。需要保证人民安全，而不是保证敌人安全。问题不在于用新的手续妨碍人民审判。刑事法律必然要有一些模糊地方，因为对于现时的谋叛分子说来隐蔽和伪善是其特点，所以必须使审判工作能够揭露一切种类的谋叛分子。哪怕有一种阴谋举动没有受到处罚，这一举动也会作祟，并会使拯救祖国的工作遭受危害。对爱国者的保障不在于国民审判的迟缓和软弱，而在于原则，在于受命负责审判工作的人员的正直，在于政府的诚恳，在于政府对爱国者的公开支持，并在于政府镇压贵族所表现的毅力，在于社会精神，在于某些精神方面和政治方面的制度不妨碍审判的进度，同时对善良公民给予保护并用自己的势力影响社会舆论，影响革命道路的方向。如果自由的友人在最近的阴谋面前能有一个喘息机会，就要向你们建议这些制度。

我们要借助英明的和经常遵守的规则来进行革命活动;我们要严厉惩罚那些滥用革命原则来压迫公民的人们。要使人完全相信,凡受民族委托执行监督的人们,都没有任何派别气息,都渴望使爱国主义获胜并惩罚犯罪的人。一切将恢复旧的秩序,但是只要查明,势高位重的人们暗中希望消灭革命政府,他们宁肯宽容,而不愿公正审判,如果他们将求助于被收买的职员,如果今天他们要诽谤唯一能使自由的敌人惊恐的政权,而明天为了重新进行阴谋又坚决不承认所说过的话,如果他们不把自由交还爱国人士,而不分青红皂白把自由交还农民——这时所有阴谋分子就会联合起来诽谤爱国人士和迫害他们。关于滥用职权的行为,不应当责备革命政府,而应当责备所有这些原因。因为没有任何一个政府在这种情况下是可以容忍的。

革命政府拯救了祖国;现在需要排除一切暗礁来拯救它自己。如果只是因为社会敌人起初使它陷于瘫痪,现在又竭力使它腐化而得出需要把它消灭的结论,那是很坏的。释放反革命分子,让骗子逍遥自在——这是保护爱国人士的奇怪手段。无辜者的安全,只有惩罚犯罪者才能保证。但是我绝不是要指责你们所信任的大多数人都有滥用职权的行为;他们使这大多数人陷于瘫痪并出卖了自己;阴谋分子和外国都在庆祝胜利。隐藏起来、掩蔽起来、进行欺骗——这就是进行阴谋。起初傲慢无礼,策划大规模的镇压活动,取得力量,在刺激社会舆论之后把社会舆论制服,现在竭力收买不忠实的公职人员,迫害自由的友人们——这就是进行阴谋。忽然变成易于让步,甚至谄媚奉承,暗中传播关于巴黎的危险的诽谤谰言,竭力麻痹舆论,诽谤人民,把公民的关心态度说成犯罪,不驱逐聚集在巴黎的逃兵、战俘、各种反革命分子，却把民兵们打发走，把公民解除武装，在军队里进行阴谋，力求掌握一切——这就是进行阴谋。近来，他们竭力向你们隐瞒阴谋分子的实情；现在他们否认阴谋，他们甚至认为相信阴谋分子的存在也是犯罪。他们时而恐吓你们，时而安慰你们——这就是真正的阴谋。

反革命分子盘踞在财政管理部门。财政管理完全是靠以爱国主义作幌子的反革命措施进行的。它的目的是燃起投机的热狂，玷辱法兰西的正直声誉，破坏社会信用，帮助富有的债权人，使穷人破产和绝望，增加不满意者的人数，夺取国民财产并不知不觉地使社会财富沦于破产。

谁主管我们的财政呢？布里索分子、斐扬党人、贵族和著名的骗子们：这是各式各样的康奔、马拉蔑、拉蔑里，这是沙伯、发布尔和儒廉（土伦人）等的伙伴和后继人。

为了隐蔽自己的阴险的计划，他们最近竟异想天开，请求治安委员会给予许可。因为他们不怀疑这个委员会由于要为许多重要事件操心，可能像有时有过的情形那样大胆采纳康奔的一切计划。他们想出这一新诡计来，是为了增加委员会的敌人，而毁灭委员会就是一切阴谋分子的主要目的。

由一个名叫列尔民的伪善的反革命分子所管理的国库，借助他所采用的计划很好地帮助实现他们的意图，他的计划就是给一切紧急的开支设置障碍，借口毫不含糊地忠实于手续，除贵族外不向任何人支付款项，并使手头拮据的公民的要求受到拒绝和故意的拖延，而且往往还受到卑劣的挑拨离间的苦恼。

反革命分子盘踞在国家经济的一切部门。谋叛分子违反我们的愿望，迫使我们采取残酷措施，这些措施只是由于他们犯罪才成为必要的，这些措施把共和国引到万分穷困，它们不用靠突然事变就可以用饥饿把共和国困死。这一体制是外国的工作，外国是通过沙伯、刘利耶、阿贝尔及其他许多恶棍的贪污机关提出这一体制的。需要尽一切英明的努力，使共和国重新走上自然的和温和的管理，只有这一种管理方法才能保持丰衣足食，可是这一工作还没有开始。

令人想起一切犯罪行为，其中有许多是为了要实现由英国的阴险恶魔所搞出的饥饿条约的。为了拯救我们摆脱这一灾难，需要两种同样出乎意料的奇迹：第一，伦敦内阁所指望的我们卖给英国的船只，从美国开航提前返回，以及自然界赐给我们丰收；第二，人民的高度忍耐。为了保全自由，甚至忍住饥饿。我们还需要克服人手、运送工具、马匹的不足，因为这会给收割和耕地造成困难，我们还要战胜我们敌人在去年曾经企图采用的一切诡计，他们一定还要重新采用它们的。

反革命分子们都跑到这里来，为的是勾结自己的同谋者并通过阴谋和犯罪的方法来保护自己的主子们。他们把希望寄托在被逮捕的反革命分子，翁热分子、逃兵和战俘身上。根据报道，这些人从若干时候以来就大批跑掉，回到巴黎来，我已不止一次地在治安委员会里报告这件事情，但是毫无效果。最后，他们把希望寄托在贵族身上，这些贵族在我们周围秘密地制造阴谋；在国民公会里他们将掀起激烈的争论。至今伪装好人的卖国贼们将摘下假面具；谋叛分子们将指责自己的指责者，而且不惜采用布里索从前使用过的一切奸计，来抑制真理的呼声。

如果他们不能用这种方法使公会服从自己，他们就要把公会分裂为两部分。诽谤和阴谋拥有广阔的场所。如果他们能使公会服从自己一分钟，他们就要控诉那些坚决同他们的犯罪同盟作斗争的人们是专制分子和反抗国民政权。被压迫的无辜者的号泣声、严重受到侮辱的自由的刚毅呼声将被宣布为可怕势力或个人野心的特征。你们会想到，又把你们重新放在从前谋叛分子的屠刀下了；人民要激怒；他们将求助于党派；罪恶的党派将要照旧激怒人民：它将竭力在国民公会里制造不和；最后，希望通过侵害的方法造成混乱。在混乱的时候，谋叛分子就使贵族和自己的所有同谋者们出面干涉，来陷害爱国人士和恢复暴政。阴谋计划的一部分就是这样的。谁应当对这些灾难负责呢？我们自己，我们对于犯罪的宽大无边，我们罪恶地把我们自己宣布的原则忘得一干二净。

我们不要欺骗自己：根据理智和平等原则建立幅员广大的共和国，把这一庞大国家的各部分牢固地联结在一起，不是一件容易的事情；这是人类美德和人类理智的最高成就。一切党派多数是从伟大革命的内部产生出来的。如果你们不经常地使自己的一切私欲服从正义，怎样能够约束这些党派呢？除了严格遵守你们所宣布的普遍的道德原则以外，你们没有其他可以保证自由的东西。如果理智不占统治地位，那么占统治地位的就是犯罪和野心。没有理智，胜利只能是野心的工具和对自由本身的危害，只能是阴谋分子在深渊边缘用来麻醉爱国主义的致命口实；没有理智，胜利有什么用呢？胜利武装野心，麻醉爱国主义，唤醒骄傲并用自己卓越的双手给共和国挖掘坟墓。如果我们在那些毁灭社会自由的恶习面前退却，那么我们的军队驱赶国王的武装卫队又有什么用呢？如果我们自己被导致暴政的恶习所征服，那么战胜国王对我们说来又有什么意思呢？我们已经采取什么措施来对付恶习呢？我们宣布了很高的代价。

他们为了鼓励我们当中的谋叛分子，什么事情没有做过呢？可是我们采取了什么措施来消灭谋叛分子呢？什么也没有，因为他们正在抬起傲慢的头和为所欲为地威胁美德；什么也没有，因为政府向党派让步了，而党派在社会权力守护人当中找到靠山。我们要准备应付一切灾难，因为我们已把政权让给了他们。过早地停止前进，就意味着毁灭，可是我们正在可耻地退让。你们曾决定处罚几个恶棍，即给我们带来一切灾难的罪人；他们竟敢反抗国民审判，并且把祖国和人类的命运当作他们的牺牲品。我们要准备应付由于那些为所欲为的党派的存在可能引起的一切灾难。在这样旺盛的私欲中和这样广大的国家中，那些军队被击败而没有受到围歼的暴君们正在退却，使你们成为他们所挑起的你们内部不和的牺牲品，成为你们甚至不能察觉的大批罪恶走狗们的牺牲品。只要你们一放松革命控制权，你们就会看到，军事专制将夺取这种控制权，所有这些党派的首领将推翻受到贬损的国民代表机关。长年累月的内战和社会灾难将把我们祖国弄得空无一物，我们将由于不肯利用人类历史上奠定自由的时机而灭亡，我们将使自己的祖国遭到长年累月的社会灾难，人民将诅咒我们的本来应当为人类所珍贵的纪念。甚至我们出于善良动机所进行的伟大事业，也不会被人算作我们的功劳。人们将把我们同那些玷辱国民代表机关名誉的不称职的议员混为一谈，我们将要对他们的罪恶负责，

而他们却会逍遥法外。在我们面前出现过永垂不朽的前景，而我们却要忍辱而死。善良公民要死亡，恶人也要死亡。难道受侮辱的和取得胜利的人民就让这些恶人平平安安地享受他们犯罪的果实吗？我们对于人民的压迫者进行了什么审判？由于可憎的滥用国民政权的行为而被牺牲的爱国人士当中有哪些人得到了昭雪？我还有什么可说呢？那些能够使人不受惩罚地倾听被压迫的无辜者的呼声的人们是什么样的人们呢？揭穿背信的代表的行为，就意味着对国民代表机关进行阴谋，这一可怕的原则不是犯罪分子所规定的吗？压迫者对于被压迫者的回答，是把他们关押起来和对他们进行新的侮辱。

但是，难道不是因为我们忘掉这些犯罪行为，发生这些犯罪行为的各省才不知道它们吗？被我们否决的那些申诉不是在不幸公民的抑郁心情中发生强烈的反响吗？伸张正义是这样容易，又是这样愉快！为什么要使自己由于忍耐犯人而受到他们的凌辱呢？而且滥用职权的行为如果得到纵容，难道不会扩大吗？罪犯如果不受惩罚，难道不会一而再，再而三地犯罪吗？难道我们愿意参加这种卑鄙勾当而使自己得到人民压迫者的可怕下场吗？他们有什么权利来把人民同最卑鄙的暴君们相对比呢？

一个党派可能原谅另一党派。恶棍们很快会报和平之仇，自行毁灭；如果他们逃脱人类的公平裁判或者逃脱自己良心的斥责，难道他们能够逃脱那种他们以滔天罪行侮辱了的永恒的公平裁判吗？

至于说到我，我国敌人好像认为我的存在是他们卑劣计划的障碍，如果他们的可怕政权注定还要持续下去，那我甘愿牺牲自己。

唉，谁愿意长久看到这一伙骇人听闻的卖国贼，他们，在自己的罪行未成熟以前都或多或少巧妙地把自己的卑鄙心灵掩藏在美德的假面具下面，他们使后代不得不解决我国敌人当中谁最卑鄙，谁最残忍这一困难问题。

如果在这里有人建议宣布一项有利于背信的议员的大赦令，并把任何代表的犯罪行为置于法令的保护之下，那么我们每一个人都会因为羞愧而脸红。但是如果给予忠实的代表以揭露罪行的职责，而当他们敢于执行这一职责时又使他们遭受狠毒同盟的疯狂攻击，这不是更令人厌恶的恶劣做法吗？这不单是维护犯罪，这是使美德成为犯罪的牺牲品。

当我看到许许多多恶习，革命洪流却把这些恶习同公民美德混淆起来的时候，有时由于想到我会因为同这些混进人类真诚卫士行列里的败类接近而在后代人心目中成为有污点的人，真是不寒而栗。但是互相竞争的党派的失败好像放纵了一切恶习；他们以为对于他们说来，问题只是在于把祖国当作战利品来瓜分，而不要使祖国成为自由的和繁荣的。我感谢他们的是，鼓舞他们起来反对那一切抗拒他们计划的东西的狂怒，在他们和一切正直人们中间划出了一道鸿沟。但是，如果法兰西的维列斯们和卡提利纳们认为自己已经在犯罪的道路上走得很远，能够把自己公诉人的头颅陈列在讲坛上，那么我在不久以前也曾允许给我的同胞们留下一个使人民的压迫者们感到可怕的遗嘱，并且从此刻起我把羞辱和死亡遗给他们！我理解，全世界的暴君联合起来很容易制服一个人，但我也知道那个为保卫人类事业而可能死去的人的义务。

我从历史上知道，一切自由的卫士都被财富或者诽谤所战胜，但是在这以后他们的压迫者和凶犯也都很快死亡。好人和坏人，暴君和自由的友人都从地球上消失，但是条件却是各不相同的。法兰西人们，你们不要容许你们的敌人尽力用毁灭性的主张损害你们的心灵和麻痹你们的美德。不，肖美特，不，富舍，死亡绝不是长眠[①]。公民们，从墓壁上擦去这个给大自然抹上阴森色彩和侮辱死亡的渎神箴言！最好在墓壁上写道："死亡是永垂不朽的开始。"

人民，你要记住，如果在共和国里不是正义完全占统治地位，如果正义不是意味着热爱平等和祖国，那么自由就只是徒有其名。人民，他们害怕你，谄媚你，但是轻视你，你是公认的主权者，可是他们总是把你当作奴隶一样对待。你要记住，凡是正义不占统治地位的地方，到处都是公职人员的私欲占统治地位，尽管你更换了锁链，但是没有改变命运。

你要记住，在你的内部有一个反对社会美德的骗子们的同盟。这个同盟对于你自己的事业有着比你自己更大的影响，这个同盟整个说来是害怕你和谄媚你的，可是个别说来它是驱逐你，即驱逐你的一切善良公民的。

你要记住，你的敌人绝不想使这一小撮骗子为你的幸福而牺牲，相反，他们希望牺牲你而成全这一小撮造成我们一切灾难和构成社会繁荣唯一障碍的罪人。

你要知道，起来捍卫社会事业和社会道德的每一个人都会遭

① 1793年10月10日在维涅尔曾颁布一项关于埋葬仪式的决定。在决定里特别规定，在墓地的大门上要写上："死亡是长眠"几个字。这个决定是富舍颁布的，他赞成肖美特的无神论观点。——译注

到侮辱并被骗子们所驱逐；你要知道，自由的每一个友人都要受天职和诽谤的夹击，凡是不能被控诉叛变的人们，都要被控诉有野心，正直和原则的势力将被比作暴政的力量和党派的暴力，你的信任和尊敬将成为迫害你的一切友人的根据，被压迫的爱国者的呼声将被称作暴动的呼声。由于不敢把你整个谋害，将通过一个一个地迫害一切善良公民的办法来迫害你，直到野心家们组成自己的暴政。起来反对我们的暴君权力就是这样的；暴君们同随时准备为他们效劳的一切可以收买的人结成的同盟的势力就是这样的。这样，恶棍们刚刚成为上述的专政者，就来给我们规定叛变人民的法律。我们是否会同意这个法律呢？不能同意，我们虽冒着会因此牺牲生命的危险也要捍卫人民；让他们通过犯罪道路走上断头台吧，可是我们要沿着美德道路前进。

如果我们说，一切都很好，如果我们按照习惯或者按照惯例继续夸耀坏东西，我们就会葬送祖国。如果我们揭穿秘密的滥用职权行为，揭露卖国贼，他们就要对我们说，我们是在动摇合法成立的政权，我们想要损害这些政权来取得个人势力。我们怎么办呢！履行自己的天职。什么东西能够反对愿意说真话并同意为真理而死的人呢？我们要公开地说，反对社会自由的阴谋是有的，这个阴谋的支柱是在国民公会内部进行阴谋的犯罪同盟，这个同盟在公安委员会和这个委员会各办公室里都有它的拥护者，他们在这个委员会里占优势，共和国的敌人用这个委员会来与治安委员会相对抗，这样就建立了两个政府，治安委员会的某些委员参加了这个阴谋，这样形成的同盟想要毁灭爱国人士和祖国。

对付这一祸害的手段是什么呢？处罚卖国贼，更换公安委员会各办公室的组成人员，清洗这个委员会本身，并使它服从治安委员会，清洗治安委员会本身，建立在国民公会最高权力下的统一管理。国民公会是中心和法官，这样就可以用国民政权的实力镇压一切党派，以便在各党派的废墟上树立正义和自由的威力——我们的原则就是这样的。如果不能宣布这些原则，那么我从这里得出的结论，就是这些原则已被废除，而暴政在我们当中已占优势，但我无论如何不能对此保持沉默。因为有什么东西能够反对具有理智并愿为自己祖国而牺牲的人呢？

我的使命是同犯罪分子作斗争，而不是领导犯罪分子。正直的人们能够自由地为祖国服务的时候还没有到来；当骗子手的匪帮还占统治地位的时候，自由卫士只能受到放逐。

主要人名对照表

三　画

马基雅弗利(Макиавелли)

四　画

孔多塞(Кондорсе)
丹东(Дантон)
比伦(Бирон)
巴尔切列米(Бартелими)
贝奇昂(Петион)

五　画

加贝(Капет)
尼禄(Нерон)
古沙尔(Гушар)
卢梭(Руссо)
汉普顿(Гемпден)
卡米路斯(Комилл)
卡里古拉(Калигула)
卡提利纳(Катилина)
布里索(Бриссо)
布鲁图(Брут)
申费尔德(Шенфелд)
叶丽沙白(Елизавет)
叶喀德琳娜,秋(Тео Екатерина)
发布尔·德各兰钦(Фабр Д'Эглантин)
艾罗(Эро)
瓜杰(Гюаде)

六　画

西蒙(Симон)
休斯钦(Кюстин)
米太雅第(Мильтиад)
吉特里赫(Дитрих)
亚尔果斯(Аргос)
亚立斯太提(Аристид)
亚斯帕西阿努斯(Веспасиан)
伦幸(Ронсен)
安东尼(Антонин)
刘利耶(Люлье)

七　画

沙伯(Шабо)
庇特(Питт)
肖美特(Шометт)
伽图(Катон)
伽利略(Галилео)
杜伊利(Дуилий)
杜木里埃(Дюмурье)
克拉苏斯(Красс)
克伦威尔(Кромвель)
克罗狄乌斯(Клодий)
克里提亚斯(Критий)
苏格拉底(Сократ)

狄摩西尼(Демосфен)
库通(Кутон)
玛丽雅・苏格兰的(Мария-Шотландская)

八 画

帕石(Паш)
阿吉斯(Агис)
阿贝尔(Эбер)
阿皮乌斯(Аппий)
拉斐德(Лафайт)
拉克鲁亚(Лакруа)
拉马尔列尔(Ламарльер)
波尔谢那(Порсена)
罗伯斯比尔(Робеспьер)
法布里克乌斯(Фабрипий)
图拉真(Траян)

九 画

柯尔聂利(Корнелий)
查理一世(Карл Ⅰ)
科布尔卡(Кобург)
恺撒(Цезарь)

十 画

埃拉迦巴路斯(Гелиогабал)
拿尔本(Нарбон)
莫卧儿大帝(Великие Моголы)
莱喀古士(Ликург)

十一画

培根(Бэкон)
笛卡儿(Декарт)
曼里乌斯(Манлий)
菲力浦(Филипп)
维列斯(Веррес)

十二画

富舍(Фуше)
喀米尔(Камилл)
普列西(Пресс)
提贝里乌斯(Тибрий)
塔西佗(Тацит)
塔克维纽斯(Тарквиний)
奥古斯特(Август)
谢留齐(Серюти)
谢尔维利(Сервилий)

十三画

路易十六(Людвик XVI)

十四画

赫洛德(Хлодвиг)

十五画

德穆伦(Демулен)
德布留利(Дебрюлли)
薛西斯(Ксеркс)

图书在版编目(CIP)数据

革命法制和审判/(法)罗伯斯比尔著;赵涵舆译.—北京:商务印书馆,2017
(汉译世界学术名著丛书:120年纪念版:珍藏本)
ISBN 978-7-100-14521-3

Ⅰ.①革… Ⅱ.①罗… ②赵… Ⅲ.①罗伯斯庇尔(Robespierre,Maximilien de 1758-1794)—文集②法国大革命—研究 Ⅳ.①D095.654.1②K565.41

中国版本图书馆CIP数据核字(2017)第153957号

汉译世界学术名著丛书
(120年纪念版·珍藏本)
革命法制和审判
〔法〕罗伯斯比尔 著
赵涵舆 译
王之相 王增润 立知 校

商 务 印 书 馆 出 版
(北京王府井大街36号 邮政编码100710)
商 务 印 书 馆 发 行
北京新华印刷有限公司印刷
ISBN 978-7-100-14521-3

2017年12月第1版 开本710×1000 1/16
2017年12月北京第1次印刷 印张16½
定价:82.00元